浙江省高职院校"十四五"重点立项建设教材

会计专业岗位实操系列教材

U0656816

PRACTICAL TRAINING OF IMPORT AND
EXPORT TAX ACCOUNTING

进出口税收会计实训

（第三版）

◎ 何海东　主编

◎ 詹奕辰　周佳华
　申树德　王爱丽　副主编

东北财经大学出版社　大连
Dongbei University of Finance & Economics Press

图书在版编目（CIP）数据

进出口税收会计实训 / 何海东主编. —3版. —大连 ：东北财经大学出版社，2024.10. —（会计专业岗位实操系列教材）. —ISBN 978-7-5654-5406-6

Ⅰ. F812.42

中国国家版本馆CIP数据核字第2024KZ4858号

东北财经大学出版社出版

（大连市黑石礁尖山街217号　邮政编码　116025）

网　　址：http://www.dufep.cn

读者信箱：dufep@dufe.edu.cn

大连图腾彩色印刷有限公司印刷　东北财经大学出版社发行

幅面尺寸：205mm×285mm　字数：452千字　印张：15.5　插页：1

2024年10月第3版　　　　　　　2024年10月第1次印刷

责任编辑：包利华　　　　　　　责任校对：刘贤恩

封面设计：原　皓　　　　　　　版式设计：原　皓

定价：48.00元

第三版前言

党的二十大报告指出，"中国坚持对外开放的基本国策""中国坚持经济全球化正确方向，推动贸易和投资自由化便利化，推进双边、区域和多边合作，促进国际宏观经济政策协调，共同营造有利于发展的国际环境，共同培育全球发展新动能""推进高水平对外开放""推动货物贸易优化升级，创新服务贸易发展机制，发展数字贸易，加快建设贸易强国"。在经济全球化不断深化、国际贸易规则日趋复杂的当下，掌握进出口税收知识已成为外贸专业人士的必备技能。

本教材自首版问世以来，广受好评，这对编者来说是极大的鼓励。为持续适应时代发展和满足读者需求，编者继续秉持严谨的学术态度和实践导向，对全书内容进行了全面更新和扩展，并将最新修订的教材第三版更名为《进出口税收会计实训》。该教材已被列为浙江省高职院校"十四五"重点立项建设教材。本版教材的主要特色及修订内容包括：

1. 结构优化。调整了教材的结构，使进出口税收的知识体系更加易于被读者理解和掌握。项目一至项目十二，聚焦于生产企业和外贸企业的出口退（免）税备案、财务处理、增值税及相关税费申报、出口退（免）税申报、单证备案等技能实训；项目十三，新增了对进口商品的财务处理，涵盖进口关税、进口消费税、进口增值税的核算与缴纳，进口商品货款的国际结算，境外运费和保险费的结算，进口商品采购成本的核算等内容。

2. 案例更新。依据最新的国际贸易协定、国家税收政策及相关法律法规的变化，全面更新了教材中涉及的进出口贸易税费条款和案例；结合实际操作中的经典案例，修订了出口免税、出口征税的案例，并新增了生产企业出口销售折让、外贸企业出口应税消费品的案例，以及进口商品核算的案例。这些更新旨在提升读者的实际操作能力和问题解决能力，确保信息的准确性和时效性。

3. 配套资源丰富。为助力教学和自学，教材附录提供了丰富的配套教学资源。针对实训操作的重难点，提供了操作视频，扫码即可观看；考虑到会计凭证处理的复杂性，特别设计了仅对进出口相关业务进行会计处理的模式，为了帮助任课教师更好地应用这一模式，提供了用友U8财务软件初始账套备份文件及相关资料，任课教师可发送邮件至邮箱490794889@qq.com获取。本教材在学习通 APP 中的配套在线开放课程更名为"进出口税收"，班级课程邀请码：

52142301；同时，在智慧树平台也建设了配套在线课程，课程链接：https://coursehome.zhihuishu.com/courseHome/1000111883#teachTeam，欢迎登录学习。

本次教材修订由高校教师和企业财务高管共同完成，由丽水职业技术学院何海东担任主编，由詹奕辰（丽水职业技术学院）、周佳华（丽水职业技术学院）、申树德（广州大学）、王爱丽（浙江特利隆精密机械有限公司）担任副主编。为确保教材内容的专业性和实用性，特别邀请了丽水职业技术学院梁伟样教授担任主审。希望本教材能成为您学习和工作中的得力助手。

由于时间和能力所限，教材中可能存在不足，恳请广大读者和同行专家提出宝贵的意见和建议，以便在未来的修订中不断改进。愿《进出口税收会计实训》伴随您在国际贸易的征途上，为您的职业发展提供坚实的知识支持。

何海东

2024 年 10 月

第二版前言

本教材自2018年8月第一版出版以来，受到广大高等职业院校师生的欢迎，在此表示特别感谢。2020年1月，本教材荣获丽水市人民政府社会科学优秀成果三等奖。随着时间的推移，增值税、消费税等政策日趋完善，国家出口退（免）税政策也不断更新，从2020年9月着手对第一版进行修订，冬去春来，至修订后的第二版初稿完成时，竟又到盛夏，距第一版出版时间已逾3年。

本教材是在第一版的基础上进行升级，采用"项目—任务"模式编排架构，任务驱动，行动导向。列举出口退税中应该完成的典型工作任务，采用任务型课程教学模式进行整体课程设计，规范项目设计的格式，合理设计任务体系，增强任务的可操作性，探索课堂的有效性，体现价值引领。本次修订内容主要包括：对于出口退税软件和财务软件的操作，新增了软件的操作路径作为操作指引，完善了出口退税、出口免税、出口征税案例；进一步完善出口退税业务链条。对于生产企业，新增出口货物免税和征税的案例，在项目六中，将出口货物退税、出口货物免税、出口货物征税业务融为一体。对于外贸企业，新增出口货物免税的案例，在项目十二中，将出口货物退税、出口货物免税案例合二为一。为践行课程思政，本教材在附录中补充了"出口骗税案例及其防范"的内容，分享了主要政策依据链接的二维码。同时，增加了出口退税软件操作、业务操作和财务处理的视频作为教学的补充。

本教材由丽水职业技术学院何海东编著并组织修订。本教材的修订出版，得到了东北财经大学出版社一如既往的支持，在此表示衷心的感谢。国家出口退（免）税没有立法，也没有单行条例，政策法规散见于财政部、国家税务总局的文件、公告之中，同时增值税申报的金三系统、出口退税软件不断更新，加之编者个人水平能力有限，教材如有疏漏与不足之处，恳请读者批评指正，请将问题和意见反馈至490794889@qq.com。正是您的一贯支持，给予我不断前行的动力！

何海东

2021年9月

编写《出口退税会计实训》教材，旨在完善高等职业院校会计专业教学体系，提高学生出口退税申报操作技能，增强学生就业竞争能力。

本教材具有以下特色：

1.任务驱动、作业导向。 以完成生产、外贸企业出口退税申报、单证备案等工作任务为主要目标，以作业引领知识、技能和方法的训练，在完成工作任务中学习知识，训练技能，获得实现目标所需要的职业能力。

2.税财一体、突出能力。 结合高等职业院校会计专业实训情况，以出口退税会计岗位的各种业务为主线，以出口退税会计业务处理和出口退税申报、单证备案业务处理为主要内容，围绕职业能力培养，注重内容的实用性和针对性，体现实训课程的本质特征。

3.案例引入、学做合一。 本教材以一个生产企业和一个外贸企业的出口退税业务活动为主线，以项目的形式分项训练出口退税的任务，便于在做中学、学中做，学做合一，以实践教学促进理论学习。

本教材由丽水职业技术学院何海东编著。本教材适用于高等职业院校、成人学校及继续教育学院的财会类专业，也可作为在职财会人员岗位培训、自学进修的教学用书。

由于国际国内经济发展迅速，会计法律法规也正在不断完善，加上编者水平有限，教材中难免存在疏漏，恳请广大读者批评指正，请将问题和意见反馈至490794889@qq.com，以便改进。

何海东

2018 年 5 月

目录

生产企业出口退（免）税的备案

出口退税，是指生产企业货物出口并收取外汇以后，退还在国内生产和流通环节实际缴纳的增值税、消费税。

一　实训目的

掌握生产企业离线出口退税申报软件的出口退（免）税申报备案。

二　实训内容

生产企业首次申报出口退（免）税时，应办理出口退（免）税资格备案，并按当地主管税务机关进出口税收管理部门的要求提供相关证件及其复印件。

三　实训资料

出口退（免）税备案申请表，见表1-1；营业执照，如图1-1所示；报关单位注册登记证书，如图1-2所示；开户许可证，如图1-3所示。

表1-1

出口退（免）税备案申请表

申请日期	2023-12-05	统一社会信用代码	913311007691742402
纳税人识别号	913311007691742402	纳税人名称	大同轴承制造股份有限公司
企业海关代码	3310848660	对外贸易经营者备案登记编号	
企业类型代码	1（内资生产企业）	退税开户银行	中国建设银行丽水开发区支行
退税开户银行账号	93501053010053010906	办理退（免）税人员1姓名	（学生本人）
办理退（免）税人员1身份证号	（学生本人身份证号）	办理退（免）税人员1电话	（学生本人电话号码）
办理退（免）税人员2姓名	缪小燕	办理退（免）税人员2身份证号	330323198804161245
办理退（免）税人员2电话	15925721234	退税计算方法	1（免抵退税）
是否零税率	否	应税服务代码	
运输方式代码		研发设计服务代码	
享受优惠政策		退税管理类型	
附送资料			

营业执照

（副　本）

统一社会信用代码 913311007691742402（1/1）

名　　称	大同轴承制造股份有限公司
类　　型	私营股份有限公司
住　　所	浙江省丽水市莲都区中山街北358号
法定代表人	刘三源
注册资本	壹仟贰佰万元
成立日期	2023年12月01日
营业期限	2023年12月01日　至　长期
经营范围	轴承、机械零部件制造、加工、销售；国家准许的货物与技术的进出口业务。

登记机关　丽水市市场监督管理局　2023年12月01日

应当于每年1月1日至6月30日通过浙江省企业信用信息公示系统报送上一年度年度报告

企业信用信息公示系统网址：http://gsxt.zjaic.gov.cn

国家市场监督管理总局监制

图 1-1　营业执照

中华人民共和国海关
报关单位注册登记证书

重要提示

报关单位应当在每年 6 月 30 日前向海关提交《报关单位注册信息年度报告》，不再另行通知。逾期未提交的，本证书效力自动中止。

中华人民共和国海关总署监制

海关注册编码：3310848660

组织机构代码：7691742402

企业名称：大同轴承制造股份有限公司

企业住所：浙江省丽水市莲都区中山街北358号

企业经营类别：进出口货物收发货人

注册登记日期：2023-12-01

法定代表人（负责人）：刘三源

有效期：长期

注册海关：中华人民共和国丽水海关

核发日期：2023-12-05

图 1-2　报关单位注册登记证书

开户许可证

核准号：J3436401416645

编号：3310- 5515 7125

经审核，大同轴承制造股份有限公司 符合开户条件，准于

开立基本存款账户。

法定代表人（单位负责人）刘三豪

账　号　935010530100530109906

开户银行 中国建设银行股份有限公司丽水开发区支行

发证机关（盖章）

2023 年 12 月 03 日

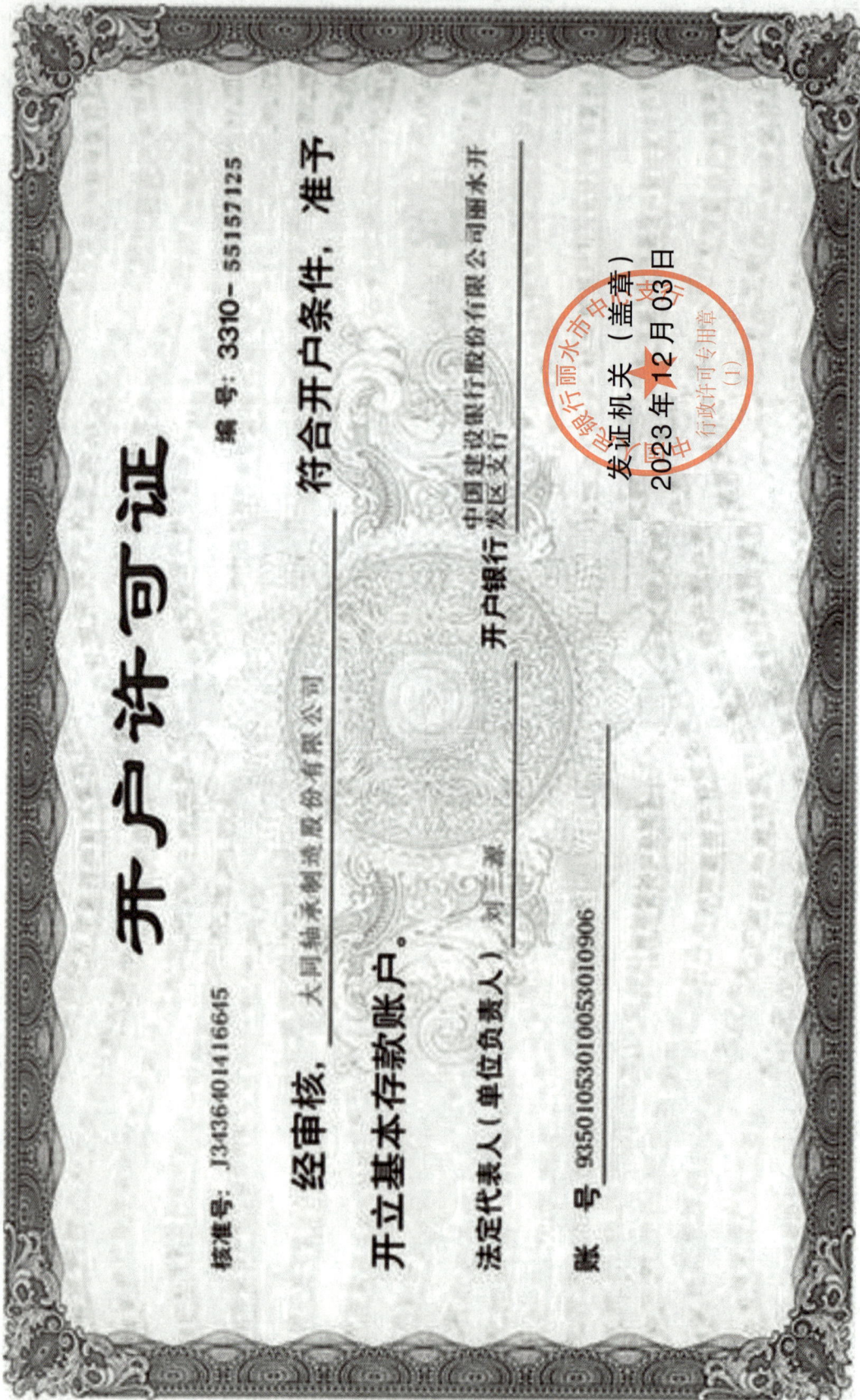

图 1-3　开户许可证

四　实训任务

任务1.1　安装生产企业离线出口退税申报软件

1.下载软件

登录出口退税咨询网（http://www.taxrefund.com.cn/other/sbxt.html），下载生产企业出口退税申报系统，进行安装包下载（注意安装包的版本号，先安装）、补丁下载（注意补丁包的版本号，后安装）、安装说明下载、操作指南下载。

2.安装软件

阅读安装说明，按安装说明进行生产企业离线出口退税申报软件的安装。解压安装包及补丁，首先进行安装包的安装（按默认路径进行安装）；然后进行补丁的安装（按默认路径进行安装）。

任务1.2　生产企业出口退税资格备案

以用户名sa（密码：无，当前所属期：2023年12月）登录生产企业离线出口退税申报软件。

首次登录时，查阅营业执照、报关单位注册登记证书（实施多证合一的企业，海关不再核发）等证件，按提示要求填写企业海关代码（若无报关单位注册登记证书，则填写统一社会信用代码）、统一社会信用代码、纳税人识别号、企业名称等信息。

点击"向导"，打开"备案申请向导"，进行出口退税资格备案。具体操作步骤如下：

1.填写出口退（免）税备案申请表

查看营业执照、报关单位注册登记证书、开户许可证、办税员身份证等相关资质证件，填写出口退（免）税备案申请表，见表1-1。

操作路径：向导→备案申请向导→一　退（免）税备案数据采集→填报出口退（免）税备案申请表→增加→保存。将出口退（免）税备案信息填写到出口退（免）税备案申请表中。

2.生成退（免）税备案申报电子文档

生成退（免）税备案申报电子文档，上传到电子税务局。

操作路径：向导→备案申请向导→二　生成退（免）税备案申报→生成出口退（免）税备案申报数据→出口退（免）税备案申报→确认→生成申报数据，选择生成申报数据路径（如E:\大同公司出口退税备案）→确定→提示信息→关闭。

生产企业离线出口退税申报软件提示信息内容如下：

数据申报情况：

申报数据已成功生成到：E:\大同公司出口退税备案\3310848660_rdxx.xml 中

申报数据列表：

出口退（免）税备案申请表　　　　　　　1　　条记录

3.上传退（免）税备案申报电子文档

根据主管税务机关进出口税收管理部门的要求，将生成的备案电子文件3310848660_rdxx.xml上传到电子税务局，进出口税收管理部门将文件导入到出口退税审核软件中。

4.保存、打印出口退（免）税备案表

将打印好的出口退（免）税备案表由相关责任人签字。按当地主管税务机关进出口税收管理部门要求，提供营业执照、报关单位注册登记证书、开户许可证（根据国家税务总局公告2015年第29号文件规定，可不再提供）、办税员身份证等相关资质证件复印件，加盖企业公章后，送交当地主管税务机关进出口税收管理部门进行备案。

操作路径：向导→备案申请向导→三　打印退（免）税备案报表→打印出口退（免）税备案表→出口退（免）税备案表→申请日期（2023-12-05）→出口退（免）税备案表→确认→打印预览→打印。

打印的出口退（免）税备案表见表1-2。

表1-2　　　　　　　　　　　出口退（免）税备案表

统一社会信用代码/纳税人识别号		913311007691742402		
纳税人名称		大同轴承制造股份有限公司		
企业海关代码		3310848660		
对外贸易经营者备案登记表编号				
企业类型		内资生产企业（√）　　外商投资生产企业（　） 外贸企业　　　（　）　　其他企业　　　　（　）		
退税开户银行		中国建设银行丽水开发区支行		
退税开户银行账号		93501053010053010906		
办理退（免）税 人员	姓名	（学生本人）	电话	（学生本人电话号码）
	身份证号	（学生本人身份证号）		
	姓名	缪小燕	电话	15925721234
	身份证号	330323198804161245		
退（免）税计算方法		免抵退税（√）　免退税（　）　免税（　）　其他（　）		
是否提供 零税率应税服务	是（　） 否（√）	提供零税率应税服务代码		
享受增值税优惠政策		先征后退（　）　即征即退（　）　超税负返还（　）　其他（　）		
出口退（免）税管理类型				
附送资料				

本表是根据国家税收法律法规及相关规定填报的，我单位确定它是真实的、可靠的、完整的。

经办人：

财务负责人：

法定代表人：

（印　章）

年　月　日

点击"保存"下拉按钮，系统提供Excel、PDF、图片等3种格式，保存出口退（免）税备案表文件。

【知识窗】　　　　　　　　　　首次办理出口退（免）税流程

首次办理出口退（免）税的流程包括以下步骤：

一、办理出口退免税的资质证件、手续

（一）办理经营范围包含进出口业务的营业执照

公司办理或变更营业执照时，经营范围应有"货物及技术进出口业务"或类似的表述。

（二）在中国国际贸易单一窗口开通注册手续

登录中国国际贸易单一窗口官方网站，点击"注册"进行账号注册。注册时，选择企业用户、无卡用户注册。注册成功后，使用管理员账号登录，进入企业管理和稽查模块，填写企业基本信息。

（三）办理海关收发货人报关注册登记

注册好账号后，登录中国国际贸易单一窗口，依次点击企业资质、海关企业通用资质、企业备案，正确选填"报关单位备案信息表"等相关表单，录入投资人员、报关人员等海关备案信息，上传加盖公章的相关文件。海关审核通过后，打印"海关进出口货物收发货人备案回执"，并到所在地海关加盖海关印章。报关单位注册登记证书如图1-2所示。也可以登录"互联网+海关"一体化平台（http://online.customs.gov.cn）进行办理。

注：自2022年12月30日起，各地商务主管部门停止办理对外贸易经营者备案登记。以前已经办理备案登记的企业，"对外贸易经营者备案登记表"可继续使用。

（四）办理海关报检注册备案手续

在办理报关单位注册登记的同时，提交"报检企业备案表"等文件，办理海关报检注册备案手续，取得"出入境检验检疫报检企业备案表"。

（五）办理中国电子口岸企业备案入网

办理电子口岸卡介质（法人卡、操作员卡）：登录中国国际贸易单一窗口或者中国电子口岸，提交入网申请，中国电子口岸数据中心各地分中心将受理申请并制发电子口岸企业法人卡和操作员卡，其主要功能包括身份识别、进出口货物申报、查验、数据交换、支付结算。

（六）在境内银行开通外币账户

准备开户资料，填写开户申请，银行提交审核及外汇局审批，银行会为申请人办理开户手续，发放账户使用证明。

（七）办理国家外汇管理局进出口名录账户备案手续

办理首笔外汇业务收支前，向外币账户开户银行提交"贸易外汇收支企业名录申请表"。银行通过国家外汇管理局数字外管平台银行端填报企业名录信息，并告知企业数字外管平台互联网端账号及初始密码。

（八）外汇货物贸易监测平台授权开通

办理名录账户备案手续后，凭管理员账号和初始密码，登录国家外汇管理局数字外管平台（网址：http://zwfw.safe.gov.cn/asone），填写注册信息，增加操作员。

（九）办理电子口岸报关无纸化签约手续

使用法人卡或操作员卡登录国际贸易单一窗口或者"互联网+海关"平台，进入货物申报系统，在"通关无纸化协议"或"三方协议签约"模块，选择对应的海关十位编码，阅读协议内容，勾选同意按钮，然后点击签约。海关审批后，签约状态显示为"签约海关审批"，表示签约成功，全国有效。

（十）在电子税务局办理退免税资格备案

登录电子税务局网站出口退税管理模块，选择出口退（免）税资格信息报告，根据系统提示，进行备案数据采集。备案表中的"退税开户银行账号"需从税务信息报告的银行账号中选择一个填报。确认采集数据无误后，点击提交。根据实际情况进行附列资料的上传，如"出口退（免）税备案表"等。

注：办理退免税资格备案，需先办理增值税一般纳税人登记。在电子税务局增值税一般纳税人登记界面，根据系统提示，填写相关信息并提交申请。

二、出口退免税申报及财务处理流程

（一）企业出口销售货物，报关出口并取得出口单证

企业出口销售货物，报关出口，取得出口单证，登录中国电子口岸网站的出口退税联网稽查系统或中国国际贸易单一窗口，查询并打印出口货物报关单。

（二）开具出口销售发票

根据《关于开展全面数字化的电子发票试点工作的公告》（国家税务总局浙江省税务局公告2023年第4号）、《关于出口货物劳务或服务开具增值税普通发票有关问题的公告》（浙江省国家税务局公告2017年第10号），使用数电票的电子发票（普通发票）开具出口发票，专用于办理出口退税。

（三）外币账户收取外汇

出口企业通过银行电汇汇款、信用卡支付通道、西联汇款、"速汇金"国际汇款、PayPal国际支付平台、Moneybooker收款通道、Ukash收款通道、Enets收款通道等方式收取国外客户的外汇。

（四）认证增值税专用发票

登录电子税务局税务数字账户，认证采购货物及其他增值税专用发票，其中，生产企业进行抵扣认证，外贸企业进行退税认证。

（五）进行增值税及附加税费等涉税申报

登录电子税务局，进行增值税及附加税费纳税申报。

（六）出口退免（退）税申报

出口退免税单证收齐后，在退税申报系统中进行出口退免税申报。

（七）查看审核审批结果

通过出口退（免）税申报系统查看退免税审核审批结果。审核审批完成，企业收到出口退税款，退税业务完成。

（八）出口退税单证备案

将出口货物报关单（出口退税联）、出口销售发票、无纸化放行通知书、提货单、出口销售合同等相关单证进行出口退税单证备案。

（九）进行出口退税财务处理

出口企业进行财务处理，填制会计凭证，登录会计账簿，编制财务报表。

（十）首次出口退税接受税务机关实地核查

根据《全国税务机关出口退（免）税管理工作规范（2.0版）》（税总发〔2018〕48号）的要求，税务机关对首次申请出口退（免）税的出口企业，进行实地核查。

出口企业首次申报出口退（免）税的，在其申报的退（免）税审核通过前，税务机关实地核查以下内容后，在出口退（免）税审核系统录入"出口企业首次申报核查情况表"：（1）企业的基本情况与其出口退（免）税备案的相关内容相符。（2）企业的生产经营场所、设备、人员等经营情况与其申报出口退（免）税业务相匹配。（3）采用免抵退税办法申报退（免）税的企业和委托代办退税的生产企业，具有出口货物的生产能力。（4）企业的财务制度健全和会计核算符合要求。（5）出口货物按照规定实行单证备案（委托代办退税生产企业除外）。

生产企业免抵退税业务的财务处理

本实训分两个部分：第一部分完成建账及总账系统初始化；第二部分进行免抵退税业务的账务处理。

一　实训目的

掌握用友 U8 软件系统管理的新建账套、财务分工等操作；掌握用友 U8 软件企业应用平台基础档案的设置和总账系统的初始化设置。

掌握出口货物报关单（出口退税联）的打印、下载；掌握出口发票的开具。

掌握出口销售、出口收汇、出口退税等相关日常业务的财务处理；掌握收汇信息的登记。

二　实训内容

建立核算单位 2024 年账套，增加操作员，进行财务分工，账套数据输出及引入，设置基础档案，总账系统参数设置，会计科目设置，凭证类别设置，明细权限设置，录入期初余额，账套数据备份。

出口发票的开具；凭证填制、修改、作废、整理；凭证审核、出纳签字、记账；账套数据备份；在国家外汇管理局数字外管平台中登记收汇信息。

三　实训资料

（一）生产企业新建账套信息

由系统管理员在系统管理中建立新账套并进行财务分工。

1. 建立新账套

（1）账套信息。账套号：班级尾号+两位数学号，例如，会计 2483 班 25 号学生，账套号为 325，或由教师指定；账套名称：大同轴承制造股份有限公司；账套路径：E:\325 大同轴承账套（在 E 盘新建以 "325 大同轴承账套" 为名称的文件夹）；启用日期：2024 年 1 月 1 日。

（2）单位信息。单位名称：大同轴承制造股份有限公司；单位简称：大同轴承制造股份；地址：浙江省丽水市莲都区中山街北 358 号；法定代表人：刘三源；邮政编码：323000；联系电话及传真：0578-2275302；电子邮件：1765988266@qq.com；纳税人识别号：913311007691742402。人民币户开户银行：中国建设银行丽水开发区支行，人民币户账号：93501053010053010906；美元户开户银行：中国建设银行丽水开发区支行，美元户账号：91501045010425089425。

（3）核算类型。本币名称：人民币（代码：RMB）；企业类型：工业；行业性质：2007 年新会计制度科目；建账时按行业性质预置会计科目。

（4）基础信息。进行经济业务处理时，不需要对存货、客户、供应商进行分类，有外币核算。

（5）分类编码方案。会计科目编码级次：42222；客户分类编码级次采取默认方式；存货数量、存货单价、开票单价、件数及换算率的小数位均为 2。

建账后立即于2024年1月1日启用总账系统。

2. 新增财务人员，设置权限

（1）账套主管——缪小燕（操作员编号：601，密码：601）。拥有账套的全部系统管理权；负责会计软件运行环境的建立，以及各项初始设置工作；负责会计软件的日常运行管理工作，监督并保证系统的有效、安全、正常运行；负责财务分析。

（2）会计——学生本人姓名（操作员编号：602，密码：602）。权限：公用目录设置，总账、往来管理、财务报表、货币资金账户查询等所有权限。

（3）出纳——姜美飞（操作员编号：603，密码：603）。权限：公用目录设置、现金管理、出纳签字、凭证查询、账簿查询等权限。

（二）基础档案设置

由账套主管缪小燕登录用友U8软件企业应用平台进行基础档案初始化。

1. 部门档案

部门档案见表2-1。

表2-1　　　　　　　　　　　　　　　　部门档案

部门编码	部门名称	部门属性	部门编码	部门名称	部门属性
1	综合部	管理	203	装配车间	基本生产
101	办公室	管理	3	销售部	销售
102	财务部	管理	301	内销业务部	销售
2	生产部	生产	302	外贸业务部	销售
201	铸造车间	基本生产	4	采购部	供应
202	加工车间	基本生产	401	采购业务部	供应

2. 职员档案

职员档案见表2-2。

表2-2　　　　　　　　　　　　　职员档案

职员编号	职员姓名	所属部门	职员属性
001	刘三源	办公室	总经理
002	王燕	办公室	办公室主任
003	缪小燕	财务部	财务部经理
004	（学生本人）	财务部	会计
005	姜美飞	财务部	出纳
006	王涛	采购业务部	采购部经理
007	郑玮	铸造车间	车间主任
008	李钰	加工车间	车间主任
009	王虹	装配车间	生产部经理
010	郑芳琼	内销业务部	销售主管
011	张峰	外贸业务部	销售部经理

3. 客户、供应商分类

客户、供应商均不分类。

4. 客户档案

客户档案见表2-3。国内客户编号范围为0001～1000，客户简称：客户名称前16个字符。国外客户编号范围为1001～2000，客户简称：国别+客户名称。

表 2-3　　　　　　　　　　　　　　　客户档案

客户编号	客户名称	客户简称	纳税人识别号	地址及电话	开户银行及账号
0001	上海华利热能股份有限公司	上海华利热能股份	91310000547492225M	上海市青浦区沪青路351号 021-21587845	中国建设银行上海市青浦区支行 63501053092486314002
0002	常州武发五交文化有限公司	常州武发五交文化	91320412712256796U	常州市清潭路91号 0519-3251478	中国建设银行常州市清潭路支行 23901043092486614856
0003	南昌八方汽车配件有限公司	南昌八方汽车配件	91360102MA35WKHB49	南昌市青云区京山北路4号 0791-86813656	中国工商银行南昌市青云区京山北路分行 389010400944866781
1001	HANG-ZHOU SP.ZO.O	德国 HANG-ZHOU SP.ZO.O	税号：709546202556		02266567
1002	CPC WEB LIMITED	英国 CPC WEB LIMITED	税号：620259705659		35689741
1003	E.D.S SP.ZO.O	英国 E.D.S SP.ZO.O	税号：709385645537		25897412

5.供应商档案

供应商档案见表 2-4。供应商简称：供应商名称前 16 个字符。

表 2-4　　　　　　　　　　　　　　　供应商档案

供应商编号	供应商名称	供应商简称	纳税人识别号	地址及电话	开户银行及账号
0001	哈尔滨三友帮物资经销有限公司	哈尔滨三友帮物资	91230110MA2912YR5C	哈尔滨市香坊区赣水路12号 0451-84605038	中国工商银行哈尔滨市香坊区分行 52101040094486895
0002	天津宏远材料科技有限公司	天津宏远材料科技	91120224MA06TC8A5W	天津市宝坻区4号 022-5879562	中国建设银行天津市宝坻区支行 51501053092000314925
0003	重庆钢铁股份有限公司	重庆钢铁股份有限	91500000202052965T	重庆市长寿经开区钢城大道1号 023-63107000	中国建设银行重庆市长寿经开区分行 43501052012000321821
0004	宁波远帆船务代理有限公司	宁波远帆船务代理	9131010976580219XD	宁波市南城区南明路839号 0574-65850006	中国建设银行宁波市南城区分行 28501052012480325214

6.结算方式

结算方式见表 2-5。

表 2-5　　　　　　　　　　　　　结算方式

结算方式编码	结算方式名称	票据管理
1	汇兑（网银转账）	否
2	委托收款	否
3	汇款（国际贸易）	否

7.外币汇率设置

币符：$；币名：美元；保留4位小数；折算方式：外币*汇率=本位币；2024年1月份记账汇率：7.0770。

（三）总账系统初始化

1.总账系统参数设置

凭证：可以使用应收受控科目、可以使用应付受控科目

权限：出纳凭证必须经由出纳签字。

凭证打印：凭证每页打印行数为7。

其他：部门、个人、项目均按编码排序。

2.会计科目设置

（1）修改会计科目，见表 2-6。

表 2-6　　　　　　　　　　　　　修改会计科目

类型	科目编码	科目名称	外币币种	计量单位	辅助账类型	账页格式
资产	1122	应收账款			客户往来	金额式

（2）新增会计科目，见表2-7。

表2-7　　　　　　　　　　　　　　新增会计科目

类型	科目编码	科目名称	外币币种	计量单位	辅助账类型	账页格式
资产	100201	建行人民币户010906			日记账、银行账	金额式
资产	100202	建行美元户089425	美元		日记账、银行账	外币金额式
资产	112201	应收国内货款			客户往来	金额式
资产	112202	应收外汇账款	美元		客户往来	外币金额式
资产	112203	应收出口退税款				金额式
资产	140301	轴承钢材		吨		数量金额式
资产	140302	滚珠滚球		千克		数量金额式
资产	140303	润滑油		千克		数量金额式
资产	141101	木箱		个		数量金额式
资产	140501	内销商品		千克		数量金额式
资产	14050101	滚珠、滚针及滚柱		千克		数量金额式
资产	14050102	装有滚珠或滚子轴承的轴承座		个		数量金额式
资产	14050103	滚子螺杆传动装置		个		数量金额式
资产	14050104	鼓形滚子轴承		套		数量金额式
资产	14050105	锥形滚子轴承		套		数量金额式
资产	14050106	调心球轴承		套		数量金额式
资产	14050107	滚动轴承的其他零件		千克		数量金额式
资产	14050108	角接触轴承		套		数量金额式
资产	14050109	深沟球轴承		套		数量金额式
资产	14050110	滚针轴承		套		数量金额式
资产	140502	出口商品		千克		数量金额式
负债	220201	应付货款			供应商往来	金额式
负债	220202	暂估应付款				金额式
负债	220203	应付国际运费			供应商往来	外币金额式
负债	220204	应付国际保险费			供应商往来	外币金额式
负债	221101	应付职工工资				金额式
负债	221102	应付职工福利费				金额式
负债	221103	应付社保费（职工缴纳部分）				金额式
负债	221104	应付住房公积金（职工缴纳部分）				金额式
负债	222101	应交增值税				金额式
负债	22210101	进项税额				金额式
负债	22210102	已交税金				金额式
负债	22210103	转出未交增值税				金额式
负债	22210104	减免税款				金额式
负债	22210105	出口抵减内销产品应纳税额				金额式
负债	22210106	销项税额				金额式
负债	22210107	进项税额转出				金额式
负债	22210108	出口退税				金额式
负债	22210109	转出多交增值税				金额式
负债	222102	未交增值税				金额式
负债	222103	应交印花税				金额式
负债	222104	应交城市维护建设税				金额式
负债	222105	应交教育费附加				金额式
负债	222106	应交地方教育附加				金额式

类型	科目编码	科目名称	外币币种	计量单位	辅助账类型	账页格式
负债	222107	代扣代缴个人所得税				金额式
负债	222108	应交社保费				金额式
负债	222109	应交住房公积金				金额式
所有者权益	410415	未分配利润				金额式
成本	500101	直接材料				金额式
成本	500102	直接人工				金额式
成本	500103	制造费用				金额式
成本	510101	工资及福利费				金额式
成本	510102	折旧费				金额式
成本	510103	水费				金额式
成本	510104	电费				金额式
损益	660101	工资及福利费				金额式
损益	660102	国际货物运输代理服务费				金额式
损益	660103	电费				金额式
损益	660104	水费				金额式
损益	660201	职工工资				金额式
损益	660202	职工福利费				金额式
损益	660203	社会保险费				金额式
损益	660204	住房公积金				金额式
损益	660205	折旧费				金额式
损益	660206	无形资产摊销				金额式
损益	660207	电费				金额式
损益	660208	水费				金额式
损益	660209	排污费				金额式
损益	660301	利息收入				金额式
损益	660302	利息支出				金额式
损益	660303	手续费				金额式
损益	660304	汇兑损益				金额式

（3）复制会计科目。

以新增会计科目的方式将会计科目140501的所有明细科目复制到140502科目下。

以成批复制（包含数量核算）的方式将会计科目1405的所有明细科目复制到6001科目下；科目性质（余额方向）：收入。

以成批复制（包含数量核算）的方式将会计科目1405的所有明细科目复制到6401科目下；科目性质（余额方向）：支出。

（4）在制造费用、销售费用、管理费用、财务费用会计科目下增加常用二级会计科目。

3.凭证类别设置

凭证类别：记账凭证。

4.明细权限设置

明细权限设置见表2-8。

表2-8   明细权限设置

操作员	科目权限	用户权限
（本人姓名）	主管	主管
姜美飞	查账、制单：全选	查询、删改、审核、弃审、撤销：全选

5.录入期初余额

期初余额表见表2-9。

表2-9　　　　　　　　　　　　**期初余额表**　　　　　　　　　金额单位：元

科目名称	方向	币别/计量单位	数量	辅助核算	期初余额
库存现金（1001）	借				3 488.00
建行人民币户010906（100201）	借				3 401 704.67
应收国内货款（112201）	借			客户编码（0001）	780 000.00
轴承钢材（140301）	借	吨	1200.00		3 900 000.00
固定资产（1601）	借				7 556 010.00
无形资产（1701）	借				2 130 000.00
短期借款（2001）	贷				1 526 000.00
应付货款（220201）	贷			供应商编码（0002）	820 000.00
应付职工工资（221101）	贷				258 070.50
进项税额（22210101）	借				434 797.33
应交印花税（222103）	贷				1 382.87
应交城市维护建设税（222104）	贷				6 523.10
应交教育费附加（222105）	贷				2 795.61
应交地方教育附加（222106）	贷				1 863.74
代扣代缴个人所得税（222107）	贷				1 266.37
应交社保费（222108）	贷				39 752.64
应交住房公积金（222109）	贷				55 560.00
实收资本（4001）	贷				12 000 000.00
未分配利润（410415）	贷				3 492 785.17

期初余额录入完成后，进行试算平衡。试算结果平衡：资产总计17 771 202.67元，负债合计2 278 417.50元，所有者权益合计15 492 785.17元。

（四）日常经济业务内容摘要

日常经济业务说明：外币账户记账汇率采用中国人民银行公布的出口当月第1个工作日的外币折算中间汇率。本月出口业务采用2024年1月2日美元兑人民币汇率中间价1：7.0770。

除个别经济业务，公司国内经济业务往来均通过网银转账的汇兑结算方式，结算方式编码为1，国际贸易均通过汇款的结算方式，结算方式编码为3。

增值税上期留抵税额为434 797.33元。

费用分摊、成本计算等分配率四舍五入后保留4位小数，分配结果四舍五入后保留2位小数。

2024年1月，日常经济业务内容摘要如下：

业务2.1　1月5日，预收上海华利热能股份有限公司货款200 000元及前欠货款780 000元。银行回单见表2-10。

业务2.2   1月5日，向天津宏远材料科技有限公司支付前欠货款及本月购进材料款3 001 465元。银行回单见表2-11。

业务2.3   1月10日，向上海华利热能股份有限公司销售装有滚珠或滚子轴承的轴承座8 600个，价税合计1 355 333.30元。开出增值税专用发票，见表2-12，产品出库单见表2-13。

业务2.4   1月10日，向天津宏远材料科技有限公司购进滚珠45 000千克，润滑油3 000千克，价税合计1 655 732.50元。收到增值税专用发票，见表2-14，材料入库单见表2-15。

业务2.5   1月10日，收到上海华利热能股份有限公司货款1 155 333.30元。银行回单见表2-16。

业务2.6   1月10日，以银行存款发放上月职工工资258 070.50元。银行回单见表2-17。

业务2.7   1月12日，以离岸价方式出口给客户德国HANG-ZHOU SP.ZO.O公司滚珠、滚针及滚柱1 200千克，装有滚珠或滚子轴承的轴承座1 254个，滚子螺杆传动装置195个，离岸价FOB合计45 622.64美元。根据中华人民共和国海关出口货物报关单（见表4-1），开具电子发票（普通发票），见表2-18，产品出库单见表2-19。

业务2.8   1月12日，支付国际销售业务代理费158 070.56元。银行回单见表2-20。

业务2.9   1月12日，向重庆钢铁股份有限公司购进轴承钢材600吨，价税合计2 214 031.60元。收到增值税专用发票，见表2-21，材料入库单见表2-22。

业务2.10   1月12日，以离岸价方式出口销售给客户CPC WEB LIMITED鼓形滚子轴承1 200套，锥形滚子轴承1 254套，滚珠、滚针及滚柱7 095千克，装有滚珠或滚子轴承的轴承座8 095个，离岸价FOB合计434 377.36美元。根据中华人民共和国海关出口货物报关单（见表4-3），开具电子发票（普通发票），见表2-23，产品出库单见表2-24。

业务2.11   1月12日，向哈尔滨三友帮物资经销有限公司购进轴承钢材550吨，价税合计2 146 355.90元。收到的增值税专用发票见表2-25，材料入库单见表2-26。

业务2.12   1月15日，外币账户收到德国HANG-ZHOU SP.ZO.O货款45 622.64美元。外币账户的银行回单见表2-27。

业务2.13   1月15日，外币账户收到英国CPC WEB LIMITED货款434 377.36美元。外币账户的银行回单见表2-28。

业务2.14   1月15日，外币账户结汇480 000美元，即时汇率7.1595，人民币账户收款3 436 560元。外币账户的银行回单见表2-29，人民币账户的银行回单［凭证种类：结售汇水单（甲种），业务类型：结汇业务］见表2-30。

业务2.15   1月15日，缴纳2023年12月城市维护建设税6 523.10元，教育费附加2 795.61元，地方教育附加1 863.74元，印花税1 382.87元，合计12 565.32元。银行回单见表2-31。

业务2.16   1月15日，缴纳2023年12月公司代扣代缴的职工个人所得税1 266.37元。银行回单2-32。

业务2.17   1月15日，缴纳2023年12月份社保费39 752.64元，银行回单见表2-33。

业务2.18   1月15日，缴纳2023年12月住房公积金55 560元。同城委托收款结算凭证（收账通知/代回单）见表2-34。结算方式：委托收款，结算方式编码为2。

业务2.19   1月19日，银行扣收短期贷款利息费用9 648元。银行回单见表2-35、表2-36、表2-37。

业务2.20   1月19日，收到银行活期存款利息1 768元。银行回单见表2-38。

业务2.21   1月19日，收到南昌八方汽车配件有限公司货款1 430 218.40元。银行回单见表2-39。

业务2.22   1月19日，收到常州武发五交文化有限公司货款951 826.12元。银行回单见表2-40。

业务2.23   1月22日，向常州武发五交文化有限公司销售滚子螺杆传动装置8 600个，价税合计951 826.12元。开出的销售发票见表2-41，产品出库单见表2-42。

业务2.24   1月22日，向天津宏远材料科技有限公司购进滚珠6 229千克、润滑油3 000千克，价税合计525 732.50元。收到的发票见表2-43，材料入库单见表2-44。

业务2.25   1月24日，采用到岸价方式出口销售给客户英国E.D.S SP.ZO.O调心球轴承6 000

套，滚动轴承的其他零件 12 540 千克，滚子螺杆传动装置 1 950 个，到岸价 CIF 金额合计 429 300 美元；海运费 2 050 美元、保险费 106 美元。根据中华人民共和国海关出口货物报关单（见表 4-5）和出口销售 CIF 价折算成 FOB 价计算单（见表 4-7），开具电子发票（普通发票），见表 2-45，产品出库单见表 2-46。

业务 2.26 1 月 25 日，付宁波远帆船务代理有限公司代垫的海运费 2 050 美元、保险费 106 美元，宁波远帆船务代理有限公司要求按即时售汇汇率折合人民币，当日即时售汇汇率为 7.1901，支付人民币 15 501.86 元。银行回单见表 2-47。

业务 2.27 1 月 25 日，收到 2023 年 12 月的出口退税款 434 797.33 元。银行回单见表 2-48。

业务 2.28 1 月 25 日，向哈尔滨三友帮物资经销有限公司购进轴承钢材 713 吨，价税合计 2 655 036.70 元。收到的发票见表 2-49，材料入库单见表 2-50。

业务 2.29 1 月 25 日，外币账户收到英国 E.D.S SP.ZO.O 货款 429 300 美元。外币账户的银行回单见表 2-51。

业务 2.30 1 月 25 日，外币账户结汇 429 300 美元。即时汇率 7.1615，人民币账户收款 3 074 431.95 元。外币账户的银行回单见表 2-52。人民币账户的银行回单［凭证种类：结售汇水单（甲种），业务类型：结汇业务］见表 2-53。

业务 2.31 1 月 25 日，收到代理报关及国际运输服务代理费发票，金额 158 070.56 元，见表 2-54。

业务 2.32 1 月 26 日，向重庆钢铁股份有限公司支付材料款 2 214 031.60 元。银行回单见表 2-55。

业务 2.33 1 月 29 日，支付供电公司电费 59 474.96 元。银行回单见表 2-56。

业务 2.34 1 月 29 日，分配本月电费。本月用电 53 052 度，价税合计 59 474.96 元，电费发票见表 2-57。其中，车间耗用 75%，销售部门耗用 5%，管理部门耗用 5%，职工食堂耗用 5%，职工宿舍耗用 10%。

业务 2.35 1 月 29 日，支付水费 19 082.76 元。银行回单见表 2-58。

业务 2.36 1 月 29 日，分配本月水费和污水处理费。本月用水 6 707 吨，价税合计 12 711.11 元，水费发票见表 2-59；污水处理费 6 371.65 元，污水处理费发票见表 2-60。其中，车间耗用 30%，销售部门耗用 5%，管理部门耗用 5%，职工食堂耗用 30%，职工宿舍耗用 30%。

业务 2.37 1 月 29 日，向南昌八方汽车配件有限公司销售装有滚珠或滚子轴承的轴承座 15 800 个，价税合计 1 430 218.40 元。开出销售发票，见表 2-61，产品出库单见表 2-62。

业务 2.38 1 月 29 日，购进职工健身用的跑步机 10 台，价税合计 31 640 元。货物已到，作为固定资产使用，货款未付。收到的购货发票见表 2-63。

业务 2.39 月末，登录电子税务局，打印 2023 年 12 月的审批通知单，审核通过的免抵退税额为 527 984.48 元。其中，应退税额 434 797.33 元，免抵税额 93 187.15 元。审批通知单见表 2-64。

业务 2.40 月末，分配本月职工工资 310 151.76 元，工资分配表见表 2-65。

业务 2.41 月末，根据本月工资发放单，代扣职工个人负担的社会保险费 16 208.85 元、住房公积金 27 780 元，代扣代缴个人所得税 445.05 元，代扣水电费 555 元。工资发放单见表 2-66。

业务 2.42 月末，计提固定资产折旧，进行无形资产摊销。固定资产折旧明细表见表 2-67；无形资产摊销明细表见表 2-68；折旧及摊销分配表见表 2-69。

其他相关业务所需表格见表 2-70 至表 2-75。

业务处理见任务 2.1 至任务 2.11。

（五）日常经济业务原始凭证

公司日常经济业务原始凭证、单证资料见表 2-10 至表 2-75。

表 2-10

中国建设银行客户专用回单

No.287

1010028941460007968413560

币别：人民币　　　　　　　2024年01月05日　　　流水号：33069132716EB8POX 03

付款人	全称	上海华利热能股份有限公司	收款人	全称	大同轴承制造股份有限公司
	账号	6350105309248 6314002		账号	9350105301005 3010906
	开户行	中国建设银行上海市青浦区支行		开户行	中国建设银行丽水开发区支行
	金额	（大写）人民币玖拾捌万元整			（小写）¥980 000.00
	凭证种类	电汇凭证		凭证号码	
	结算方式	转账		用途	货款

打印柜员：330693500AJ2
打印机构：丽水开发区支行
打印卡号：3306900001000333

贷方回单（收款人回单）

打印时间：2024-01-15 16：05：24　　　　　　　交易机构：330693500

表 2-11

中国建设银行客户专用回单

No.288

1010028900941466840761135

币别：人民币　　　　　　　2024年01月05日　　　流水号：33069132716E8PO B02X

付款人	全称	大同轴承制造股份有限公司	收款人	全称	天津宏远材料科技有限公司
	账号	9350105301005 3010906		账号	5150105309200 0314925
	开户行	中国建设银行丽水开发区支行		开户行	中国建设银行天津市宝坻区支行
	金额	（大写）人民币叁佰万零壹仟肆佰陆拾伍元整			（小写）¥3 001 465.00
	凭证种类	电汇凭证		凭证号码	
	结算方式	转账		用途	货款

打印柜员：330693500AJ2
打印机构：丽水开发区支行
打印卡号：3306900001000333

借方回单（付款人回单）

打印时间：2024-01-15 16：05：24　　　　　　　交易机构：330693500

表 2-12

电子发票（增值税专用发票）

发票号码：24332000000018034558
发票日期：2024 年 01 月 10 日

购买方信息	名称：	上海华利热能股份有限公司	售方信息	名称：	大同轴承制造股份有限公司
	统一社会信用代码/纳税人识别号：91310000547492225M			统一社会信用代码/纳税人识别号：913311007691742402	

项目名称	规格型号	单位	数量	单价	金额	税率/征收率	税额
*通用设备*装有滚珠或滚子轴承的轴承座		个	8 600	139.4662791	1 199 410.00	13%	155 923.30
合　计					¥1 199 410.00		¥155 923.30
价税合计（大写）	⊗壹佰叁拾伍万伍仟叁佰叁拾叁元叁角整				（小写）¥1 355 333.30		

备注	购方开户银行：中国建设银行上海市青浦区支行；银行账号：6350105309248 6314002
	销方开户银行：中国建设银行丽水开发区支行；银行账号：9350105301005 3010906
	收款人：姜美飞　　　复核人：王一菲

开票人：缪小燕

表2-13

大同轴承制造股份有限公司
出 库 单

出库类型：国内销售出库　　库房：成品库　　出库日期：2024年01月10日

序号	品名	规格	摘要	单位	数量	单价	金额
1	装有滚珠或滚子轴承的轴承座			个	8 600		
	合计				8 600		

金额合计（大写）

库管员：伍大力　　　　　　　　销售部经理：郑芳琢

表2-14

电子发票（增值税专用发票）

发票号码：24122000000054558189
发票日期：2024年01月10日

购买方信息	名称：大同轴承制造股份有限公司　统一社会信用代码/纳税人识别号：913311007691742402	销售方信息	名称：天津宏远材料科技有限公司　统一社会信用代码/纳税人识别号：91120224MA06TC8A5W

项目名称	规格型号	单位	数量	单价	金额	税率/征收率	税额
*通用设备*滚珠		千克	45 000	25.79311111	1 160 690.00	13%	150 889.70
*石油制品*润滑油		千克	3 000	101.52	304 560.00	13%	39 592.80
合　计					¥1 465 250.00		¥190 482.50
价税合计（大写）	⊗壹佰陆拾伍万伍仟柒佰叁拾贰元伍角整　　（小写）¥1 655 732.50						

备注：
购方开户银行：中国建设银行丽水开发区支行；银行账号：93501053010053010906
销方开户银行：中国建设银行天津市宝坻区支行；银行账号：51501053092000314925
收款人：王怡菲　　复核人：张晓菲

开票人：王素素

表2-15

大同轴承制造股份有限公司
入 库 单

入库类型：采购入库　　库房：材料库　　入库日期：2024年01月10日

序号	品名	规格	摘要	单位	数量	单价	金额
1	滚珠			千克	45 000		
2	润滑油			千克	3 000		
	合计				48 000		

金额合计（大写）

库管员：伍大力　　　　　　　　采购部经理：王涛

表 2-16

中国建设银行客户专用回单

No.289

中国建设银行
China Construction Bank

1010028941646000312567984

币别：人民币　　　　　　　　2024年01月10日　　　流水号：330691327168EB03P1D

付款人	全称	上海华利热能股份有限公司	收款人	全称	大同轴承制造股份有限公司
	账号	6350105309248631 4002		账号	9350105301005301 0906
	开户行	中国建设银行上海市青浦区支行		开户行	中国建设银行丽水开发区支行
金额	（大写）人民币壹佰壹拾伍万伍仟叁佰叁拾叁元叁角整			（小写）¥1 155 333.30	
凭证种类	电汇凭证		凭证号码		
结算方式	转账		用途	货款	

打印柜员：330693500AJ2
打印机构：丽水开发区支行
打印卡：3306900001000333

（贷方回单）（收款人回单）

打印时间：2024-01-15 16：05：24　　　　　　交易机构：330693500

表 2-17

中国建设银行客户专用回单

No.290

中国建设银行
China Construction Bank

1010028960007414964135683

币别：人民币　　　　　　　　2024年01月10日　　　流水号：330691327168PO04TYR

付款人	全称	大同轴承制造股份有限公司	收款人	全称	网银代发—代发代扣
	账号	9350105301005301 0906		账号	1013346900251020690030 0001
	开户行	中国建设银行丽水开发区支行		开户行	中国建设银行丽水开发区支行
金额	（大写）人民币贰拾伍万捌仟零柒拾元伍角整			（小写）¥258 070.50	
凭证种类	电汇凭证		凭证号码		
结算方式	转账		用途	发放工资	

打印柜员：330693500AJ2
打印机构：丽水开发区支行
打印卡：3306900001000333

（借方回单）（付款人回单）

打印时间：2024-01-15 16：05：24　　　　　　交易机构：330693500

表 2-18

电子发票（普通发票）

发票号码：24332000000000016556
发票日期：2024 年 01 月 10 日

购买方信息	名称：HANG-ZHOU SP.ZO.O	销售方信息	名称：大同轴承制造股份有限公司
	统一社会信用代码/纳税人识别号：		统一社会信用代码/纳税人识别号：913311007691742402

项目名称	规格型号	单位	数量	单价	金额	税率/征收率	税额
*通用设备*滚珠、滚针及滚柱		千克	1 200	148.68494167	178 421.93	免税	***
*通用设备*装有滚珠或滚子轴承的轴承座		个	1 254	84.06392344	105 416.16	免税	***
*通用设备*滚子螺杆传动装置		个	195	200.17097436	39 033.34	免税	***
合　计					¥322 871.43		***
价税合计（大写）	⊗叁拾贰万贰仟捌佰柒拾壹元肆角叁分		（小写）¥322 871.43				

备注	出口业务：出口销售总额（FOB）45 622.64；币种：美元；汇率：100：707.70

开票人：缪小燕

表2-19

大同轴承制造股份有限公司
出 库 单

出库类型：出口销售出库　　库房：成品库　　出库日期：2024年01月10日

序号	品名	规格	单位	数量	单价	金额
1	滚珠、滚针及滚柱		千克	1 200		
2	装有滚珠或滚子轴承的轴承座		个	1 254		
3	滚子螺杆传动装置		个	195		
	合计					

金额合计（大写）

库管员：伍大力　　　　　　　销售部经理：张峰

表2-20

中国建设银行客户专用回单
No.291

中国建设银行 China Construction Bank

10100289414796841360 56028

币别：人民币　　　　　2024年01月12日　　　流水号：330691327168001JX21

付款人	全称	大同轴承制造股份有限公司	收款人	全称	宁波远帆船务代理有限公司
	账号	93501053010053010906		账号	28501052012480325214
	开户行	中国建设银行丽水开发区支行		开户行	中国建设银行宁波市南城区分行
	金额	（大写）人民币壹拾伍万捌仟零柒拾元伍角陆分			（小写）¥158 070.56
	凭证种类	电汇凭证		凭证号码	
	结算方式	转账		用途	国际业务代理费

打印柜员：330693500AJ2
打印机构：丽水开发区支行
打印卡号：330690001000333

（借方回单）（付款人回单）

打印时间：2024-01-15 16：05：24　　　　交易机构：330693500

表2-21

电子发票（增值税专用发票）

发票号码：24502000000035812034
发票日期：2024年01月12日

购买方信息	名称：大同轴承制造股份有限公司	销售方信息	名称：重庆钢铁股份有限公司
	统一社会信用代码/纳税人识别号：913311007691742402		统一社会信用代码/纳税人识别号：91500000202052965T

项目名称	规格型号	单位	数量	单价	金额	税率/征收率	税额
*钢材*轴承钢材		吨	600	3 265.533333	1 959 320.00	13%	254 711.60
合 计					¥1 959 320.00		¥254 711.60
价税合计（大写）	⊗贰佰贰拾壹万肆仟零叁拾壹元陆角整				（小写）¥2 214 031.60		

备注：购方开户银行：中国建设银行丽水开发区支行；银行账号：93501053010053010906
销方开户银行：中国建设银行重庆市长寿经开区分行；银行账号：43501052012000321821
收款人：李晓莉　复核人：张晓燕

开票人：张素红

表 2-22

大同轴承制造股份有限公司
入 库 单

入库类型：采购入库　　　库房：材料库　　　入库日期：2024年01月13日

序号	品名	规格	单位	数量	单价	金额
1	轴承钢材		吨	600		
	合　计			600		

金额合计（大写）

库管员：伍大力　　　　　　　　采购部经理：王涛

表 2-23

电子发票（普通发票）

发票号码：24332000000000016557

发票日期：2024 年 01 月 12 日

购买方信息	名称：CPC WEB LIMITED	销售方信息	名称：大同轴承制造股份有限公司
	统一社会信用代码/纳税人识别号：		统一社会信用代码/纳税人识别号：913311007691742402

项目名称	规格型号	单位	数量	单价	金额	税率/征收率	税额
*通用设备*鼓形滚子轴承		套	1 200	148.6849417	178 421.93	免税	***
*通用设备*锥形滚子轴承		套	1 254	84.06414673	105 416.44	免税	***
*通用设备*滚珠、滚针及滚柱		千克	7 095	200.1524228	1 420 081.44	免税	***
*通用设备*装有滚珠或滚子轴承的轴承座		个	8 095	169.2611204	1 370 168.77	免税	***
合　计					¥3 074 088.58		***
价税合计（大写）	⊗叁佰零柒万肆仟零捌拾捌元伍角捌分		（小写）¥3 074 088.58				
备注	出口业务：出口销售总额（FOB）434 377.36；币种：美元；汇率：100：707.70						

开票人：缪小燕

表 2-24

大同轴承制造股份有限公司
出 库 单

出库类型：出口销售出库　　　库房：成品库　　　出库日期：2024年01月12日

序号	品名	规格	单位	数量	单价	金额
1	鼓形滚子轴承		套	1 200		
2	锥形滚子轴承		套	1 254		
3	滚珠、滚针及滚柱		千克	7 095		
4	装有滚珠或滚子轴承的轴承座		个	8 095		
	合　计					

金额合计（大写）

库管员：伍大力　　　　　　　　销售部经理：张峰

表2-25　　　　　电子发票（增值税专用发票）　　发票号码：24232000000045518038

发票日期：2024 年 01 月 12 日

| 购买方信息 | 名称：大同轴承制造股份有限公司 | | 售方信息 | 名称：哈尔滨三友帮物资经销有限公司 | |
| 统一社会信用代码/纳税人识别号：913311007691742402 | | | 统一社会信用代码/纳税人识别号：91230110MA2912YR5C | | |

项目名称	规格型号	单位	数量	单价	金额	税率/征收率	税额
*钢材*轴承钢材		吨	550	3 453.509091	1 899 430.00	13%	246 925.90
合　计					¥1 899 430.00		¥246 925.90

价税合计（大写）　⊗贰佰壹拾肆万陆仟叁佰伍拾伍元玖角整　（小写）¥2 146 355.90

备注：购方开户银行：中国建设银行丽水开发区支行；银行账号：93501053010053010906
销方开户银行：中国工商银行哈尔滨市香坊区分行；银行账号：52101040094486895

收款人：留小莉　复核人：吴雯菲

开票人：王媛

表2-26　　　　大同轴承制造股份有限公司

入　库　单

入库类型：采购入库　　库房：材料库　　入库日期：2024 年 01 月 15 日

序号	品名	规格	单位	数量	单价	金额
1	轴承钢材		吨	550		
	合计			550		

金额合计（大写）

库管员：伍大力　　　　　采购部经理：王涛

表2-27　　　　　　　标准回单　　　　　　No.035

中国建设银行 China Construction Bank

1010068417426289414677979

币别：美元　　2024 年 01 月 15 日　　流水号：330691327168PX790EB

付款人	全称	HANG-ZHOU SP.ZO.O	收款人	全称	大同轴承制造股份有限公司
	账号	02266567		账号	91501045010425089425
	开户行			开户行	中国建设银行丽水开发区支行

金额　（大写）美元肆万伍仟陆佰贰拾贰元陆角肆分　（小写）$45 622.64

凭证种类　电汇凭证　　　凭证号码

结算方式　转账　　　　　用途

摘要：境外汇入

主管　　授权：樊爱荷　复核：冯一燕

2024.01.15　业务专用章（12）

打印时间：2024-01-15 16：22：02　交易柜员：兰忻蓉　交易机构：丽水开发区支行
中国建设银行网址：www.ccb.com　手机银行链接地址：m.ccb.com　24小时客户服务热线：95533

表2-28

中国建设银行
China Construction Bank

标准回单

No.036

10100289414677968417429

币别：美元		2024年01月15日	流水号：330691327168POKLX25	
付款人	全称	CPC WEB LIMITED	收款人	全称	大同轴承制造股份有限公司
	账号	35689741		账号	9150104501042508425
	开户行			开户行	中国建设银行丽水开发区支行

金额	（大写）美元肆拾叁万肆仟叁佰柒拾柒元叁角陆分	（小写）$434 377.36
凭证种类	电汇凭证	凭证号码
结算方式	转账	用途

摘要：境外汇入

业务专用章（12）2024.01.15

主管： 授权：樊爱莉 复核：冯一燕

（贷方回单）（收款人回单）

打印时间：2024-01-15 16：22：02　交易柜员：兰忻蓉　交易机构：丽水开发区支行
中国建设银行网址：www.ccb.com　手机银行链接地址：m.ccb.com　24小时客户服务热线：95533

表2-29

中国建设银行
China Construction Bank

标准回单

No.037

10100289467794141776429

币别：美元		2024年01月15日	流水号：3306913POX2716WN825	
付款人	全称	大同轴承制造股份有限公司	收款人	全称	大同轴承制造股份有限公司
	账号	9150104501042508425		账号	9350105301005301906
	开户行	中国建设银行丽水开发区支行		开户行	中国建设银行丽水开发区支行

金额	（大写）美元肆拾捌万元整	（小写）$480 000.00
凭证种类		凭证号码
结算方式	转账	用途 结汇

业务专用章（12）2024.01.15

打印柜员：
打印机构：
打印卡号：

（借方回单）（付款人回单）

打印时间：2024-01-15 16：22：02　交易柜员：兰忻蓉　交易机构：丽水开发区支行
中国建设银行网址：www.ccb.com　手机银行链接地址：m.ccb.com　24小时客户服务热线：95533

表2-30

中国建设银行客户专用回单

No.292

10100289414677979684742261

币别：美元	2024年01月15日	流水号：330691327168BX79POE

申请客户名称	大同轴承制造股份有限公司	业务编号	0553005201607060113753.4
付款账号	9150104501042508425	收款账号	9350105301005301906
付款账户名称	大同轴承制造股份有限公司	收款账户名称	大同轴承制造股份有限公司
交易日期	2024年01月15日	交割日期	2024年01月15日

摘要	外汇金额	汇率	人民币金额
	480 000.00	7.1595	3 436 560.00

凭证种类：结售汇水单（甲种）	打印柜员：330693500AJ2
业务类型：结汇业务	打印机构：丽水开发区支行
实时牌价：	打印卡号：3306900001000333

（贷方回单）（收款人回单）

打印时间：2024-01-15　16：05：24　　交易机构：330693500

表 2-31

中国建设银行客户专用回单

中国建设银行
China Construction Bank

转账日期：2024年01月15日   凭证字号：300120190213047936597

| 纳税人全称及纳税人识别号（统一社会信用代码）：大同轴承制造股份有限公司 |
| 913311007691742402 |

付款人全称：大同轴承制造股份有限公司   咨询（投诉）电话：95533
付款人账号：93501053010053010906   征收机关名称（委托方）：国家税务总局丽水经济开发区税务局
付款人开户银行：中国建设银行丽水开发区支行   收款国库（银行）名称：浙江省分库丽水市中心支库
小写（合计）金额：¥12 565.32   缴款书交易流水号：20240213330690027000097950819
大写（合计）金额：人民币壹万贰仟伍佰陆拾伍元叁角贰分   税票号码：32019021300003562

税（费）种名称	所属时期	实缴金额
印花税	20231201—20231231	1 382.87
城市维护建设税	20231201—20231231	6 523.10
教育费附加	20231201—20231231	2 795.61
地方教育附加	20231201—20231231	1 863.74

表 2-32

中国建设银行客户专用回单

中国建设银行
China Construction Bank

转账日期：2024年01月15日   凭证字号：300120190213047997930

| 纳税人全称及纳税人识别号（统一社会信用代码）：大同轴承制造股份有限公司 |
| 913311007691742402 |

付款人全称：大同轴承制造股份有限公司   咨询（投诉）电话：95533
付款人账号：93501053010053010906   征收机关名称（委托方）：国家税务总局丽水经济开发区税务局
付款人开户银行：中国建设银行丽水开发区支行   收款国库（银行）名称：浙江省分库丽水市中心支库
小写（合计）金额：¥1 266.37   缴款书交易流水号：20240213330690027000095817959
大写（合计）金额：人民币壹仟贰佰陆拾陆元叁角柒分   税票号码：32019021300003317

税（费）种名称	所属时期	实缴金额
个人所得税	20231201—20231231	1 266.37

表 2-33

中国建设银行客户专用回单

中国建设银行
China Construction Bank

转账日期：2024年01月15日   凭证字号：300120190213047930799

| 纳税人全称及纳税人识别号：大同轴承制造股份有限公司 |
| 913311007691742402 |

付款人全称：大同轴承制造股份有限公司   咨询（投诉）电话：95533
付款人账号：93501053010053010906   征收机关名称（委托方）：国家税务总局丽水经济开发区税务局
付款人开户银行：中国建设银行丽水开发区支行   收款国库（银行）名称：浙江省分库丽水市中心支库
小写（合计）金额：¥39 752.64   缴款书交易流水号：20240213330690027000072381559
大写（合计）金额：人民币叁万玖仟柒佰伍拾贰元陆角肆分   税票号码：32019021300003419

税（费）种名称	所属时期	实缴金额
企业职工基本养老保险（单位缴纳）	20231201—20231231	17 337.60
企业职工基本养老保险（个人缴纳）	20231201—20231231	9 907.20
失业保险（单位缴纳）	20231201—20231231	619.20
失业保险（个人缴纳）	20231201—20231231	619.20
基本医疗保险（单位缴纳）	20231201—20231231	8 544.96
基本医疗保险（个人缴纳）	20231201—20231231	2 476.80
工伤保险	20231201—20231231	247.68

表 2-34

同城委托收款结算凭证（收账通知/代回单）

特约

委托日期：2024年01月15日

付款单位	全 称	大同轴承制造股份有限公司	收款单位	全 称	丽水市住房公积金管理中心
	账 号	9350105301005 3010906		账 号	33121694412 35456859
	开户银行	中国建设银行丽水开发区支行		开户银行	中国建设银行丽水分行
金额（大写）		人民币伍万伍仟伍佰陆拾元整			¥55 560.00
合同名称		单位公积金汇缴结算方式认可书	单位编码：		收款单位开户银行盖章
结算原因		单位住房公积金汇缴	3311010079828		

备注：汇缴月份：202312　住房公积金：55 560.00

公积金补贴：0.00　住房补贴：0.00

单位部分公积金合计：27 780.00

个人部分公积金合计：27 780.00

会计分录（ ）科目（ ）

主管　　财务　　记账　　　　　　年　月　日

表 2-35

中国建设银行客户专用回单

中国建设银行
China Construction Bank

No.293

1010088960948643510073416

币别：人民币　　　　　2024年01月19日　　　流水号：33069132Y48P R27160T

付款人	全称	大同轴承制造股份有限公司	收款人	全称	大同轴承制造股份有限公司
	账号	9350105301005 3010906		账号	9350105301600 0000325
	开户行	中国建设银行丽水开发区支行		开户行	中国建设银行丽水开发区支行
金额		（大写）人民币玖仟陆佰肆拾捌元整			（小写）¥9 648.00
凭证种类		电汇凭证	凭证号码		
结算方式		转账	用途		归还贷款利息

打印柜员：330693500AJ2

打印机构：丽水开发区支行

打印卡号：3306900001000333

打印时间：2024-02-05　09：02：24　　　　　　交易机构：330693500

表 2-36

中国建设银行客户专用回单

中国建设银行
China Construction Bank

1010088960948643510073416

币别：人民币　　　　　2024年01月19日　　　流水号：33069132Y48P R27160T

户名：大同轴承制造股份有限公司　　　账号：9350105301600 0000325

计算项目	起息日	结息日	本金/积数	利率（%）	利息
应收利息					¥0.00
催收利息					¥0.00
收利息（即当期利息）	20231221	20240121			¥9 648.00
合计金额	（大写）人民币玖仟陆佰肆拾捌元整				（小写）¥9 648.00

上列贷款利息，根据双方约定，已直接扣划你单位9350105301005 3010906账户，你单位上述账户不足支付时，请另筹措资金支付

打印柜员：330693500AJ2

打印机构：丽水开发区支行

打印卡号：3306900001000333

打印时间：2024-02-05　09：02：24　　　　　　交易机构：330693500

表 2-37

中国建设银行客户专用回单

中国建设银行
China Construction Bank

1010088960948643510073416

币别：人民币	2024年01月19日	流水号：33069132Y48P R27160T

付款人	全称	大同轴承制造股份有限公司	收款人	全称	大同轴承制造股份有限公司	
	账号	93501053010053010906		账号	93501053016000000325	
	开户行	中国建设银行丽水开发区支行		开户行	中国建设银行丽水开发区支行	
金额	（大写）人民币玖仟陆佰肆拾捌元整				（小写）¥9 648.00	
凭证种类	电汇凭证		凭证号码			
结算方式	转账		用途	海运资报利息		
			打印柜员：330693500AJ2			
			打印机构：丽水开发区支行			
			打印卡号：3306900001000333			

打印时间：2024-02-05　09：02：24　　　　　　　　交易机构：330693500

表 2-38

中国建设银行客户专用回单　　　　　　No.294

中国建设银行
China Construction Bank

1010088960940440731616835

币别：人民币	2024年01月19日	流水号：3306913F R2160T72F48

户名：大同轴承制造股份有限公司		账号：93501053010053010906			
计算项目	起息日	结息日	本金/积数	利率（%）	利息
活期利息			212 160 000.00	0.300000	¥1 768.00
合计金额	（大写）人民币壹仟柒佰陆拾捌元整			（小写）¥1 768.00	

上列存款利息，已照收你单位 93501053010053010906账户	打印柜员：330693500AJ2
	打印机构：丽水开发区支行
	打印卡号：3306900001000333

打印时间：2024-02-05　09：02：24　　　　　　　　交易机构：330693500

表 2-39

中国建设银行客户专用回单　　　　　　No.295

中国建设银行
China Construction Bank

1010028941460056847900163

币别：人民币	2024年01月19日	流水号：33069132718PVB 036E2

付款人	全称	南昌八方汽车配件有限公司	收款人	全称	大同轴承制造股份有限公司	
	账号	389010400944866781		账号	93501053010053010906	
	开户行	中国工商银行南昌市青云区京山北路分行		开户行	中国建设银行丽水开发区支行	
金额	（大写）人民币壹佰肆拾叁万零贰佰壹拾捌元肆角整				（小写）¥1 430 218.40	
凭证种类	电汇凭证		凭证号码			
结算方式	转账		用途	货款		
			打印柜员：330693500AJ2			
			打印机构：丽水开发区支行			
			打印卡号：3306900001000333			

打印时间：2024-02-05　09：02：24　　　　　　　　交易机构：330693500

表 2-40

中国建设银行客户专用回单

No.296

中国建设银行 China Construction Bank

1010028941490600163506847

币别：人民币		2024年01月19日		流水号：33069132718P000362 E	

付款人	全称	常州武发五交文化有限公司	收款人	全称	大同轴承制造股份有限公司
	账号	23901043092486614856		账号	93501053010053010906
	开户行	中国建设银行常州市清潭路支行		开户行	中国建设银行丽水开发区支行
	金额	(大写)人民币玖拾伍万壹仟捌佰贰拾陆元壹角贰分		(小写)	¥951 826.12
	凭证种类	电汇凭证		凭证号码	
	结算方式	转账		用途	货款

打印柜员：330693500AJ2
打印机构：丽水开发区支行
打印卡号：3306900001000333

打印时间：2024-02-05 09：02：24　　　　　交易机构：330693500

表 2-41

电子发票（增值税专用发票）

发票号码：24332000000018034559
发票日期：2024 年 01 月 22 日

购买方信息	名称：常州武发五交文化有限公司	销售方信息	名称：大同轴承制造股份有限公司
	统一社会信用代码/纳税人识别号：91320412712256796U		统一社会信用代码/纳税人识别号：913311007691742402

项目名称	规格型号	单位	数量	单价	金额	税率/征收率	税额
*通用设备*滚子螺杆传动装置		个	8 600	97.94465116	842 324.00	13%	109 502.12
合　计					¥842 324.00		¥109 502.12
价税合计（大写）	⊗玖拾伍万壹仟捌佰贰拾陆元壹角贰分				（小写）¥951 826.12		

备注	购方开户银行：中国建设银行常州市清潭路支行；银行账号：23901043092486614856
	销方开户银行：中国建设银行丽水开发区支行；银行账号：93501053010053010906
	收款人：姜美飞　复核人：王一菲

开票人：缪小燕

表 2-42

大同轴承制造股份有限公司
出　库　单

出库类型：国内销售出库	库房：成品库	出库日期：2024年01月22日

序号	品名	规格	单位	数量	单价	金额
1	滚子螺杆传动装置		个	8 600		
	合计			8 600		
金额合计（大写）						

库管员：伍大力　　　　　　　销售部经理：郑芳琼

表 2-43

电子发票（增值税专用发票）

发票号码：24122000000054558206
发票日期：2024 年 01 月 22 日

购买方信息	名称：大同轴承制造股份有限公司 统一社会信用代码/纳税人识别号：913311007691742402	销售方信息	名称：天津宏远材料科技有限公司 统一社会信用代码/纳税人识别号：91120224MA06TC8A5W

项目名称	规格型号	单位	数量	单价	金额	税率/征收率	税额
*通用设备*滚珠		千克	6 229	25.79707818	160 690.00	13%	20 889.70
*石油制品*润滑油		千克	3 000	101.52	304 560.00	13%	39 592.80
合 计					¥465 250.00		¥60 482.50

价税合计（大写）	⊗伍拾贰万伍仟柒佰叁拾贰元伍角整	（小写）¥525 732.50

备注	购方开户银行：中国建设银行丽水开发区支行；银行账号：93501053010053010906 销方开户银行：中国建设银行天津市宝坻区支行；银行账号：51501053092000314925 收款人：王怡菲　复核人：张晓菲

开票人：王素素

表 2-44

大同轴承制造股份有限公司
入 库 单

入库类型：采购入库　　库房：材料库　　入库日期：2024 年 01 月 22 日

序号	品名	规格	摘要	单位	数量	单价	金额
1	滚珠			千克	6 229		
2	润滑油			千克	3 000		
	合 计				9 229		

金额合计（大写）

库管员：伍大力　　　　　　　　采购部经理：王涛

表 2-45

电子发票（普通发票）

发票号码：24332000000000016558
发票日期：2024 年 01 月 24 日

购买方信息	名称：E.D.S SP.ZO.O 统一社会信用代码/纳税人识别号：	销售方信息	名称：大同轴承制造股份有限公司 统一社会信用代码/纳税人识别号：913311007691742402

项目名称	规格型号	单位	数量	单价	金额	税率/征收率	税额
*通用设备*调心球轴承		套	6 000	140.8291633	844 974.98	免税	***
*通用设备*轴承零配件		千克	12 540	140.8291675	1 765 997.76	免税	***
*通用设备*滚子螺杆传动装置		个	1 950	211.2437692	411 925.35	免税	***
合 计					¥3 022 898.09		***

价税合计（大写）	⊗叁佰零贰万贰仟捌佰玖拾捌元零玖分	（小写）¥3 022 898.09

备注	出口业务；出口销售总额（CIF）429 300；币种：美元；汇率：100∶707.70 运费 2 050，保费 106

开票人：缪小燕

表 2-46

大同轴承制造股份有限公司
出　库　单

出库类型：出口销售出库　　库房：成品库　　出库日期：2024 年 01 月 24 日

序号	品名	规格	单位	数量	单价	金额
1	调心球轴承		套	6 000		
2	滚动轴承的其他零件		千克	12 540		
3	滚子螺杆传动装置		个	1 950		
	合计					
金额合计（大写）						

库管员：伍大力　　　　　　　　销售部经理：张峰

表 2-47

中国建设银行客户专用回单
中国建设银行　China Construction Bank　　　　　　　　No.298

1010028684056013605941479

币别：人民币　　　　　　2024 年 01 月 25 日　　　流水号：3306918PK1JX0632716

付款人	全称	大同轴承制造股份有限公司	收款人	全称	宁波远帆船务代理有限公司
	账号	9350105301 0053010906		账号	2850105201 2480325214
	开户行	中国建设银行丽水开发区支行		开户行	中国建设银行宁波市南城区分行
金额	（大写）人民币壹万伍仟伍佰零壹元捌角陆分				（小写）¥15 501.86
凭证种类	电汇凭证		凭证号码		
结算方式	转账		用途		国际运费 2 050 美元、保险费 106 美元

打印柜员：330693500AJ2
打印机构：丽水开发区支行
打印卡号：3306900001000333

打印时间：2024-02-05　09：02：22　　　　　　交易机构：330693500

表 2-48

中国建设银行客户专用回单
中国建设银行　China Construction Bank　　　　　　　　No.299

1010028941646000312567984

币别：人民币　　　　　　2024 年 01 月 25 日　　　流水号：330691327168EB03P1D

付款人	全称	待报解预算收入	收款人	全称	大同轴承制造股份有限公司
	账号	1111000032 70001008		账号	9350105301 0053010906
	开户行	国家金库丽水中心支库		开户行	中国建设银行丽水开发区支行
金额	（大写）人民币肆拾叁万肆仟柒佰玖拾柒元叁角叁分				（小写）¥434 797.33
凭证种类	电子退库		凭证号码		
结算方式			用途		

打印柜员：330693500AJ2
打印机构：丽水开发区支行
打印卡号：3306900001000333

打印时间：2024-02-05　09：02：22　　　　　　交易机构：330693500

表2-49

电子发票（增值税专用发票）

发票号码：24232000000045518069
发票日期：2024 年 01 月 25 日

购买方信息	名称：大同轴承制造股份有限公司 统一社会信用代码/纳税人识别号：913311007691742402	售方信息	名称：哈尔滨三友帮物资经销有限公司 统一社会信用代码/纳税人识别号：91230110MA2912YR5C

项目名称	规格型号	单位	数量	单价	金额	税率/征收率	税额
*钢材*轴承钢材		吨	713	3 295.357644	2 349 590.00	13%	305 446.70
合　计					¥2 349 590.00		¥305 446.70

价税合计（大写）　⊗贰佰陆拾伍万伍仟零叁拾陆元柒角整　（小写）¥2 655 036.70

备注	购方开户银行：中国建设银行丽水开发区支行；银行账号：93501053010053010906 销方开户银行：中国工商银行哈尔滨市香坊区分行；银行账号：52101040094486895 收款人：留小莉　复核人：吴雯菲

开票人：王媛

表2-50

大同轴承制造股份有限公司

入 库 单

入库类型：采购入库　　库房：材料库　　入库日期：2024 年 01 月 25 日

序号	品名	规格	单位	数量	单价	金额
1	轴承钢材		吨	713		
	合计			713		

金额合计（大写）

库管员：伍大力　　　　　　　　采购部经理：王涛

表2-51

标准回单

No.038

中国建设银行 China Construction Bank

1010068417414677974262891

币别：美元　　　　2024 年 01 月 25 日　　　流水号：33069132716908PX7E2

付款人	全称	E.D.S SP.ZO.O	收款人	全称	大同轴承制造股份有限公司
	账号	25897412		账号	915010450104250894425
	开户行			开户行	中国建设银行丽水开发区支行

通用机打凭证	金额	（大写）美元肆拾贰万玖仟叁佰元整			（小写）$429 300.00
	凭证种类	电汇凭证	凭证号码		
	结算方式	转账	用途		
	摘要	境外汇入			

主管：　授权：樊爱前　复核：冯一燕

打印时间：2024-02-05　09：22：32　　交易柜员：兰忻墨　　交易机构：丽水开发区支行
中国建设银行网址：www.ccb.com　　手机银行链接地址：m.ccb.com　　24小时客户服务热线：95533

表 2-52

标准回单

中国建设银行
China Construction Bank

No.039

1010028419467914876764297

币别：美元　　　　　　　2024年01月25日　　　　流水号：33069168SOFHW251327

付款人	全称	大同轴承制造股份有限公司	收款人	全称	大同轴承制造股份有限公司
	账号	91501045010425089425		账号	93501053010053010906
	开户行	中国建设银行丽水开发区支行		开户行	中国建设银行丽水开发区支行
	金额	（大写）美元肆拾贰万玖仟叁佰元整			（小写）$429 300.00
	凭证种类			凭证号码	
	结算方式	转账		用途	结汇

打印柜员：

打印机构：

打印卡号：

（业务专用章 2024.01.15 （12））

打印时间：2024-02-05　09：22：32　　　交易柜员：兰忻蓉　　　交易机构：丽水开发区支行

中国建设银行网址：www.ccb.com　　　手机银行链接地址：m.ccb.com　　　24小时客户服务热线：95533

表 2-53

中国建设银行客户专用回单

中国建设银行
China Construction Bank

No.300

1010028941400000968413626

币别：美元　　　　　　　2024年01月25日　　　　流水号：330691327168KJHBR01

申请客户名称	大同轴承制造股份有限公司	业务编号	05530052016070601137534
付款账号	91501045010425089425	收款账号	93501053010053010906
付款账户名称	大同轴承制造股份有限公司	收款账户名称	大同轴承制造股份有限公司
交易日期	2024年01月25日	交割日期	2024年01月25日

摘要	外汇金额	汇率	人民币金额
	429 300.00	7.1615	3 074 431.95

凭证种类：结售汇水单（甲种）

业务类型：结汇业务

实时牌价：

打印柜员：330693500AJ2

打印机构：丽水开发区支行

打印卡号：3306900001000333

打印时间：2024-02-05　09：02：32　　　　　　　交易机构：330693500

表 2-54

电子发票（普通发票）

发票号码：24332000000034034587

发票日期：2024年01月25日

购买方信息	名称：大同轴承制造股份有限公司	销售方信息	名称：宁波远帆船务代理有限公司
	统一社会信用代码/纳税人识别号：913311007691742402		统一社会信用代码/纳税人识别号：9131010976580219XD

项目名称	规格型号	单位	数量	单价	金额	税率/征收率	税额
*现代服务*国际货物运输代理服务					158 070.56	***	***
合　计					¥158 070.56		***

价税合计（大写）　⊗壹拾伍万捌仟零柒拾元伍角陆分　　　（小写）¥158 070.56

备注：

购方开户银行：中国建设银行丽水开发区支行；银行账号：93501053010053010906

销方开户银行：中国建设银行宁波市南城区分行；银行账号：28501052012480325214

收款人：王忻琴　复核人：张晓雯

开票人：吴亚男

表2-55

中国建设银行客户专用回单

No.301

中国建设银行
China Construction Bank

10100289041613576184060954

币别：人民币　　　　　　　　　2024年01月26日　　　　　流水号：330691327P136581608

付款人	全称	大同轴承制造股份有限公司	收款人	全称	重庆钢铁股份有限公司
	账号	93501053010053010906		账号	43501052012000321821
	开户行	中国建设银行丽水开发区支行		开户行	中国建设银行重庆市长寿经开区分行

金额	（大写）人民币贰佰贰拾壹万肆仟零叁拾壹元陆角整	（小写）¥2 214 031.60
凭证种类	电汇凭证	凭证号码
结算方式	转账	用途　货款

打印柜员：330693500AJ2
打印机构：丽水开发区支行
打印卡号：3306900001000333

打印时间：2024-02-05　09：02：32　　　　　　　　　交易机构：330693500

表2-56

中国建设银行客户专用回单

No.302

中国建设银行
China Construction Bank

10100289414609560076684134

币别：人民币　　　　　　　　　2024年01月29日　　　　　流水号：3306913271680EP5BX0

付款人	全称	大同轴承制造股份有限公司	收款人	全称	国网浙江省电力公司丽水供电公司
	账号	93501053010053010906		账号	335010545892303210
	开户行	中国建设银行丽水开发区支行		开户行	中国建设银行丽水市分行

金额	（大写）人民币伍万玖仟肆佰柒拾肆元玖角陆分	（小写）¥59 474.96
凭证种类	电汇凭证	凭证号码
结算方式	转账	用途　电费

打印柜员：330693500AJ2
打印机构：丽水开发区支行
打印卡号：3306900001000333

打印时间：2024-02-05　09：02：32　　　　　　　　　交易机构：330693500

表2-57

电子发票（增值税专用发票）

发票号码：24332000000007177827
发票日期：2024年01月29日

购买方信息	名称：大同轴承制造股份有限公司 统一社会信用代码/纳税人识别号：913311007691742402	销售方信息	名称：国网浙江省电力公司丽水供电公司 统一社会信用代码/纳税人识别号：91331100132410502J

项目名称	规格型号	单位	数量	单价	金额	税率/征收率	税额
*供电*电力		度	53 052	0.992096622	52 632.71	13%	6 842.25
合　计					¥52 632.71		¥6 842.25
价税合计（大写）	⊗伍万玖仟肆佰柒拾肆元玖角陆分				（小写）¥59 474.96		

备注	购方开户银行：中国建设银行丽水开发区支行；银行账号：93501053010053010906 销方开户银行：中国建设银行丽水市分行；银行账号：335010545892303210 收款人：李力娜　复核人：李秀娟

开票人：王伟

表2-58

中国建设银行客户专用回单

No.303

中国建设银行 China Construction Bank

1010028941408610047963563

币别：人民币　　　　　　　2024年01月29日　　　　流水号：330691327168EBX04PO

付款人	全称	大同轴承制造股份有限公司	收款人	全称	丽水市供排水有限责任公司
	账号	9350105301005301 0906		账号	335567505892003218
	开户行	中国建设银行丽水开发区支行		开户行	中国建设银行莲都区北环路分理处
金额		（大写）人民币壹万玖仟零捌拾贰元柒角陆分			（小写）¥19 082.76
凭证种类		电汇凭证	凭证号码		
结算方式		转账	用途		水费
			打印柜员：330693500AJ2		
			打印机构：丽水开发区支行		
			打印卡号：3306900001000333		

（借方回单）（付款人回单）

打印时间：2024-02-05　09：02：24　　　　　　　　　交易机构：330693500

表2-59

电子发票（增值税专用发票）

发票号码：24332000000007247753
发票日期：2024 年 01 月 29 日

购买方信息	名称：大同轴承制造股份有限公司		销售方信息	名称：丽水市供排水有限责任公司			
	统一社会信用代码/纳税人识别号：913311007691742402			统一社会信用代码/纳税人识别号：91331100124912039T			

项目名称	规格型号	单位	数量	单价	金额	税率/征收率	税额
*水冰雪*水费		吨	6 707	1.84	12 340.88	3%	370.23
合 计					¥12 340.88		¥370.23
价税合计（大写）	⊗壹万贰仟柒佰壹拾壹元壹角壹分				（小写）¥12 711.11		

备注：
购方开户银行：中国建设银行丽水开发区支行；银行账号：9350105301005301 0906
销方开户银行：中国建设银行莲都区北环路分理处；银行账号：335567505892003218
收款人：吴晓芳　复核人：王秀芳

开票人：辛小莉

表2-60

电子发票（普通发票）

发票号码：24332000000041927948
发票日期：2024 年 01 月 29 日

购买方信息	名称：大同轴承制造股份有限公司		销售方信息	名称：丽水市供排水有限责任公司			
	统一社会信用代码/纳税人识别号：913311007691742402			统一社会信用代码/纳税人识别号：91331100124912039T			

项目名称	规格型号	单位	数量	单价	金额	税率/征收率	税额
*不征税自来水*污水处理费		吨	6 707	0.95	6 371.65	免税	***
合 计					¥6 371.65		***
价税合计（大写）	⊗陆仟叁佰柒拾壹元陆角伍分				（小写）¥6 371.65		

备注：
购方开户银行：中国建设银行丽水开发区支行；银行账号：9350105301005301 0906
销方开户银行：中国建设银行莲都区北环路分理处；银行账号：335567505892003218
收款人：仇晓芳　复核人：徐燕群

开票人：李小花

表2-61

电子发票（增值税专用发票）

发票号码：24332000000018034560
发票日期：2024 年 01 月 29 日

购买方信息	名称：南昌八方汽车配件有限公司	销售方信息	名称：大同轴承制造股份有限公司
	统一社会信用代码/纳税人识别号：91360102MA35WKHB49		统一社会信用代码/纳税人识别号：913311007691742402

项目名称	规格型号	单位	数量	单价	金额	税率/征收率	税额
*通用设备*装有滚珠或滚子轴承的轴承座		个	15 800	80.10632911	1 265 680.00	13%	164 538.40
合 计					¥1 265 680.00		¥164 538.40
价税合计（大写）	⊗壹佰肆拾叁万零贰佰壹拾捌元肆角整				（小写）¥1 430 218.40		

备注	购方开户银行：中国工商银行南昌市青云区京山北路分行；银行账号：389010400944866781
	销方开户银行：中国建设银行丽水开发区支行；银行账号：93501053010053010906
	收款人：姜美飞　复核人：王一菲

开票人：缪小燕

表2-62

大同轴承制造股份有限公司
出 库 单

出库类型：国内销售出库　　库房：成品库　　出库日期：2024 年 01 月 29 日

序号	品名	规格	单位	数量	单价	金额
1	装有滚珠或滚子轴承的轴承座		个	15 800		
合计				15 800	仓库专用章	

金额合计（大写）

库管员：伍大力　　　　　　　　销售部经理：郑芳琢

表2-63

电子发票（增值税专用发票）

发票号码：24332000000045307220
发票日期：2024 年 01 月 29 日

购买方信息	名称：大同轴承制造股份有限公司	销售方信息	名称：浙江启迈运动器材制造有限公司
	统一社会信用代码/纳税人识别号：913311007691742402		统一社会信用代码/纳税人识别号：913307844108052838

项目名称	规格型号	单位	数量	单价	金额	税率/征收率	税额
*体育用品*室内训练健身器材		台	10	2 800.00	28 000.00	13%	3 640.00
合 计					¥28 000.00		¥3 640.00
价税合计（大写）	⊗叁万壹仟陆佰肆拾元整				（小写）¥31 640.00		

备注	购方开户银行：中国建设银行丽水开发区支行；银行账号：93501053010053010906
	销方开户银行：中国建设银行永康市江南街道分行；银行账号：3355001805892675 32
	收款人：张芳　复核人：秦晓燕

开票人：周宏

表 2-64

审批通知单

审批单位：

企业名称	大同轴承制造股份有限公司		
纳税人识别号	913311007691742402	企业海关代码	3310848660
企业经济性质	私营股份有限公司	企业类型	内资生产企业
申报所属期	202312（批次001）	备注	
受理日期	2024-01-15		
申报退增值税额	434 797.33	申报退消费税额	0
申报免抵税额	93 187.15		
核准退增值税额	434 797.33	核准退消费税额	0
核准免抵额	93 187.15	核准日期	2024-01-30
暂缓退增值税额		暂缓退消费税额	0
不予退增值税额		不予退消费税额	0

表 2-65

工资分配表

公司名称：大同轴承制造股份有限公司　　　　2024年1月　　　　　　　　单位：元

部门	人数	科目编码	应发工资	备注
综合部	7	660201	82 321.15	
采购部	5	660201	26 907.05	
生产车间	24	500102	147 509.46	
销售部	7	660101	53 414.10	
合计	43		310 151.76	

制单：傅小燕　　　　　　　　　　　　　　　审核：刘三源

表 2-66

工资发放单

2024年1月

公司名称：大同和禾利速股份有限公司

单位：元

工号	姓名	部门	基本工资	职务工资	通信费补贴	业务提成	应发工资	社保费	住房公积金	水电费	专项附加扣除	计税工资	代扣税款	应扣合计	实发工资
1	刘云凛	办公室	12 000	1 000	300		13 300.00	376.95	720	65	3 000	9 203.05	126.09	1 288.04	12 011.96
2	王燕	办公室	4 500	800	200		5 500.00	376.95	720	45	2 000	2 403.05	0	1 141.95	4 358.05
3	傅小燕	财务部	5 000	800	200		6 000.00	376.95	720	55	2 000	2 903.05	0	1 151.95	4 848.05
4	学生本人	财务部	4 500	600	200		5 300.00	376.95	720	45	2 000	2 203.05	0	1 141.95	4 158.05
5	姜美飞	财务部	4 000	600	200		4 800.00	376.95	720	45	2 000	1 703.05	0	1 141.95	3 658.05
6	王玮	采购业务部	5 500	800	300		6 600.00	376.95	720	45	2 000	3 503.05	0	1 141.95	5 458.05
7	陈峰	储运车间	5 500	600	150		6 250.00	376.95	720	55	2 000	3 153.05	0	1 151.95	5 098.05
8	李杯	加工车间	5 000	600	150		5 750.00	376.95	720	55	2 000	2 653.05	0	1 151.95	4 598.05
9	王敏	装配车间	5 000	600	150		5 750.00	376.95	720	55	2 000	2 653.05	0	1 151.95	4 598.05
10	陈多豪	内销业务部	5 000	600	300	5 035.00	10 935.00	376.95	720	45	3 000	6 838.05	55.14	1 197.09	9 737.91
11	张峰	外贸业务部	5 000	600	300	6 511.76	12 411.76	376.95	720	45	3 000	8 314.81	99.44	1 241.39	11 170.37
															......
合计			241 600	7 600	2 450	58 501.76	310 151.76	16 208.85	27 780	555			445.05	44 988.90	265 162.86

制单：傅小燕

审核：刘云凛

说明：本表仅列示部分员工工资，个人所得税按本表员工名单代扣代缴。

表2-67

固定资产折旧明细表

单位名称：大同某利造服份有限公司　　时间：2024年1月　　金额单位：元

购入日期	凭证号数	开始时间		摘要	单位	数量	原值	年限	净残值	年折旧率	年折旧额	本月折旧	累计折旧	折余价值	使用部门
20231220	202312记-0036	2024	1	办公楼	幢	1	1 269 819.78	40	63 490.99	0.02	24 126.58	2 010.55	2 010.55	1 267 809.23	生产车间
20231220	202312记-0036	2024	1	车间	幢	1	2 117 323.76	40	105 866.19	0.02	40 229.15	3 352.43	3 352.43	2 113 971.33	生产车间
20231220	202312记-0036	2024	1	生活福利房	幢	1	1 134 354.00	40	56 717.70	0.02	21 552.73	1 796.06	1 796.06	1 132 557.94	行政管理
20231220	202312记-0032	2024	1	电脑、一体机、打印机	台	22	132 000.00	5	6 600.00	0.19	23 826.00	1 985.50	1 985.50	130 014.50	行政管理
20231228	202312记-0032	2024	1	运输工具	辆	12	1 308 669.88	5	65 433.49	0.19	236 214.91	19 684.58	19 684.58	1 288 985.30	行政管理
20231202	202312记-0052	2024	1	叉车	台	5	42 000.00	10	2 100.00	0.10	3 990.00	332.50	332.50	41 667.50	生产车间
20231203	202312记-0053	2024	1	螺合冲剪机	台	1	140 000.00	10	7 000.00	0.10	13 300.00	1 108.33	1 108.33	138 891.67	生产车间
20231206	202312记-0056	2024	1	塑料床垫模具	台	1	164 940.00	10	8 247.00	0.10	15 669.30	1 305.78	1 305.78	163 634.22	生产车间
20231207	202312记-0057	2024	1	高压开关号电杆模具	台	1	120 000.00	10	6 000.00	0.10	11 400.00	950.00	950.00	119 050.00	生产车间
20231209	202312记-0059	2024	1	开关机械特性测试仪	台	3	20 600.00	10	1 030.00	0.10	1 957.00	163.08	163.08	20 436.92	生产车间
20231210	202312记-0060	2024	1	标准移动作特性校验台	台	3	165 100.00	10	8 255.00	0.10	15 684.50	1 307.04	1 307.04	163 792.96	生产车间
20231213	202312记-0063	2024	1	生产线	套	4	340 000.00	10	17 000.00	0.10	32 300.00	2 691.67	2 691.67	337 308.33	生产车间
20231215	202312记-0065	2024	1	折弯机	台	2	104 273.51	10	5 213.68	0.10	9 905.98	825.50	825.50	103 448.01	生产车间
20231217	202312记-0067	2024	1	螺杆式压偏机	台	1	11 794.87	10	589.74	0.10	1 120.51	93.38	93.38	11 701.49	生产车间
20231218	202312记-0068	2024	1	钢率撑落冲床	台	3	254 160.69	10	12 708.03	0.10	24 145.27	2 012.11	2 012.11	252 148.58	生产车间
20231219	202312记-0069	2024	1	职工食堂设备	套	1	48 508.55	5	2 425.43	0.19	8 755.79	729.65	729.65	47 778.90	职工食堂
20231220	202312记-0070	2024	1	彩电	台	28	35 000.00	5	1 750.00	0.19	6 317.50	526.46	526.46	34 473.54	职工宿舍
20231223	202312记-0073	2024	1	空调机	台	26	85 200.00	5	4 260.00	0.19	15 378.60	1 281.55	1 281.55	83 918.45	职工食堂
20231225	202312记-0075	2024	1	工频耐压试验台	台	2	52 000.00	10	2 600.00	0.10	4 940.00	411.67	411.67	51 588.33	生产车间
20231231	202312记-0089	2024	1	货架	个	41	10 264.96	5	513.25	0.19	1 852.82	154.40	154.40	10 110.56	生产车间
合计							7 556 010.00		377 800.50		512 666.64	42 722.24	42 722.24	7 513 287.76	

制单：傅小燕　　审核：刘云涛

表2-68

无形资产摊销明细表

单位名称：大同某利造服份有限公司　　时间：2024年1月　　金额单位：元

购入日期	凭证号数	开始摊销		摘要	计量单位	数量	原值	年限（年）	净残值	年摊销额	本月摊销额	累计摊销额	摊余价值	使用部门
20231201	202312记-0004	2024	1	土地使用权	亩	18	2 130 000	30		71 000	5 917	5 917	2 124 083	行政管理
合计							2 130 000				5 917	5 917	2 124 083	

制单：傅小燕　　审核：刘云涛

表 2-69

折旧及摊销分配表

单位名称：大同轴承制造股份有限公司　　　　时间：2024年1月　　　　金额单位：元

项目	科目编码	应记账户	金额
固定资产折旧	660205	管理费用——折旧费	23 466.14
固定资产折旧	660202	管理费用——职工福利费	2 537.66
无形资产摊销	660206	管理费用——无形资产摊销	5 917.00
固定资产折旧	510102	制造费用——折旧费	16 718.44
对应科目			
固定资产折旧	1602	累计折旧	42 722.24
无形资产摊销	1702	累计摊销	5 917.00
合计			48 639.24

制单：郭小燕　　　　　　审核：刘三源

表 2-70

材料耗用统计表

单位名称：大同轴承制造股份有限公司　　　　2024年1月　　　　金额单位：元

材料名称	科目编码	单位	领用数量	金额
轴承钢材	140301	吨	1 863	6 208 340.00
滚珠滚球	140302	千克	51 229	1 321 380.00
润滑油	140303	千克	6 000	609 120.00
合计				8 138 840.00

制单：郭小燕　　　　　　审核：刘三源

表 2-71

制造费用归集和分配表

单位名称：大同轴承制造股份有限公司　　　　2024年1月　　　　金额单位：元

制造费用项目	科目编码	金额
折旧费	510102	16 718.44
水费	510103	3 702.26
电费	510104	39 474.53
合计		59 895.23

制单：郭小燕　　　　　　审核：刘三源

表 2-72

成本计算单

单位名称：大同轴承制造股份有限公司　　　　时间：2024年1月　　　　金额单位：元

项目名称	直接材料	直接人工	制造费用	合计
科目编码	500101	500102	500103	
月初在产品成本				
本月领用材料	8 138 840.00			8 138 840.00
本月直接人工		147 509.46		147 509.46
本月制造费用			59 895.23	59 895.23
生产费用合计	8 138 840.00	147 509.46	59 895.23	8 346 244.69
在产品成本	746 150.82			746 150.82
完工产品成本	7 392 689.18	147 509.46	59 895.23	7 600 093.87

制单：郭小燕　　　　　　审核：刘三源

表2-73 各品种产品成本分配表　　　　　　　　　　　　　　　　金额单位：元

产品名称	科目编码	完工产量	生产工时（小时）	生产工时比例	直接材料	直接人工	制造费用	合计	单位成本
装有滚珠或滚子轴承的轴承座	14050102	24 400	1 639.22	0.2668	1 972 369.47	39 355.52	15 980.05	2 027 705.04	83.10
滚子螺杆传动装置	14050103	8 600	560.33	0.0912	674 213.25	13 452.86	5 462.44	693 128.55	80.60
滚珠、滚针及滚柱	14050201	8 295	872.45	0.1420	1 049 761.86	20 946.34	8 505.12	1 079 213.32	130.10
装有滚珠或滚子轴承的轴承座	14050202	9 349	906.85	0.1476	1 091 160.92	21 772.40	8 840.54	1 121 773.86	119.99
滚子螺杆传动装置	14050203	2 145	277.09	0.0451	333 410.28	6 652.68	2 701.27	342 764.23	159.80
鼓形滚子轴承	14050204	1 200	109.36	0.0178	131 589.87	2 625.67	1 066.14	135 281.68	112.73
锥形滚子轴承	14050205	1 254	64.51	0.0105	77 623.24	1 548.85	628.90	79 800.99	63.64
调心球轴承	14050206	6 000	519.17	0.0845	624 682.24	12 464.55	5 061.15	642 207.94	107.03
滚动轴承的其他零件	14050207	12 540	1 195.02	0.1945	1 437 878.05	28 690.59	11 649.62	1 478 218.26	117.88
合计			6 144.00	1.0000	7 392 689.18	147 509.46	59 895.23	7 600 093.87	

制单：缪小燕　　　　　　　　　　　　　　　　　　　审核：刘三源

表2-74 涉外收入申报单

申报号码	331100	0004	01	1800115	NO19		
银行	中国建设银行丽水分行				银行业务编号	103H180309017111	
收款人 □对私 □居民 □非居民		个人身份证件号码			组织机构代码	7691742402	
收款人名称		大同轴承制造股份有限公司					
结算方式		□信用证 □托收 □保函 ☑电汇 □票汇 □信汇 □其他					
其中	收入款币种及金额	USD	45 622.64	结汇汇率		0.0000	
	结汇金额		0	账号/银行卡号			
	现汇金额			账号/银行卡号		91501045010425089425	
	其他金额			账号/银行卡号			
	国内银行扣费币种及金额			国外银行扣费币种及金额			
	付款人名称		HANG-ZHOU SP .ZO.O				
	收入类型		□福费廷 □出口保理 □出口押汇 □出口贴现 □其他贸易融资				
	付款人常驻国家（地区）代码及名称	DEU	德意志联邦共和国	申报日期		20240115	
	如果本笔款为预收货款或退款，请选择		□预收货款 □退款	本笔款项是否为保税货物项下收入		□是 ☑否	
外汇局批件号/备案表号/业务编号							
交易编码	相应币种及金额		交易附言	非扎差数据交易编码不允许更改为999999或999998			
121010	USD	45 622.64		一般贸易货款收入			
企业意见							
填报人员信息		填报人	缪小燕	填报人电话		0578-2275302	
银行柜员信息		经办人	章红	经办人电话		0578-2272814	
银行意见			审核通过				
外汇局意见							

表2-75   涉外收入申报单

申报号码	331100	0004	01	1800115	NO20		
银行	中国建设银行丽水分行				银行业务编号	103H301111825981	
收款人 □对私 □居民 □非居民		个人身份证件号码			组织机构代码	7691742402	
收款人名称		大同轴承制造股份有限公司					
结算方式		□信用证 □托收 □保函 ☑电汇 □票汇 □信汇 □其他					
其中	收入款币种及金额			结汇汇率			
	结汇金额			账号/银行卡号			
	现汇金额			账号/银行卡号		91501045010425089425	
	其他金额			账号/银行卡号			
	国内银行扣费币种及金额			国外银行扣费币种及金额			
付款人名称							
收入类型		□福费廷 □出口保理 □出口押汇 □出口贴现 □其他贸易融资					
付款人常驻国家（地区）代码及名称				申报日期			
如果本笔款为预收货款或退款，请选择		□预收货款 □退款		本笔款项是否为保税货物项下收入		□是 □否	
外汇局批件号/备案表号/业务编号							
交易编码	相应币种及金额		交易附言	非扎差数据交易编码不允许更改为999999或999998			
企业意见							
填报人员信息		填报人		填报人电话			
银行柜员信息		经办人		经办人电话			
银行意见							
外汇局意见							

注：

①交易编码：一般贸易：121010；进料加工贸易：121020；海关特殊监管区域和保税监管场所贸易：121030；边境小额贸易：121080。

②国家（地区）代码及名称：英国：GBR，大不列颠及北爱尔兰联合王国；希腊：GRC，希腊共和国。

四　实训任务

任务2.1　下载、打印出口货物报关单（出口退税联）

在电脑上插入中国电子口岸操作员卡，登录中国电子口岸网站（网址：https://www.chinaport.gov.cn/）。

操作路径：中国电子口岸执法系统安全技术服务用户登录→"出口退税联网稽查"（网址：https://e.chinaport.gov.cn/）→输入操作员卡密码→出口退税联网稽查。逐笔打印出口货物报关单（出口退税联），见表4-1、表4-3、表4-5。（说明：该任务已经完成）

系统提供按月成批下载出口货物报关单（出口退税联）功能。操作步骤同打印出口货物报关单（出口退税联）。按月下载的出口货物报关单数据，可以成批读入到生产企业离线出口退税申报软件中。详见"任务 4.1　生产企业进行出口退（免）税的申报"。

任务 2.2　开具出口发票

根据财税〔2012〕39 号文件的规定，生产企业出口货物劳务（进料加工复出口货物除外）增值税退（免）税的计税依据，为出口货物劳务的实际离岸价（FOB）。

依据出口货物报关单（出口退税联）的外币离岸价（FOB），根据当地主管税务机关要求选择发票类型，开具出口发票。例如，《关于出口货物劳务或服务开具增值税普通发票有关问题的公告》（浙江省国家税务局公告 2017 年第 10 号）规定，出口企业出口货物劳务或服务后，可根据企业实际情况，按照相关规定开具增值税普通发票。浙江省的出口企业，可依上述规定执行。

对于适用增值税退（免）税政策、增值税零税率政策和免税政策的出口货物劳务或服务，出口企业开具增值税普通发票时应选择"免税开票"选项；对于适用增值税征税政策的出口货物劳务或服务，出口企业应按规定缴纳增值税，在开具增值税普通发票时，不得选择"免税开票"选项，应选择"适用税率"选项。

出口货物劳务或服务开具增值税普通发票，相关项目的填写要求如下：

购买方各栏次的填写：对于销售到境外的货物劳务或服务，购买方各栏次可用中文或外文填写，其中名称应填写，纳税人识别号、地址、电话、开户行及账号等可根据实际情况填写。对于销售到国内特殊监管区域的货物劳务或服务，购货单位各项目应填写完整。

单价栏、金额栏：应以换算成人民币后的金额填写。

备注栏：应顶格填写"出口业务"四个汉字，并注明出口销售总额（外币）及币种。

出口企业可根据确认的销售收入填写，不一定要填写离岸价（FOB）。如果票面开具的是到岸价（CIF），则在备注栏备注离岸价（FOB）。

外汇人民币折合率的选择：与国家税务总局出口退税审核审批的要求相对应，外汇人民币折合率有两种选择：①以出口货物报关单（出口退税联）的出口月份为准，选择中国人民银行公布的出口当月第 1 个工作日的外币对人民币汇率中间价。②以出口发票的开具月份为准，选择中国人民银行公布的出口发票开具当月第 1 个工作日的外币对人民币汇率中间价。

例如，根据出口货物报关单（出口退税联）（见表 4-1）及外币账户银行回单（见表 2-27），开具的出口发票见表 2-18。

（说明：该任务已经完成）

可使用 Excel 编制练习题，编制出口货物报关单（出口退税联）及外币账户银行回单，练习出口发票填制、开具业务。

任务 2.3　建立新账套

系统管理员（admin）登录用友 U8 软件的系统管理，建立新账套，新增操作员并赋权。

任务 2.4　设置基础档案

由账套主管缪小燕（操作员编号：601，密码：601）登录用友 U8 软件的企业应用平台，将公司部门档案、职员档案、客户档案、供应商档案等基本信息录入到基础设置中。

任务 2.5　进行总账系统初始化设置

由账套主管缪小燕（操作员编号：601，密码：601）登录用友 U8 软件的企业应用平台，进行总账系统参数设置、会计科目设置、凭证类别设置、明细权限设置，并录入期初余额。

任务 2.6　日常经济业务财务处理

登录用友 U8 软件的企业应用平台，进行记账凭证的填制、审核、记账。

由操作员 602（学生本人）填制 2024 年 1 月业务 2.1 至业务 2.42 的记账凭证；由操作员 603 姜美飞进行出纳签字；由操作员 601 缪小燕进行凭证审核；由操作员 602（学生本人）进行记账。

核对银行日记账、银行对账单。由操作员 603 姜美飞分别核对人民币户、美元户的银行日记账与银行对账单。

任务 2.7 计算并结转完工产品成本和销售成本

登录用友 U8 软件的企业应用平台，计算并结转完工产品成本和销售成本，并进行记账凭证的填制。

业务 2.43 月末，归集和结转本月材料费用。本月购进的材料全部被生产车间领用，存货发出采用个别计价法，结转耗用材料成本 8 138 840 元。材料耗用统计表见表 2-70。

业务 2.44 月末，归集结转本月制造费用，结转到生产成本——制造费用项目中 59 895.23 元。制造费用归集和分配表见表 2-71。

业务 2.45 月末，公司采用品种法计算产品成本。月末在产品，按所耗直接材料计价法计算，在产品材料费 746 150.82 元，不分摊直接人工和制造费用。完工产品成本耗用直接材料 7 392 689.18 元（占销售额的 80%）、直接人工 147 509.46 元、制造费用 59 895.23 元。各产品的直接材料、直接人工、制造费用均按生产工时分配，本月生产工时 6 144 小时，各产品的生产工时按各自的销售额比例分配。成本计算单见表 2-72。各品种产品成本分配表见表 2-73。结转本月完工产品成本。

业务 2.46 月末，结转销售成本。本月完工产品全部出库销售，存货发出采用个别计价法，本月完工产品成本 7 600 093.87 元，结转至主营业务成本中。

任务 2.8 登记本月收汇信息

公司收到外汇时，应及时登记收汇信息。由公司出纳员登录国家外汇管理局数字外管平台（ASOne）（网址：http://asone.safesvc.gov.cn/asone/），登记本月收到外汇的信息。依据本月外币收汇业务银行回单填写涉外收入申报单，例如，根据表 2-27 填写了表 2-74。任务要求：根据表 2-28 填写表 2-75。

任务 2.9 期末财务处理

由操作员 602（学生本人）登录用友 U8 软件的企业应用平台，进行期末财务处理，编制财务报表，装订会计档案。

在"总账→凭证→查询凭证"中查询全部凭证，凭证共 50 张，发生额合计为 67 765 147.22 元。

业务 2.47 计算并结转免抵退税不得免征和抵扣税额。若退税率小于征税率，应计算免抵退税不得免征和抵扣税额。进项税额转出计入主营业务成本。

免抵退税不得免征和抵扣税额=出口商品销售金额（外币 FOB 价）×外币人民币折合率×（征税率−退税率）

注：公司出口商品征税率和退税率均为 13%，免抵退税不得免征和抵扣税额为零。根据本月出口退税申报结果，编制出口货物劳务免抵退税申报明细表，见表 4-8。

业务 2.48 增值税附加税费的计提。业务详情见任务 3.2 中的业务 3.1。

业务 2.49 印花费的计提。业务详情见任务 3.3 中的业务 3.2。

业务 2.50 社保费的计提。业务详情见任务 3.4 中的业务 3.3。

业务 2.51 住房公积金的计提。业务详情见任务 3.5 中的业务 3.4。

业务 2.52 进行期末调整汇率设置。登录中国人民银行网站（网址：http://www.pbc.gov.cn/），查询美元兑人民币汇率中间价，2024 年 1 月最后一个工作日 1 月 31 日，美元兑人民币汇率中间价 1：7.1039，即为月末调整汇率。登录用友 U8 软件的企业应用平台，录入调整汇率。

操作路径： 基础设置→外币设置→调整汇率。

进行汇兑损益结转定义。**操作路径：** 业务工作→财务会计→总账→期末→转账定义。凭证类别：转账凭证；汇兑损益入账科目：660304；外币科目名称：建行美元户 089425、应收外汇账款。

结转汇兑损益。**操作路径：** 业务工作→财务会计→总账→期末→转账生成→汇兑损益结转。结转月份：2024.01；外币币种：美元$；科目名称：建行美元户 089425、应收外汇账款、应付国际运费、应付国际保险费；是否结转：全选。系统打开汇兑损益计算表，查看外币余额、人民币余额、月末汇率及调整后本币余额、差额等信息是否正确，点击确定后生成记账凭证。若无差额，则系统提示：没有生成汇兑损益转账凭证。

业务 2.53　进行期间损益结转定义。**操作路径：**业务工作→财务会计→总账→期末→转账定义。凭证类别：转账凭证；本年利润科目：4103。

注：收入和支出分别进行转账生成，计算本期经营成果。

收入类损益账户结转。**操作路径：**业务工作→财务会计→总账→期末→转账生成→期间损益结转→结转月份：2024.01→类型：收入→是否结转：全选→确定后生成记账凭证。

费用类损益账户结转。**操作路径：**业务工作→财务会计→总账→期末→转账生成→期间损益结转→结转月份：2024.01→类型：支出→是否结转：全选→确定后生成记账凭证。

更换操作员，分别进行出纳签字、凭证审核、记账。记账以后，进行对账、结账操作，完成本月财务记账工作。

在"总账→凭证→查询凭证"中查询全部凭证，凭证共 53 张，发生额合计为 85 487 846.01 元。

任务 2.10　编制财务报表

以操作员 602（学生本人）登录用友 U8 软件的 UFO 报表系统，编制资产负债表、利润表。

操作路径：业务工作→财务会计→UFO 报表，打开 UFO 报表系统。

套用资产负债表模板。**操作路径：**UFO 报表→新建→格式→报表模板→您所在的行业：2007 新会计制度科目→财务报表：资产负债表。

报表有两种模式：格式状态和数据状态。格式和数据状态的切换在报表的左下角。在格式状态下可以编辑公式单元，设置关键字。在数据状态下录入关键字，生成财务报表。

在格式状态下，在表头中选择恰当的单元格，分别设置单位名称、年、月、日等关键字。

操作路径：数据（在菜单栏上）→关键字→设置→设置关键字→单位名称。确定后再分别设置年、月、日等关键字。

在数据状态下，取出会计账簿中的数据，生成资产负债表。

操作路径：数据（在菜单栏上）→关键字→录入→录入关键字→确定后生成资产负债表→表页重算。关键字信息有：单位名称：大同轴承制造股份有限公司；年：2024；月：1；日：31。

表页重算后，资产负债表显示：本月资产总计 23 340 799.78 元，负债合计 6 116 169.19 元，所有者权益合计 17 224 630.59 元。

同样方式，套用利润表模板，设置关键字，录入关键字，表页重算。本月利润总额为 1 731 845.42 元。

会计档案装订：打印并装订会计凭证、会计账簿、会计报表，完成本月财务工作。

任务 2.11　账套备份

备份路径设置：在 E 盘（或 D 盘、F 盘等）建立以"账套号+大同轴承备份"为名称的文件夹。

在该文件夹下，建立以"当天（月）时间"为名称的文件夹，用来存放账套的备份数据。

例如，会计 2483 班 25 号学生，2024 年 01 月 31 日的账套备份，可存放在 E：\325 大同轴承备份\20240131 文件夹下。

账套备份：系统管理员（admin）登录系统管理，进行账套备份。备份以后查看该文件夹是否有备份文件存在。

项目三　生产企业免抵退税业务增值税及相关税费的申报

一　实训目的

掌握生产企业免抵退税业务增值税及附加税费申报操作；掌握印花税及个人所得税的申报操作。

二　实训内容

统计国内销售及出口销售情况，统计采购情况，进行进项税认证，进行增值税及附加税费申报，进行个人所得税及印花税的申报。

三　实训资料

（一）国内销售及出口免抵退业务销售情况统计

大同轴承制造股份有限公司国内销售及出口免抵退业务销售情况统计的开票记录，见表3-1。

表3-1　　　　　　　　　　　　　　　　开票记录

开票所属期：2024年01月01日至01月31日

序号	创建时间	发票代码	发票号码	发票抬头	价税合计金额
1	2024.01.10		24332000000000016556	HANG-ZHOU SP.ZO.O	322 871.43
2	2024.01.12		24332000000000016557	CPC WEB LIMITED	3 074 088.58
3	2024.01.24		24332000000000016558	E.D.S SP.ZO.O	3 022 898.09
4	2024.01.10		24332000000018034558	91310000547492225M	1 355 333.30
5	2024.01.22		24332000000018034559	91320412712256796U	951 826.12
6	2024.01.29		24332000000018034560	91360102MA35WKHB49	1 430 218.40

（二）进项税认证

大同轴承制造股份有限公司进项发票的认证清单见表3-2。

表 3-2　　进项发票的认证清单

序号	商品信息	发票代码	发票号码	开票日期	金额	税额	销货方纳税人识别号	认证日期	抵扣勾选	不抵扣发票勾选
1	滚珠、润滑油		24122000000054558189	20240110	1 465 250.00	190 482.50	9112O224MA06TC8A5W	20240131	√	
2	轴承钢材		24502000000035812034	20240112	1 959 320.00	254 711.60	915000002020252965T	20240131	√	
3	轴承钢材		24232000000045518038	20240112	1 899 430.00	246 925.90	91230110MA2912YR5C	20240131	√	
4	滚珠、润滑油		24122000000054558206	20240122	465 250.00	60 482.50	9112O224MA06TC8A5W	20240131	√	
5	轴承钢材		24232000000045518069	20240125	2 349 590.00	305 446.70	91230110MA2912YR5C	20240131	√	
6	电力		24332000000071177827	20240129	52 632.71	6 842.25	91331100132410502J	20240131	√	
7	水费		24332000000072447753	20240129	12 340.88	370.23	91331100124912039T	20240131	√	
8	室内训练健身器材		24332000000045307220	20240129	28 000.00	3 640.00	913307844108052838	20240131	√	

（三）免抵退税业务增值税及附加税费的申报

大同轴承制造股份有限公司免抵退税业务增值税及附加税费的申报，见表3-3至表3-10。

表3-3 　　　　　　　　　防伪税控增值税专用发票申报抵扣明细

纳税人识别号：913311007691742402　　　　　　申报所属期：2024年01月

纳税人名称：（公章）大同轴承制造股份有限公司　　填表日期：2024年02月10日　　　　金额单位：元至角分

类别	序号	发票代码	发票号码	开票日期	金额	税额	销货方纳税人识别号	认证日期	备注
本期认证相符且本期申报抵扣	—	—	—	—	—	—	—	—	—
	小计	—	—	—	8 231 813.59	1 068 901.68	—	—	—
抵扣合计		—	—	—	8 231 813.59	1 068 901.68	—	—	—
不抵扣合计		—	—	—	0	0	—	—	—
出口转内销合计		—	—	—	0	0	—	—	—
海关完税合计		—	—	—	0	0	—	—	—

注：本表"金额""小计"栏数据应与"增值税及附加税费申报表附列资料（二）"第2栏中"金额"项数据相等。

本表"税额""小计"栏数据应与"增值税及附加税费申报表附列资料（二）"第2栏中"税额"项数据相等。

本表"不抵扣合计"栏数据体现在"增值税及附加税费申报表附列资料（二）"第26、27、28栏中。

本表"出口转内销合计"栏数据应与"增值税及附加税费申报表附列资料（二）"第11栏中"税额"项数据相等。

发票数据下载　　　　　返回　　　　发票归集

表3-4 　　　　　　　防伪税控增值税专用发票申报抵扣明细

纳税人识别号：913311007691742402　　　　　　申报抵扣所属期：2024年01月

纳税人名称：（公章）大同轴承制造股份有限公司　　填表日期：2024年02月10日　　　　金额单位：元至角分

类别	序号	发票代码	发票号码	开票日期	金额	税额	销货方纳税人识别号	认证日期	备注	用途
本期认证相符且本期申报抵扣	1		24122000000054558189	20240110	1 465 250.00	190 482.50	91120224MA06TC8A5W	20240131	抵	抵扣
	2		24502000000035812034	20240112	1 959 320.00	254 711.60	91500000202052965T	20240131	抵	抵扣
	3		24232000000045518038	20240112	1 899 430.00	246 925.90	91230110MA2912YR5C	20240131	抵	抵扣
	4		24122000000054558206	20240122	465 250.00	60 482.50	91120224MA06TC8A5W	20240131	抵	抵扣
	5		24232000000045518069	20240125	2 349 590.00	305 446.70	91230110MA2912YR5C	20240131	抵	抵扣
	6		24332000000007177827	20240129	52 632.71	6 842.25	91331100132410502J	20240131	抵	抵扣
	7		24332000000007247753	20240129	12 340.88	370.23	91331100124912039T	20240131	抵	抵扣
	8		24332000000045307220	20240129	28 000.00	3 640.00	913307844108052838	20240131	抵	抵扣
	9									
	10									
	小计	—	—	—	8 231 813.59	1 068 901.68	—	—	—
前期	小计									
合计		—	—	—	8 231 813.59	1 068 901.68	—	—	—

注：本表"金额""合计"栏数据应与"增值税及附加税费申报表列资料（二）"第1栏中"金额"项数据相等；

本表"税额""合计"栏数据应与"增值税及附加税费申报表列资料（二）"第1栏中"税额"项数据相等。

表 3-5   **防伪税控增值税专用发票存根联明细**

纳税人识别号：913311007691742402   申报所属期：2024 年 01 月

纳税人名称：（公章）大同轴承制造股份有限公司   填表日期：2024 年 02 月 10 日   金额单位：元至角分

序号	发票代码	发票号码	开票日期	购货方纳税人识别号	金额	税额	作废
—	—	—	—	—	—	—	—
—	—	—	—	—	—	—	—
—	—	—	—	—	—	—	—
—	—	—	—	—	—	—	—
合计	—	—	—	—	3 307 414.00	429 963.82	—
总合计	—	—	—	—	3 307 414.00	429 963.82	—

注：本表"金额""合计"栏数据应等于"增值税及附加税费申报表附列资料（一）"第 1、8、15 栏"合计""销售额"项数据之和。

本表"税额""合计"栏数据应等于"增值税及附加税费申报表附列资料（一）"第 1 栏"合计""销项税额"、第 8 栏"合计""应纳税额"、第 15 栏"合计""税额"项数据之和。

发票数据下载   返回   发票归集

表 3-6   **防伪税控增值税专用发票存根联明细**

纳税人识别号：913311007691742402   申报所属期：2024 年 01 月

纳税人名称：（公章）大同轴承制造股份有限公司 填表日期：2024 年 02 月 10 日   金额单位：元至角分

序号	发票代码	发票号码	开票日期	购货方纳税人识别号	金额	税额	作废	类型
1		24332000000018034558	2024.01.10	91310000547492225M	1 199 410.00	155 923.30		专票
2		24332000000018034559	2024.01.22	91320412712256796U	842 324.00	109 502.12		专票
3		24332000000018034560	2024.01.29	91360102MA35WKHB49	1 265 680.00	164 538.40		专票
4								
5								
合计	—	—	—	—	3 307 414.00	429 963.82	—	—

注：本表"金额""合计"栏数据应等于"增值税及附加税费申报表附列资料（一）"第 1、8、15 栏"合计""销售额"项数据之和。

本表"税额""合计"栏数据应等于"增值税及附加税费申报表附列资料（一）"第 1 栏"合计""销项税额"、第 8 栏"合计""应纳税额"、第 15 栏"合计""税额"项数据之和。

增值税及附加税费申报表附列资料（一）

（本期销售情况明细）

表 3-7

税款所属时间：2024年01月01日至2024年01月31日

纳税人名称：(公章) 大同轴承制造股份有限公司

金额单位：元至角分

项目及栏次		开具增值税专用发票		开具其他发票		未开具发票		纳税检查调整		合计			服务、不动产和无形资产扣除项目本期实际扣除金额	含税（免税）销售额	扣除后
		销售额	销项（应纳）税额	销售额	销项（应纳）税额	销售额	销项（应纳）税额	销售额	销项（应纳）税额	销售额	销项（应纳）税额	价税合计			销项（应纳）税额
		1	2	3	4	5	6	7	8	9=1+3+5+7	10=2+4+6+8	11=9+10	12	13=11-12	14=13÷(100%+税率或征收率)×税率或征收率
一、一般计税方法计税 全部征税项目	13%税率的货物及加工修理修配劳务 1	3 307 414.00	429 963.82	0	0	0	0	0	0	3 307 414.00	429 963.82	—	—	—	—
	13%税率的服务、不动产和无形资产 2														
	9%税率的货物及加工修理修配劳务 3														
	9%税率的服务、不动产和无形资产 4														
	6%税率 5														
其中：即征即退项目	即征即退货物及加工修理修配劳务 6	—	—	—	—	—	—	—	—	—	—	—	—	—	—
	即征即退服务、不动产和无形资产 7	—	—	—	—	—	—	—	—	—	—	—	—	—	—
二、简易计税方法计税															
三、免抵退税	货物及加工修理修配劳务 16	—	—	6 419 858.10	—	—	—	—	—	6 419 858.10	—	—	—	—	—
	服务、不动产和无形资产 17	—	—	0	—	0	—	—	—	0	—	—	—	—	—
四、免税	货物及加工修理修配劳务 18	0	0	0	0	0	0	0	0	0	0	0	0	0	—
	服务、不动产和无形资产 19	—	—	0	—	0	—	—	—	0	—	—	0	0	—

注：8—15行是简易计税方法销售，本公司无简易计税方法销售，故省略。

表3-8

增值税及附加税费申报表附列资料（二）

（本期进项税额明细）

税款所属时间：2024 年 01 月 01 日 至 2024 年 01 月 31 日

纳税人名称：（公章）大同轴承制造股份有限公司　　填表日期：2024 年 02 月 10 日　　金额单位：元至角分

一、申报抵扣的进项税额

项 目	栏次	份数	金额	税额
（一）认证相符的增值税专用发票	1=2+3	8	8 231 813.59	1 068 901.68
其中：本期认证相符且本期申报抵扣	2	8	8 231 813.59	1 068 901.68
前期认证相符且本期申报抵扣	3			
（二）其他抵扣凭证	4=5+6+7+8a+8b			
其中：海关进口增值税专用缴款书	5			
农产品收购发票或者销售发票	6			
代扣代缴税收缴款凭证	7		—	
加计扣除农产品进项税额	8a	—	—	
其他	8b			
（三）本期用于购建不动产的扣税凭证	9			
（四）本期用于抵扣的旅客运输服务扣税凭证	10		—	
（五）外贸企业进项税额抵扣证明	11		—	
当期申报抵扣进项税额合计	12=1+4-9+10+11	8	8 231 813.59	1 068 901.68

二、进项税额转出额

项 目	栏次	税额
本期进项税额转出额	13=14至23之和	3 640.00
其中：免税项目用	14	
集体福利、个人消费	15	3 640.00
非正常损失	16	
简易计税方法征税项目用	17	
免抵退税办法不得抵扣的进项税额	18	
纳税检查调减进项税额	19	
红字专用发票信息表注明的进项税额	20	
上期留抵税额抵减欠税	21	
上期留抵税额退税	22	
异常凭证转出进项税额	23a	
其他应作进项税额转出的情形	23b	

三、待抵扣进项税额

项 目	栏次	份数	金额	税额
（一）认证相符的增值税专用发票	24	—	—	—
期初已认证相符但未申报抵扣	25			
本期认证相符且本期未申报抵扣	26			
期末已认证相符但未申报抵扣	27			
其中：按照税法规定不允许抵扣	28			
（二）其他抵扣凭证	29=30+31+32+33			
其中：海关进口增值税专用缴款书	30			
农产品收购发票或者销售发票	31			
代扣代缴税收缴款凭证	32		—	
其他	33			
	34			

四、其他

项 目	栏次	份数	金额	税额
本期认证相符的增值税专用发票	35	8	8 231 813.59	1 068 901.68
代扣代缴税额	36		—	

表3-9

增值税及附加税费申报表附列资料（五）

（附加税费情况表）

税（费）款所属时间：2024年01月01日至2024年01月31日

纳税人名称：（公章）大同轴承制造股份有限公司

金额单位：元（列至角分） □个体工商户 □小型微利企业

本期是否适用小微企业"六税两费"减免政策　□是　☑否

税（费）种		增值税税额 (1)	增值税免抵退税额 (2)	留抵退税本期扣除额 (3)	税（费）率（%）(4)	本期应纳税（费）额 5=(1+2-3)×4	减免性质代码 (6)	本期减免税（费）额 (7)	减征比例（%）(8)	减征额 (9)	减免性质代码 (10)	本期抵免金额 (11)	本期已缴税（费）额 (12)	本期应补（退）税（费）额 13=5-7-9-11-12
		计税（费）依据					本期减免税（费）额		减免政策适用主体：小微企业"六税两费"减免政策		试点建设培育产教融合型企业			
城市维护建设税	1		199 283.70	0	7	13 949.86	—	0				0	0	13 949.86
教育费附加	2		199 283.70	0	3	5 978.51		0				0	0	5 978.51
地方教育附加	3		199 283.70	0	2	3 985.67		0				0	0	3 985.67
合计	4	—	—	—	—	23 914.04	—	0	—		—	0	0	23 914.04

适用减免政策起止时间：　年　月　至　年　月

本期是否适用试点建设培育产教融合型企业抵免政策　□是　☑否

可用于扣除的增值税留抵退税税额使用情况

当期新增投资额	当期新增可抵免金额
上期留抵可抵免金额	当期新增可用于扣除的留抵退税额
结转下期可抵免金额	上期结存可用于扣除的留抵退税额
	结转下期可用于扣除的留抵退税额

表3-10　　　　　　　　　　增值税及附加税费申报表

（一般纳税人适用）

根据国家税收法律法规及增值税相关规定制定本表。纳税人不论有无销售额，均应按税务机关核定的纳税期限填写本表，并向当地税务机关申报。

税款所属时间：自2024年01月01日至2024年01月31日　　填表日期：2024年02月10日　　　　　　金额单位：元至角分

纳税人识别号		913311007691742402			所属行业		机械产品			
纳税人名称（公章）		大同轴承制造股份有限公司	法定代表人姓名	刘三源	注册地址		浙江省丽水市莲都区中山街北358号	生产经营地址	浙江省丽水市莲都区中山街北358号	
开户银行及账号		中国建设银行丽水开发区支行	93501053010053010906		登记注册类型		私营股份有限公司	电话号码	0578-2275302	
	项目		栏次			一般货物及劳务和应税服务		即征即退货物及劳务和应税服务		
						本月数	本年累计	本月数	本年累计	
销售额	（一）按适用税率征税销售额		1			3 307 414.00	3 307 414.00			
	其中：应税货物销售额		2			3 307 414.00	3 307 414.00			
	应税劳务销售额		3							
	纳税检查调整的销售额		4							
	（二）按简易征收办法征税销售额		5							
	其中：纳税检查调整的销售额		6							
	（三）免、抵、退办法出口销售额		7			6 419 858.10	6 419 858.10			
	（四）免税销售额		8							
	其中：免税货物销售额		9							
	免税劳务销售额		10							
税款计算	销项税额		11			429 963.82	429 963.82			
	进项税额		12			1 068 901.68	1 068 901.68			
	上期留抵税额		13			434 797.33				
	进项税额转出		14			3 640.00	3 640.00			
	免、抵、退应退税额		15			434 797.33	434 797.33			
	按适用税率计算的纳税检查应补缴税额		16							
	应抵扣税额合计		17=12+13-14-15+16			1 065 261.68				
	实际抵扣税额		18（如17<11，则为17，否则为11）			429 963.82				
	应纳税额		19=11-18			0.00				
	期末留抵税额		20=17-18			635 297.86				
	简易征收办法计算的应纳税额		21							
	简易征收办法计算的纳税检查应补缴税额		22							
	应纳税额减征额		23							
	应纳税额合计		24=19+21-23							
税款缴纳	期初未缴税额（多缴为负数）		25							
	实收出口开具专用缴款书退税额		26							
	本期已缴税额		27=28+29+30+31							
	①分次预缴税额		28							
	②出口开具专用缴款书预缴税额		29							
	③本期缴纳上期应纳税额		30							
	④本期缴纳欠缴税额		31							
	期末未缴税额（多缴为负数）		32=24+25+26-27							
	其中：欠缴税额（≥0）		33=25+26-27							
	本期应补（退）税额		34=24-28-29							
	即征即退实际退税额		35							
	期初未缴查补税额		36							
	本期入库查补税额		37							
	期末未缴查补税额		38=16+22+36-37							
附加税费	城市维护建设税本期应补（退）税额		39			13 949.86	13 949.86			
	教育费附加本期应补（退）税额		40			5 978.51	5 978.51			
	地方教育附加本期应补（退）税额		41			3 985.67	3 985.67			

声明：此表是根据国家税收法律法规及相关规定填写的，本人（单位）对填报内容（及附带资料）的真实性、可靠性、完整性负责。

纳税人（签章）：　　　　　年　月　日

经办人：
经办人身份证号：
代理机构签章：
代理机构统一社会信用代码：

受理人：
受理税务机关（章）：
受理日期：　　年　月　日

（四）印花税的申报

进行印花税的申报，见表3-11、表3-12。

表3-11

纳税人识别号：91331100769I742402

税款所属期：2024-01-01~2024-01-31

按期申报

印花税税源明细表

缴纳人名称（公章）：大同轴承制造股份有限公司

填表日期：2024年02月10日

金额单位：元至角分

序号	税目	应纳税凭证编号	税款所属期起	税款所属期止	应纳税凭证成立（领受）日期	计税金额	核定比例	税率	应纳税额	减免性质代码和项目名称	减免税额	已缴税额
1	1011110101 买卖合同		20240101	20240131		17 959 085.69		0.30	5 387.73			
	合计					17 959 085.69			5 387.73			

表3-12

纳税人识别号（统一社会信用代码）：91331100769I742402

纳税人名称：大同轴承制造股份有限公司

财产和行为税纳税申报表

税款所属期间：2024-01-01 至 2024-01-31

填报日期：2024年02月10日

金额单位：人民币元（列至角分）

本期是否小微企业适用"六税两费"减征政策 □是 ☑否

序号	税种	税目	税款所属期起	税款所属期止	适用减征政策起止时间		减征政策适用主体	计税依据	税率	应纳税额	减免税额	已缴税额	应补退税额
					适用减征政策起	适用减征政策止	□个体工商户 □小型微利企业						
1	印花税	买卖合同	2024-01-01	2024-01-31	—	—		17 959 085.69	0.30‰	5 387.73	0	0	5 387.73
	合计	—	—	—	—	—		17 959 085.69	—	5 387.73	0	0	5 387.73

声明：此表是根据国家税收法律法规及相关规定填写的，本人（单位）对填报内容（及附带资料）的真实性、可靠性、完整性负责。

纳税人（签章）：　　　　　　　　　　　　　　　　年　月　日

经办人：　　　　　　　　　　　　　受理人：

经办人身份证号：　　　　　　　　　受理税务机关（章）：

代理机构签章：　　　　　　　　　　受理日期：　　年　月　日

代理机构统一社会信用代码：

（五）社会保险费的申报

进行社会保险费的申报，见表3-13。

表3-13

缴费人识别码：91331100769174 2402

社会保险费缴费申报表

缴款所属期限：自 2024-01-01 至 2024-01-31

金额单位：人民币元（列至角分）

金额单位：私营 股份有限公司

缴费单位名称	大同轴承制造股份有限公司		单位地址	浙江省丽水市莲都区中山街北358号			联系电话	0578-2275302	
缴费银行	中国建设银行丽水开发区支行		缴费账号	93501053010053010906			登记注册类型		
费种	征收品目	缴费基数	费率	应缴费额	减免幅度	减免费额	抵缴费额	本期应缴费额	缴费人数
1	2	3	4	5	6=4*5	7	8=6*7	9	10=6-8-9	11
企业职工基本养老保险	职工基本养老保险（单位缴纳）	企业缴纳	154 370	0.14	21 611.80				21 611.80	43
企业职工基本养老保险	职工基本养老保险（个人缴纳）	企业职工缴纳	154 370	0.08	12 349.60				12 349.60	43
失业保险	失业保险（单位缴纳）	企业缴纳	154 370	0.005	771.85				771.85	43
失业保险	失业保险（个人缴纳）	企业职工缴纳	154 370	0.005	771.85				771.85	43
基本医疗保险	职工基本医疗保险（单位缴纳）	企业缴纳基本医疗住院保险	154 370	0.069	10 651.53				10 651.53	43
基本医疗保险	职工基本医疗保险（个人缴纳）	企业职工缴纳	154 370	0.02	3 087.40				3 087.40	43
工伤保险	工伤保险	企业缴纳	154 370	0.002	308.74				308.74	43
合计	—	—	—	—	49 552.77	—	—		49 552.77	43

缴费人申明：本缴费单位所申报的社会保险费真实、准确，如有虚假内容，愿承担法律责任。

法人代表（业主）签名：
年　月　日

授权人申明：我单位授权_____为本缴费人代理申报人，任何与申报有关的往来文件，都可等于此代理机构。委托代理合同号：
授权人：
年　月　日

代理人申明：本申报表是按照社会保险费有关规定填报的，我确认其真实、合法。

代理人（签章）：
经办人：
年　月　日

受理日期：　年　月　日

税务机关受理人：

填表日期：　年　月　日

税务人签名：

备注：

（六）住房公积金的申报

进行住房公积金的申报，见表3-14、表3-15。

表3-14

住房公积金汇缴清册

单位账号：3311010079828　单位名称：大同轴承制造股份有限公司

第1页 共1页
金额单位：元

序号	个人账号	姓名	身份证号	缴存基数	汇缴月份	单位月缴存额	个人月缴存额	汇缴金额合计
1	33110100010431501	刘三源	33032319840930 2812	6 000	202401	720	720	1 440
2	33110100010431502	王燕	33250219921225 203X	6 000	202401	720	720	1 440
3	33110100010431503	缪小燕	33250119821126 2372	6 000	202401	720	720	1 440
4	33110100010431504	学生本人	36252619751211 189X	6 000	202401	720	720	1 440
5	33110100010431505	姜美飞	33252119860720 3291	6 000	202401	720	720	1 440
6	33110100010431506	王涛	33252119950521 3028	6 000	202401	720	720	1 440
7	33110100010431507	郑玮	33252919750608 6047	6 000	202401	720	720	1 440
8	33110100010431508	李钰	33032419710815 7053	6 000	202401	720	720	1 440
9	33110100010431509	王虹	53332119910211 0074	6 000	202401	720	720	1 440
10	33110100010431510	郑芳琼	33030319771014 0031	6 000	202401	720	720	1 440
11	33110100010431511	张峰	53322119860424 212X	6 000	202401	720	720	1 440
			...					
合计				231 500		27 780	27 780	55 560

表 3-15　　　　　　　　　　　　住房公积金缴纳明细表

缴存中心：丽水市住房公积金管理中心　　　　　　　　　　　　　　　　金额单位：元

单位账号	3311010079828	单位名称	大同轴承制造股份有限公司	汇缴月份	202401
顺序号	个人账号	姓名	汇缴金额	单位月缴存额	个人月缴存额
1	33110100010431501	刘三源	1 440	720	720
2	33110100010431502	王燕	1 440	720	720
3	33110100010431503	缪小燕	1 440	720	720
4	33110100010431504	学生本人	1 440	720	720
5	33110100010431505	姜美飞	1 440	720	720
6	33110100010431506	王涛	1 440	720	720
7	33110100010431507	郑玮	1 440	720	720
8	33110100010431508	李钰	1 440	720	720
9	33110100010431509	王虹	1 440	720	720
10	33110100010431510	郑芳琼	1 440	720	720
11	33110100010431511	张峰	1 440	720	720
		……			
合计			55 560	27 780	27 780

（七）职工薪酬代扣代缴职工薪酬个人所得税的申报

进行代扣代缴职工薪酬个人所得税的申报，见表 3-16。

表3-16

个人所得税扣缴申报表

扣缴义务人名称：大同轴承制造股份有限公司　税款所属期：2024年01月01日至2024年01月31日

扣缴义务人纳税人识别号（统一社会信用代码）：91331100769174242402　　金额单位：人民币元（列至角分）

序号 1	姓名 2	身份证件类型 3	身份证件号码 4	纳税人识别号 5	是否为非居民个人 6	所得项目 7	收入 8	减除费用 11	基本养老保险费 12	基本医疗保险费 13	失业保险费 14	住房公积金 15	累计收入额 22	累计减除费用 23	累计专项扣除 24	子女教育 25	住房贷款利息 27	赡养老人 29	减按计税比例 32	累计应纳税所得额 34	税率/预扣率 35	速算扣除数 36	应纳税额 37	减免税额 38	已缴税额 39	应补/退税额 40	备注 41
1	刘三涛	居民身份证	330323198409302812	330323198409302812	否	正常工资薪金	13 300	5 000	287.2	71.8	17.95	720	13 300	5 000	1 096.95	1 000	1 000	1 000	100%	4 203.05	3%	0	126.09	0	0	126.09	
2	王燕	居民身份证	332502199212252203X	332502199212252203X	否	正常工资薪金	5 500	5 000	287.2	71.8	17.95	720	5 500	5 000	1 096.95	1 000		1 000									
3	郑小燕	居民身份证	332501198211262372	332501198211262372	否	正常工资薪金	6 000	5 000	287.2	71.8	17.95	720	6 000	5 000	1 096.95	1 000		1 000									
4	学生本人	居民身份证	362526197512111189X	362526197512111189X	否	正常工资薪金	5 300	5 000	287.2	71.8	17.95	720	5 300	5 000	1 096.95	1 000		1 000									
5	姜美飞	居民身份证	332521198607203291	332521198607203291	否	正常工资薪金	4 800	5 000	287.2	71.8	17.95	720	4 800	5 000	1 096.95	1 000		1 000									
6	王涛	居民身份证	332521199505213028	332521199505213028	否	正常工资薪金	6 600	5 000	287.2	71.8	17.95	720	6 600	5 000	1 096.95	1 000		1 000									
7	郑婷	居民身份证	332529197506086047	332529197506086047	否	正常工资薪金	6 250	5 000	287.2	71.8	17.95	720	6 250	5 000	1 096.95	1 000		1 000									
8	李钰	居民身份证	330324197108157053	330324197108157053	否	正常工资薪金	5 750	5 000	287.2	71.8	17.95	720	5 750	5 000	1 096.95	1 000		1 000									
9	王虹	居民身份证	533321199102110074	533321199102110074	否	正常工资薪金	5 750	5 000	287.2	71.8	17.95	720	5 750	5 000	1 096.95	1 000		1 000									
10	郑芬琼	居民身份证	330303197710140031	330303197710140031	否	正常工资薪金	10 935	5 000	287.2	71.8	17.95	720	10 935	5 000	1 096.95	1 000	1 000	1 000	100%	1 838.05	3%	0	55.14	0	0	55.14	
11	张律	居民身份证	533221198604242412X	533221198604242412X	否	正常工资薪金	12 411.76	5 000	287.2	71.8	17.95	720	12 411.76	5 000	1 096.95	1 000	1 000	1 000	100%	3 314.81	3%	0	99.44	0	0	99.44	
合 计							310 151.76	65 000					310 151.76	215 000	47 168.85	43 000		6 000		9 355.91	—		445.05	0	0	445.05	

谨声明：本扣缴申报表是根据国家税收法律法规及相关规定填报的，是真实的、可靠的、完整的。

扣缴义务人签字：　　　　　代理机构统一社会信用代码：　　　　　　经办人：　　　　　　　　扣缴义务人（签章）：　　　　受理税务机关（签章）：

代理机构签章：　　　　　　经办人身份证号码：　　　　　　　　　　经办人身份证号码：　　　　受理人：　　　　　　　　受理日期：　年　月　日

说明：1. 第2—9行的备注栏填写内容为：上年各月月均收入不超过6万元。

2. 第16—21列是其他扣除，第26列是继续教育专项加扣除，第28列是住房租金专项加扣除，第30列是3岁以下婴幼儿照护专项加扣除，第31列是累计其他扣

除，第33列是准予扣除的捐赠额，因数据为零，故未列示。

四 实训任务

任务3.1 抵扣认证进项税发票

进行进项税发票的抵扣认证。登录电子税务局，在我要办税——税务数字账户页面中，进行进项税发票抵扣勾选，确认提交后，完成进项税额的抵扣认证。进项税发票勾选认证见表3-2。

任务3.2 增值税及附加税费申报

登录电子税务局，点击增值税及附加税（费）申报（一般纳税人适用），进行增值税及附加税（费）申报。

点击抵扣联，点击发票数据下载，确认提交。防伪税控增值税专用发票申报抵扣明细见表3-3、表3-4。

点击存根联，点击发票数据下载，确认提交。防伪税控增值税专用发票存根联明细见表3-5、表3-6。

点击附表一，点击提交。增值税及附加税费申报表附列资料（一）（本期销售情况明细）见表3-7。

点击附表二，点击提交。增值税及附加税费纳税申报表附列资料（二）（本期进项税额明细）见表3-8。

点击附表四，点击提交。本月没有税额抵减情况，增值税及附加税费申报表附列资料（四）（税额抵减情况表）略。

点击附表五，点击提交。增值税及附加税费申报表附列资料（五）（附加税费情况表）见表3-9。根据增值税相关法律规定，企业应将实缴增值税额和免抵税额作为城市维护建设税、教育费附加、地方教育附加的计税基数。根据本月增值税申报结果，本月实缴增值税额为零，根据本月出口退税申报结果，免抵税额为199 283.70元。免抵退税申报汇总表见表4-9。

其他相关申报表进行零申报，申报表略。

点击增值税及附加税费申报表，填写第2行"其中：应税货物销售额"后，点击提交。增值税及附加税费申报表（一般纳税人适用）见表3-10。

增值税申报后，应进行出口退（免）税申报，操作过程见"项目四 生产企业出口货物免抵退税的申报"，出口退（免）税申报后生成两张报表：出口货物劳务免抵退税申报明细表（见表4-8）、免抵退税申报汇总表（见表4-9）。

业务3.1 申报增值税的附加税费后，进行附加税费计提的会计凭证填制。根据本月增值税及附加税费申报结果，本月应交城市维护建设税13 949.86元，应交教育费附加5 978.51元，应交地方教育附加3 985.67元，合计23 914.04元。增值税及附加税费申报表附列资料（五）（附加税费情况表）（见表3-9）。缴纳附加税费的财务处理，在2月进行。

任务3.3 印花税的申报

登录电子税务局，进行印花税的申报。

业务3.2 申报本月印花税并缴纳后，进行印花税计提的会计凭证填制。按本月采购与销售金额合计17 959 085.69元的万分之三计提买卖合同税目应交印花税5 387.73元。印花税税源明细表见表3-11，财产和行为税纳税申报表见表3-12。缴纳印花税的财务处理，在2月进行。

任务3.4 社会保险费的申报

登录电子税务局，进行社会保险费的申报。

业务3.3 申报本月社会保险费，并进行社会保险费费计提的会计凭证填制。公司本月为43名员工申报社会保险费，社会保险费缴费基数为3 590元/人，计算本月应缴社会保险费49 552.77元，其中，企业负担33 343.92元，职工个人负担16 208.85元。社会保险费缴费申

报表见表3-13。缴纳社会保险费的财务处理，在2月进行。

任务3.5　住房公积金的申报

　　登录丽水市住房公积金管理中心，查询、打印住房公积金缴纳明细表。登录自然人电子税务局（扣缴端），进行职工正常工资薪金个人所得税的代扣代缴。根据业务处理结果，进行财务处理。

　　业务3.4　缴纳住房公积金，并进行住房公积金计提的会计凭证填制。公司本月为40名员工缴纳住房公积金。本月住房公积金缴费基数231 500元，缴纳比例为24%，缴纳金额为55 560元。其中，企业负担12%，计27 780元；个人负担12%，计27 780元。住房公积金汇缴清册见表3-14，住房公积金缴纳明细表见表3-15。缴纳住房公积金的财务处理，在2月进行。

任务3.6　代扣代缴职工薪酬个人所得税的申报

　　业务3.5　申报代扣代缴职工薪酬的个人所得税。本月代扣代缴职工正常工资薪金个人所得税445.05元。个人所得税扣缴申报表见表3-16。缴纳代扣代缴个人所得税的财务处理，在2月进行。

生产企业出口货物免抵退税的申报

一　实训目的

掌握生产企业离线出口退税申报软件的出口退税申报操作。

二　实训内容

以生产企业离线出口退税申报软件为例，录入出口货物免抵退申报信息，汇总数据采集，生成免抵退税申报，上传免抵退税申报数据，打印或保存出口退（免）税申报表。

三　实训资料

（一）出口销售给客户 HANG-ZHOU SP.ZO.O 一批产品的资料

出口货物报关单（出口退税联）见表4-1；出口销售发票信息见表4-2；收汇情况见表2-27。

（二）出口销售给客户 CPC WEB LIMITED 一批产品的资料

出口货物报关单（出口退税联）信息见表4-3；出口销售发票信息见表4-4；收汇情况见表2-28。

（三）出口销售给客户英国 E.D.S SP.ZO.O.UL 一批产品的资料

出口货物报关单（出口退税联）信息见表4-5；出口销售发票信息见表4-6；收汇情况见表2-51。出口销售 CIF 价折算成 FOB 价计算单，见表4-7。

（四）出口退（免）税申报的资料

进行出口退（免）税申报，见"任务4.1　生产企业进行出口退（免）税的申报"。申报结果资料：出口货物劳务免抵退税申报明细表见表4-8，免抵退税申报汇总表见表4-9。若在退（免）税申报期截止之日后申报出口货物退（免）税的，应当在申报退（免）税时报送收汇材料。出口货物收汇申报表见表4-10。

（五）统计国内、国外销售及出口退税的资料

统计国内、国外销售及出口退税信息，见"任务4.2　统计国内、国外销售及出口退税数据"。统计资料：本月国内、国外销售及出口退税情况统计表见表4-11。

表4-1 　　　　　　　中华人民共和国海关出口货物报关单　　　　　出口退税联

预录入编号：000000008001877262　　　　　　　　　　　海关编号：310120240812761598

出口口岸（3101） 宁波海关	备案号	出口日期 2024-01-12	申报日期 2024-01-08
经营单位 大同轴承制造股份有限公司 3310848660	运输方式（2） 水路运输	运输工具名称 THALASSA PATRIS	提运单号 143686922255
发货单位 大同轴承制造股份有限公司 3310848660	贸易方式（0110） 一般贸易	征免性质（101） 一般征税	结汇方式（2） 电汇
许可证号	运抵国（地区）（304） 德国	指运港（2110） 汉堡	境内货源地（33109） 丽水
批准文号 762941039	成交方式（3） FOB	运费 　　　　保费	杂费
合同协议号 DT2024010501	件数 1 180	包装种类 其他	毛重（千克） 19 900	净重（千克） 19 436
集装箱号 EGHU9067501	随附单据	生产厂家	

标记唛码及备注
报关员：31002423

商品序号	商品编号	商品名称、规格型号	数量/单位	数量及单位	目的国（地区）	单价	总价	币制	征免
1	84829100	滚珠、滚针及滚柱	法定数量/法定单位 第二数量/第二单位 申报数量/申报单位	1 200千克 1 200千克	德国（304）	21.0096	25 211.52	USD 美元	
2	84832000	装有滚珠或滚子轴承的	法定数量/法定单位 第二数量/第二单位 申报数量/申报单位	1 254个 1 254个	德国（304）	11.8785	14 895.60	USD 美元	
3	84834010	滚子螺杆传动装置	法定数量/法定单位 第二数量/第二单位 申报数量/申报单位	195个 195个	德国（304）	28.2847	5 515.52	USD 美元	

税费征收情况　　　　　　　　　　　业务员：张峰

录入员　　　　录入单位	兹声明以上申报无讹并承担法律责任	海关审单批注及放行日期（签章）
报关员：		审单　　　审价
单位地址：	申报单位（签章）： 宁波远帆船务代理有限公司 填制日期： 2024年01月08日	征税　　　统计
邮编：　　电话：		查验　　　放行 签发关员：陈建强 签发日期：2024-01-12

表4-2　　　　　　　电子发票（普通发票）

发票号码：24332000000000016556
发票日期：2024 年 01 月 10 日

购买方信息	名称：HANG-ZHOU SP.ZO.O 统一社会信用代码/纳税人识别号：	销售方信息	名称：大同轴承制造股份有限公司 统一社会信用代码/纳税人识别号：913311007691742402

项目名称	规格型号	单位	数量	单价	金额	税率/征收率	税额
*通用设备*滚珠、滚针及滚柱		千克	1 200	148.68494167	178 421.93	免税	***
*通用设备*装有滚珠或滚子轴承的轴承座		个	1 254	84.06392344	105 416.16	免税	***
*通用设备*滚子螺杆传动装置		个	195	200.17097436	39 033.34	免税	***
合　计					¥322 871.43		***
价税合计（大写）	⊗叁拾贰万贰仟捌佰柒拾壹元肆角叁分			（小写）¥322 871.43			

备注　出口业务；出口销售总额（FOB）45 622.64；币种：美元；汇率：100：707.70

开票人：缪小燕

表 4-3

中华人民共和国海关出口货物报关单

出口退税联

预录入编号：000000008008006732　　　　　　　　　　　海关编号：3101202408126578 64

出口口岸（3101） 宁波海关	备案号	出口日期 2024-01-14	申报日期 2024-01-12
经营单位 大同轴承制造股份有限公司 3310848660	运输方式（2） 水路运输	运输工具名称 THALASSA AVRA	提运单号 143686878001
发货单位 大同轴承制造股份有限公司 3310848660	贸易方式（0110） 一般贸易	征免性质（101） 一般征税	结汇方式（2） 电汇
许可证号	运抵国（地区）（303） 英国	指运港（3419） 费利克斯托	境内货源地（33109） 丽水
批准文号 762941040	成交方式（3） FOB	运费	保费	杂费
合同协议号 DT2024010502	件数 6 239	包装种类 纸箱	毛重（千克） 10 700	净重（千克） 10 076
集装箱号 EISU8026383	随附单据	生产厂家
标记唛码及备注 报关员：31002423		

商品 序号	商品编号	商品名称、规格 型号	数量/单位	数量 及单位	目的国 （地区）	单价	总价	币制 征免
1	84823000	鼓形滚子轴承	法定数量/法定单位 第二数量/第二单位 申报数量/申报单位	1 200套 1 200套	英国（303）	21.0096	25 211.52	USD 美元
2	84822000	锥形滚子轴承	法定数量/法定单位 第二数量/第二单位 申报数量/申报单位	1 254套 1 254套	英国（303）	11.8785	14 895.64	USD 美元
3	84829100	滚珠、滚针及 滚柱	法定数量/法定单位 第二数量/第二单位 申报数量/申报单位	7 095千克 7 095千克	英国（303）	28.2821	200 661.50	USD 美元
4	84832000	装有滚珠或滚子 轴承的	法定数量/法定单位 第二数量/第二单位 申报数量/申报单位	8 095个 8 095个	英国（303）	23.9171	193 608.70	USD 美元

税费征收情况			
录入员	录入单位	兹声明以上申报无讹并承担法律责任	海关审单批注及放行日期（签章）
报关员：		申报单位（签章）： 宁波远帆船务代理有限公司 报关专用章 填制日期 2024年01月12日	审单　　审价 征税　　统计 查验　　放行 签发关员：陈建强 签发日期：2024-01-14
单位地址：			
邮编：　　电话：			

表 4-4

电子发票（普通发票）

发票号码：24332000000000016557
发票日期：2024年01月12日

购买方信息	名称：CPC WEB LIMITED 统一社会信用代码/纳税人识别号：	销售方信息	名称：大同轴承制造股份有限公司 统一社会信用代码/纳税人识别号：913311007691742402

项目名称	规格型号	单位	数量	单价	金额	税率/征收率	税额
*通用设备*鼓形滚子轴承		套	1 200	148.6849417	178 421.93	免税	***
*通用设备*锥形滚子轴承		套	1 254	84.0641467	105 416.44	免税	***
*通用设备*滚珠、滚针及滚柱		千克	7 095	200.1524228	1 420 081.44	免税	***
*通用设备*装有滚珠或滚子轴承的轴承座		个	8 095	169.2611204	1 370 168.77	免税	***
合　计					¥3 074 088.58		***
价税合计（大写）	⊗叁佰零柒万肆仟零捌拾捌元伍角捌分				（小写）¥3 074 088.58		
备注	出口业务：出口销售总额（FOB）434 377.36；币种：美元；汇率：100：707.70						

开票人：缪小燕

表4-5　　　　　　　　　中华人民共和国海关出口货物报关单　　　　　　　　出口退税联

预录入编号：000000008086015802　　　　　　　　　　　海关编号：310120240033761575

出口口岸（3101） 宁波海关	备案号	出口日期 2024-01-24		申报日期 2024-01-22
经营单位 大同轴承制造股份有限公司 3310848660	运输方式（2） 水路运输	运输工具名称 BARZAN		提运单号 143686845960
发货单位 大同轴承制造股份有限公司 3310848660	贸易方式（0110） 一般贸易	征免性质（101） 一般征税		结汇方式（2） 电汇
许可证号	运抵国（地区）（303） 英国	指运港（3419） 费利克斯托		境内货源地（33109） 丽水
批准文号 762941041	成交方式（1） CIF	运费 2 050	保费 106	杂费
合同协议号 DT2024011601	件数 2 670	包装种类 其他	毛重（千克） 36 250	净重（千克） 35 980
集装箱号 EGHU9043310		随附单据	生产厂家	

标记唛码及备注
报关员：31002423

商品 序号	商品 编号	商品名称、 规格型号	数量/单位	数量及 单位	目的国 （地区）	单价	总价	币制 征免
1	84821010	调心球轴承	法定数量/法定单位 第二数量/第二单位 申报数量/申报单位	6 000套 6 000套	英国（303）	20.0000	120 000.00	USD 美元
2	84829900	滚动轴承的 其他零件	法定数量/法定单位 第二数量/第二单位 申报数量/申报单位	12 540千克 12 540千克	英国（303）	20.0000	250 800.00	USD 美元
3	84834010	滚子螺杆传动 装置	法定数量/法定单位 第二数量/第二单位 申报数量/申报单位	1 950个 1 950个	英国（303）	30.0000	58 500.00	USD 美元

业务员：张峰

税费征收情况

录入员　　　录入单位	兹声明以上申报无讹并承担法律责任	海关审单批注及放行日期 （签章） 审单　　　审价
报关员： 单位地址： 邮编：　　电话：	申报单位（签章）： 宁波远帆船务代理有限公司 填制日期： 2024年01月22日	征税　　　统计 查验　　　放行 签发关员：陈建强 签发日期：2024-01-24

宁波远帆船务代理有限公司
31010976580219XD
报关专用章

表 4-6

电子发票（普通发票）

发票号码：24332000000000016558
发票日期：2024 年 01 月 24 日

购买方信息	名称：E.D.S SP.ZO.O 统一社会信用代码/纳税人识别号：	销售方信息	名称：大同轴承制造股份有限公司 统一社会信用代码/纳税人识别号：913311007691742402

项目名称	规格型号	单位	数量	单价	金额	税率/征收率	税额
*通用设备*调心球轴承		套	6 000	140.8291633	844 974.98	免税	***
*通用设备*轴承零配件		千克	12 540	140.8291675	1 765 997.76	免税	***
*通用设备*滚子螺杆传动装置		个	1 950	211.2437692	411 925.35	免税	***
合　计					¥3 022 898.09		***
价税合计（大写）	⊗叁佰零贰万贰仟捌佰玖拾捌元零玖分				（小写）¥3 022 898.09		

备注	出口业务；出口销售总额（CIF）429 300；币种：美元；汇率：100∶707.70 运费 2 050，保费 106

开票人：缪小燕

✂- ✂

表 4-7　　　　　　**出口销售 CIF 价折算成 FOB 价计算单**

报关单号：310120240033761575　　运费：2 050　　保费（率）：106　　　　　　　　金额单位：美元

商品编号	品名	出口销售 CIF	比例	出口销售 FOB
84821010	调心球轴承	120 000.00	0.2795	119 397.34
84829900	滚动轴承的其他零件	250 800.00	0.5842	249 540.45
84834010	滚子螺杆传动装置	58 500.00	0.1363	58 206.21
出口货物合计		429 300.00	1.0000	427 144.00

表4-8

生产企业出口货物劳务免抵退税申报明细表

纳税人识别号（统一社会信用代码）：91331100769174 2402　　纳税人名称：大同轴承制造股份有限公司　　所属期：2024年01月　　金额单位：元（列至角分）

序号	出口发票号	出口货物报关单号	出口日期	代理出口货物证明号	出口商品代码	出口商品名称	计量单位	出口数量	出口销售额 美元	出口销售额 人民币	申报商品代码	征税率(%)	退税率(%)	计划分配率	进料加工保税进口料件组成计税价格 16=11x15	国内购进免税原材料进项税额	不得免征和抵扣税额 18=(11-16-17)*(13-14)	免抵退税额 19=(11-16-17)*14	进料加工手册(账)号	退税后调整出口合同号	退税业务类型	备注
1	2	3	4	5	6	7	8	9	10	11	12	13	14	15	16=11x15	17	18=(11-16-17)*(13-14)	19=(11-16-17)*14	20	21	22	23
00000001	24332000000000016556	31012024081276159800 1	2024.01.12		84829100	滚珠、滚针及滚柱	千克	1 200.0000	25 211.52	178 421.93	84829100	13	13		—		—	23 194.85				
00000002	24332000000000016556	31012024081276159800 2	2024.01.12		84832000	装有滚珠或滚子轴承的	个	1 254.0000	14 895.60	105 416.16	84832000	13	13		—		—	13 704.10				
00000003	24332000000000016556	31012024081276159800 3	2024.01.12		84834010	滚子螺杆传动装置	个	195.0000	5 515.52	39 033.34	84834010	13	13		—		—	5 074.33				
00000004	24332000000000016557	31012024081265786400 1	2024.01.14		84823000	接形滚子轴承	套	1 200.0000	25 211.52	178 421.93	84823000	13	13		—		—	23 194.85				
00000005	24332000000000016557	31012024081265786400 2	2024.01.14		84822000	锥形滚子轴承	套	1 254.0000	14 895.64	105 416.44	84822000	13	13		—		—	13 704.14				
00000006	24332000000000016557	31012024081265786400 3	2024.01.14		84829100	滚珠、滚针及滚柱	千克	7 095.0000	200 661.50	1 420 081.44	84829100	13	13		—		—	184 610.59				
00000007	24332000000000016557	31012024081265786400 4	2024.01.14		84832000	装有滚珠或滚子轴承的	个	8 095.0000	193 608.70	1 370 168.77	84832000	13	13		—		—	178 121.94				
00000008	24332000000000016558	31012024033761575001	2024.01.24		84821010	调心球轴承	套	6 000.0000	119 397.34	844 974.98	84821010	13	13		—		—	109 846.75				
00000009	24332000000000016558	31012024033761575002	2024.01.24		84829900	滚动轴承的其他零件	千克	12 540.0000	249 540.45	1 765 997.76	84829900	13	13		—		—	229 579.71				
00000010	24332000000000016558	31012024033761575003	2024.01.24		84834010	滚子螺杆传动装置	个	1 950.0000	58 206.21	411 925.35	84834010	13	13		—		—	53 550.30				
小计			—		—	—	—	40 783.0000	907 144.00	6 419 858.10	—	—	—		—			834 581.56			—	—
合计			—		—	—	—	40 783.0000	907 144.00	6 419 858.10	—	—	—		—			834 581.56			—	—

表 4-9 　　　　　　　　　　　　免抵退税申报汇总表

企业海关代码：3310848660　　　　纳税人名称：（公章）大同轴承制造股份有限公司

纳税人识别号：913311007691742402　　所属期：2024 年 01 月　　　　　　　金额单位：元至角分

项　目		栏次	当期 （a）	本年累计 （b）	与增值税及附加税费申报表差额 （c）
出口销售额	免抵退税出口销售额（美元）	1=2+3	907 144.00	907 144.00	—
	其中：出口货物劳务销售额（美元）	2	907 144.00	907 144.00	—
	跨境应税行为销售额（美元）	3			—
	免抵退税出口销售额（人民币）	4	6 419 858.10	6 419 858.10	—
不得免征和抵扣税额	免抵退税不得免征和抵扣税额	5=6+7			
	其中：出口货物劳务不得免征和抵扣税额	6			
	跨境应税行为不得免征和抵扣税额	7			
	进料加工核销应调整不得免征和抵扣税额	8			
	免抵退税不得免征和抵扣税额合计	9=5+8			
应退税额和免抵税额	免抵退税额	10=11+12	834 581.56	834 581.56	
	其中：出口货物劳务免抵退税额	11	834 581.56	834 581.56	
	跨境应税行为免抵退税额	12			
	上期结转需冲减的免抵退税额	13	—	—	
	进料加工核销应调整免抵退税额	14			
	免抵退税额合计	15（如 10-13+14>0 则为 10-13+14，否则为 0）	834 581.56	834 581.56	
	结转下期需冲减的免抵退税额	16=13-10-14+15	—	—	
	增值税及附加税费申报表期末留抵税额	17	635 297.86	—	
	应退税额	18（如 15>17 则为 17，否则为 15）	635 297.86	635 297.86	
	免抵税额	19=15-18	199 283.70	199 283.70	—

　　声明：此表是根据国家税收法律法规及相关规定填写的，本人（单位）对填报内容（及附带资料）的真实性、可靠性、完整性负责。

　　　　　　　　　纳税人（签章）：　　　　年　月　日

经办人：

经办人身份证号：　　　　　　　　　　　　　　　受理人：

代理机构签章：　　　　　　　　　　　　　　　　受理税务机关（章）：

代理机构统一社会信用代码：　　　　　　　　　　受理日期：　　年　月　日

表4-10

出口货物收汇申报表

所属期	序号	出口货物报关单号	出口发票号	出口销售币种代码	出口销售币种名称	出口销售金额	出口销售币种汇率	出口销售人民币金额	收汇日期	收汇凭证号	出口收汇币种代码	出口收汇币种名称	凭证总金额	出口收汇金额	出口收汇币种汇率	出口收汇人民币金额	付汇人
202401	00000001	31012024081276159 8001	24332000000000016556	USD	美元	25 211.52	707.70	178 421.93	2024-01-15	0012	USD	美元	45 622.64	25 211.52	707.70	178 421.93	HANG-ZHOU SP.Z0.0
202401	00000002	31012024081276159 8002	24332000000000016556	USD	美元	14 895.60	707.70	105 416.16	2024-01-15	0012	USD	美元	45 622.64	14 895.6	707.70	105 416.16	HANG-ZHOU SP.Z0.0
202401	00000003	31012024081276159 8003	24332000000000016556	USD	美元	5 515.52	707.70	39 033.34	2024-01-15	0012	USD	美元	45 622.64	5 515.52	707.70	39 033.34	HANG-ZHOU SP.Z0.0
202401	00000004	31012024081265864001	24332000000000016557	USD	美元	25 211.52	707.70	178 421.93	2024-01-15	0013	USD	美元	434 377.36	25 211.52	707.70	178 421.93	CPC WEB LIMITED
202401	00000005	31012024081265864002	24332000000000016557	USD	美元	14 895.64	707.70	105 416.44	2024-01-15	0013	USD	美元	434 377.36	14 895.64	707.70	105 416.44	CPC WEB LIMITED
202401	00000006	31012024081265864003	24332000000000016557	USD	美元	200 661.5	707.70	1 420 081.44	2024-01-15	0013	USD	美元	434 377.36	200 661.50	707.70	1 420 081.44	CPC WEB LIMITED
202401	00000007	31012024081265864004	24332000000000016557	USD	美元	193 608.7	707.70	1 370 168.77	2024-01-15	0013	USD	美元	434 377.36	193 608.70	707.70	1 370 168.77	CPC WEB LIMITED
202401	00000008	31012024003376157 5001	24332000000000016558	USD	美元	119 397.34	707.70	844 974.98	2024-01-25	0029	USD	美元	429 300.00	119 397.34	707.70	844 974.98	E.D.S SP.Z0.0
202401	00000009	31012024003376157 5002	24332000000000016558	USD	美元	249 540.45	707.70	1 765 997.76	2024-01-25	0029	USD	美元	429 300.00	249 540.45	707.70	1 765 997.76	E.D.S SP.Z0.0
202401	00000010	31012024003376157 5003	24332000000000016558	USD	美元	58 206.21	707.70	411 925.35	2024-01-25	0029	USD	美元	429 300.00	58 206.21	707.70	411 925.35	E.D.S SP.Z0.0
合计						907 144.00	—	6 419 858.10	—				—	907 144.00	—	6 419 858.10	—

表4-11   本月国内、国外销售及出口退税情况统计表

序号	项目名称	金额	备注
1	本月国内销售金额		
2	增值税本月销项税额		
3	本月出口销售金额（外币）		
4	本月外币人民币折合率		
5	本月出口销售金额（人民币）		
6	增值税本月进项税额		
7	增值税上月期末留抵税额		
8	增值税本月免抵退税不得免征和抵扣税额		
9	增值税本月其他不得抵扣税额		
10	增值税本月进项税转出金额		
11	增值税上月应退税额		
12	增值税本月期末留抵税额		
13	增值税本月当期应纳税额		
14	增值税本月免抵退税额		
15	增值税本月免抵税额		
16	增值税本月应退税额		

说明：本表中第9行若有数据，请在备注栏说明原因。

四　实训任务

任务4.1　生产企业进行出口退（免）税的申报

企业应在货物报关出口之日［以出口货物报关单（出口退税联）上的出口日期为准］次日起至次年4月30日前的各增值税纳税申报期内，收齐有关凭证，向主管税务机关办理出口货物退（免）税申报。

本项目以生产企业离线出口退税申报软件为例进行操作。

利用生产企业离线出口退税申报软件进行出口退税申报的操作指南，可以从出口退税咨询网下载（网址：http://www.taxrefund.com.cn/other/sbxt.html）。

对于出口货物免抵退税申报信息的录入，生产企业离线出口退税申报软件提供两种方式，即手工录入报关单数据和成批读入报关单数据。

第一种方式：手工录入报关单数据

以用户名sa（密码：无，当前所属期：202401）登录生产企业离线出口退税申报软件，根据表4-1至表4-7提供的报关单及出口发票资料，进行以下操作：

1.录入出口货物免抵退申报信息

操作路径：向导→退税申报向导→二 免抵退明细数据采集→出口货物劳务免抵退税申报明细表→增加。录入出口货物报关单及出口发票等详细信息后保存。

2.录入收汇情况

如果纳税人在退（免）税申报期截止之日后申报出口货物退（免）税的，应当在申报退（免）税时报送收汇材料。

操作路径：向导→退税申报向导→二 免抵退明细数据采集→出口货物收汇申报表→增加。录入出口货物收汇的银行回单等详细信息后保存。

3.汇总数据采集

根据增值税申报结果，填写免抵退税不得免征和抵扣税额、期末留抵税额两个数据。

操作路径：向导→退税申报向导→二 免抵退明细数据采集→免抵退税申报汇总表→增加，所属期：202401→退税汇总计算数据填写：纳税表不得抵扣累加、期末留抵税额→确定→保存。

4.生成免抵退税申报

操作路径：向导→退税申报向导→三 生成免抵退税申报→所属期：202401→免抵退税申报→确定→请输入申报数据的存放路径（如 E:\大同轴承出口退税申报\）→确定→提示信息→关闭。

申报软件的提示信息如下：

数据申报情况：

申报数据已成功生成到 E:\大同轴承出口退税申报\3310848660_202401_scsb.xml 中

申报数据列表：

出口货物劳务免抵退税申报明细表	10	条记录
国际运输（港澳台运输）免抵退税申报明细表	0	条记录
航空国际运输收入清算账单申报明细表	0	条记录
国际客运（含香港直通车）运输清算函件明细表	0	条记录
中国国家铁路集团有限公司国际货物运输明细表	0	条记录
跨境应税行为免抵退税申报明细表	0	条记录
跨境应税行为收讫营业款明细清单	0	条记录
出口货物收汇申报表	10	条记录
出口货物不能收汇申报表	0	条记录
出口货物离岸价差异原因说明表	0	条记录
海关出口商品代码、名称、退税率调整对应表	0	条记录
先退税后核销企业免抵退税申报附表	0	条记录
视同自产进货明细清单	0	条记录
免抵退税申报汇总表	1	条记录

5.上传免抵退税申报数据

将生成的文件\3310848660_202401_scsb.xml上传到电子税务局，进出口税收管理部门运用出口退税审核软件进行审核审批。

6.打印或保存出口退（免）税申报表

分别打印出口货物劳务免抵退税申报明细表、免抵退税申报汇总表两张报表。若在出口退（免）税申报期截止之日后申报出口退（免）税的，还应打印出口货物收汇申报表。

操作路径：向导→退税申报向导→四 打印免抵退税报表→免抵退税申报表→所属期：202401→出口货物劳务免抵退税申报明细表、免抵退税申报汇总表、出口货物收汇申报表→打印预览→打印。

打印的出口货物劳务免抵退申报明细表见表4-8，免抵退税申报汇总表见表4-9，出口货物收汇申报表见表4-10。

点击"保存"下拉按钮，系统提供 Excel、PDF、图片等3种格式，保存出口货物劳务免抵退申报明细表、免抵退税申报汇总表、出口货物收汇申报表等文件。

第二种方式：成批读入报关单数据

将任务2.1按月下载的出口货物报关单，读入到生产企业离线出口退税申报软件中。读入报关单数据后，进行出口报关数据处理、汇率配置管理。操作步骤如下：

读入报关单数据。操作路径：向导→退税申报向导→一　外部数据采集→出口报关单数据读入→数据读入，将任务2.1下载的出口货物报关单，导入到生产企业离线出口退税申报软件中。

出口报关数据处理。操作路径：向导→退税申报向导→一　外部数据采集→出口报关数据处理→修改→保存，补齐出口退（免）税申报的相关信息。

汇率配置管理。操作路径：向导→退税申报向导→一　外部数据采集→汇率配置管理→增加→保存。配置申报出口货物、劳务适用的外币汇率。

成批读入报关单数据后，进行汇总数据采集、生成免抵退税申报数据、上传免抵退税申报数据、打印或保存出口退（免）税申报表。后续操作与手工录入报关单数据方式相同。

采用成批读入报关单数据方式，可减轻手工录入报关单数据的工作量，尤其是在出口业务多的情况下，效率更高。

任务4.2　统计国内、国外销售及出口退税数据

根据申报结果信息等有关资料，统计并填写本月国内、国外销售及出口退税情况统计表，见表4-11。

一　实训目的

掌握出口退税单证备案的装订；掌握采购进货增值税专用发票的装订。

二　实训内容

装订出口退税单证、采购进货增值税专用发票，备查。

三　实训资料

单证备案资料见表5-1至表5-15；出口货物报关单见表4-1、表4-3、表4-5；出口发票见表4-2、表4-4、表4-6。

出口退（免）税备案单证管理的要求：

纳税人应在申报出口退（免）税后15日内，将下列备案单证妥善留存，并按照申报退（免）税的时间顺序，制作出口退（免）税备案单证目录，注明单证存放方式，以备税务机关核查：

（1）出口企业的购销合同（包括：出口合同、外贸综合服务合同、外贸企业购货合同、生产企业收购非自产货物出口的购货合同等）；

（2）出口货物的运输单据（包括：海运提单、航空运单、铁路运单、货物承运单据、邮政收据等承运人出具的货物单据，出口企业承付运费的国内运输发票，出口企业承付费用的国际货物运输代理服务费发票等）；

（3）出口企业委托其他单位报关的单据（包括：委托报关协议、受托报关单位为其开具的代理报关服务费发票等）。

纳税人无法取得上述单证的，可用具有相似内容或作用的其他资料进行单证备案。除另有规定外，备案单证由出口企业存放和保管，不得擅自损毁，保存期为5年。

纳税人发生零税率跨境应税行为，不实行备案单证管理。

纳税人可以自行选择纸质化、影像化或者数字化方式，留存保管上述备案单证。选择纸质化方式的，还需在出口退（免）税备案单证目录中注明备案单证的存放地点。

税务机关按规定查验备案单证时，纳税人按要求将影像化或者数字化备案单证转换为纸质化备案单证以供查验的，应在纸质化单证上加盖企业印章并签字声明与原数据一致。

表5-1

出口货物备案单证目录

公司名称：大同耐药制造股份有限公司　　　　企业办税员：缪小燕
备案单证存放处：财务室　　　　　　　　　　外贸业务员：张峰

备案日期：20240227

序号	出口日期	申报日期	出口报关单号	出口发票号	出口销售合同号码	提货单号码	国内货物运输记录单号码	委托报关协议号码	代理报关服务费发票号码	通关无纸化出口放行通知书预录入编号	页数	备注
1	20240112	20240218	31012024081276 1598	24332000000000016556	DT2024010501	14368692 2255	NO.2401005	NBYF2401562	24332000000034587	8001877262	8	
			见表4-1	见表4-2	见表5-2	见表5-3	见表5-4	见表5-5	见表2-54	见表5-6		
2	20240114	20240218	31012024081265 7864	24332000000000016557	DT2024010502	14368687 8001	NO.2401506	NBYF2401562	24332000000034587	8008006732	8	
			见表4-3	见表4-4	见表5-7	见表5-8	见表5-9	见表5-5	见表2-54	见表5-10		
3	20240124	20240218	31012024003376 1575	24332000000000016558	DT2024011601	14368684 5960	NO.2401682	NBYF2401562	24332000000034587	8086015802	8	
			见表4-5	见表4-6	见表5-11	见表5-12	见表5-13	见表5-5	见表2-54	见表5-14		

企业制表人（签字）：缪小燕　　　　　　企业财务负责人（签字）：缪小燕

制表日期：2024年2月27日

注：
1. 出口退税"申报日期"和"备案日期"栏填到"月日"。
2. "出口发票号"栏填写税务机关监制出口发票或企业自制出口发票号码（主要指出口商业发票），二者号码不一致的，应分别填写。
3. "备案单证存放处"栏应逐一标明每个备案单证的存放地点。
4. 各地可根据本地区实际情况，对本表栏次进行增加。

表 5-2

DATONG BEARING MANUFACTURING CO., LIMITED
大同轴承制造股份有限公司

SALES CONTRACT

NO.DT2024010501

DATE: 2024-01-05

MESSERS: HANG-ZHOU SP .ZO.O

FROM: NINGBO CHINA   TO: HAMBURG

MARKS&NUMBERS		DESCRIPTIONS OF GOODS & QUANTITIES	QUANTITIES	UNIT	UINT PRICE	AMOUNT
N/M	BEARINGS		1 200.000	KILOGRAMS	21.0096	25 211.52
N/M	BEARINGS		1 254.000	INDIVIDUAL	11.8785	14 895.60
N/M	BEARINGS		195.000	INDIVIDUAL	28.2847	5 515.52
TOTAL			2 649.000			$45 622.64

PACKING: EXPORT CARTONS

DELIVERY TIME: BY BUYER'S CONFIRMATION

INSURANCE : EFFECTED BY THE SELLER

PAYMENT ITEMS: HANG-ZHOU SP .Z O.O

BUYER: HANG-ZHOU SP .Z O.O

SELLER: DATONG BEARING MANUFACTURING CO., LIMITED

表 5-3　　　　　　　　　　　　　　提货单

EVERGREEN LINE
A Joint Service Agreement

BILL OF LADING
NOT NEGOTIABLE UNLESS CONSIGNED TO ORDER
ORIGINAL

(2) Shipper/Exporter [complete name and address] DATONG BEARING MANUFCTURING CO., LIMITED	(5) Document No. 143686922255
	(6) Export References
(3) Consignee[complete name and address/[unless provided otherwise, a consignment 'To Order' means To Order of Shipper] TO ORDER	(7) Forwarding Agent
(4) Notify Party [complete name and address] HANE-ZHOU SP.ZO.O. U L:OLYCKA 2/10 03-784 WARSZAWA 5242586153 TEL:794153827 FAX:222176951	(8) Point and Country of Origin (for the Merchant's reference only) (9) Also Notify Party (complete name and address)

(12) Pre-carriage by	(13) Place of Receipt/Date NINGBO	In Witness Whereof, the undersigned, on behalf of the Carrier and Vessel Provider, Italia Marittima S.p.A., has signed the number of Bill(s) of Lading stated below, all of this tenor and date, one of which being accomplished, the others to stand void;
(14) Ocean Vessel/Voy. No. THALASSA PATRIS 0878-013W	(15) Port of Loading NINGBO	(10) Onward Inland Routing/Export Instructions (which are contracted separately by Merchants entirely for their own account and risk)
(16) Port of Discharge HAMBURG	(17) Place of Delivery HAMBURG	

Particulars furnished by the Merchant

(18) Container No. And Seal No. Marks & Nos.	(19) Quantity And Kind of Packages	(20) Description of Goods	(21) Measurement (M³) Gross Weight (KGS)
CONTAINER NO./SEAL NO. EGHU9067501/40H/EMCAQT4165/2060 CARTONS 1 X 40H N/M		(HI-CUBE) BEARINGS SHELVES	68.0000 CBM 19,900.000 KGS

与原件相符

		"OCEAN FREIGHT PREPAID" SHIPPER'S LOAD & COUNT 2060 CARTONS	(23) Declared Value $ If Merchant enters actual value of Goods and pays the applicable ad valorem tariff rate, Carrier's package limitation shall not apply
(22) TOTAL NUMBER OF CONTAINERS OR PACKAGES (IN WORDS) 138628	ONE(1) CONTAINER ONLY		

(24) FREIGHT & CHARGES	Revenue Tons	Rate	Per	Prepaid	Collect
		AS　ARRANGED			

宁波远帆船务代理有限公司
NINGBO YUANFAN SHIPPING TAGENCY CO., LTD

(25) B/L NO. EGLV 143686922255	(27) Number of Original B(s)/L THREE (3)	(29) Prepaid at NINGBO, CHINA	(30) Collect at
	(28) Place of B(s)/L Issue/Date NINGBO, CHINA JAN 12,2024	US$1=RMB 7.0770	(32) Exch
FCL/FCL O/O	(33) Laden on Board JAN 12, 2024 THALASSA PATRIS 0878-013W NINGBO, CHINA	⟨A⟩	AS AGENT
0008514898	FORM NO. DOC-I-00407 ENLARGED VERSION OF BACK	As agent for the Carrier and the Vessel Provider Italia Marittima S.p.A. con unico socio - Cap. Soc. € 39.500.000 i.v. C.F. e n. iscr. 00875820329 Reg. Impr. TRIESTE Sede Legale: Masseggio 9, Andrea 4 - 34123 Trieste doing business as "Evergreen Line"	(1)

表5-4

大同轴承制造股份有限公司
货物运输记录单

NO.2401005

车牌号：浙K AQ109　　　　　　　　　**收货单**：宁波远帆船务代理有限公司
起运地：丽水市莲都区中山街北358号　**目的地**：宁波市海曙区解放南路69号
起运日期：2024年01月08日　　　　　**到达日期**：2024年01月08日

序号	品名	规格	单位	数量	单价	金额	毛重	净重
1	滚珠、滚针及滚柱		千克	1 200				
2	装有滚珠或滚子轴承的轴承座		个	1 254				
3	滚子螺杆传动装置		个	195				
	合计							
	金额合计（大写）							

驾驶员（签字）：李岳昶　　　　　　　销售部经理（签字）：张峰

表5-5

代理报关委托书

编号：NBYF2401562

　　我单位现（□A逐票、☑B长期）委托贵公司代理　（A.填单申报 B.申请、联系和配合实施检验检疫 C.辅助查验 D.代缴税款 E.设立手册（账册） F.核销手册（账册） G.领取海关相关单证 H.其他）等通关事宜。详见《委托报关协议》。

　　我单位保证遵守海关有关法律、法规、规章，保证所提供的情况真实、完整、单货相符，无侵犯他人知识产权的行为。否则，愿承担相关法律责任。

　　本委托书有效期自签字之日起至2024年12月31日止。

　　法定代表人或其授权签署《代理报关委托书》的人（签字）　张峰

委托方（盖章）
2024年01月08日

委托报关协议

　　为明确委托报关具体事项和各自责任，双方经平等协商，签订协议如下：

委托方	大同轴承制造股份有限公司	被委托方	宁波远帆船务代理有限公司	
主要货物名称	轴承	*报关单编码	310120240812761598	
HS编码	84829100	收到单证日期	2024年01月08日	
进/出口日期	2024年01月12日	收到单证情况	合同☑	发票☑
提（运）单号	143686922255		装箱清单☑	提（运）单□
贸易方式	一般贸易		加工贸易手册□	许可证件□
数（重）量	19 900千克		其他	
包装情况	18其他材料制盒/箱			
原产地/货源地	丽水			
		报关收费	人民币：	元
其他要求：		承诺说明：		
背面所列通用条款是本协议不可分割的一部分，对本协议的签署构成了对背面通用条款的同意。		背面所列通用条款是本协议不可分割的一部分，对本协议的签署构成了对背面通用条款的同意。		
委托方签章： 经办人签章：张峰 联系电话： 2024年01月08日		被委托方签章： 报关员签章：张远帆 联系电话： 2024年01月08日		

合同专用章

宁波远帆船务代理有限公司
9131010976580219XD
报关专用章

中国报关协会监制

委托报关协议通用条款

委托方责任

委托方应及时提供报关所需的全部单证，对单证的真实性、准确性和完整性负责，并保证没有侵犯他人知识产权的行为。

委托方负责在报关企业办结海关手续后，及时、履约支付代理报关费用，支付垫支费用，以及因委托方责任产生的滞报金、滞纳金和海关等执法单位依法处以的各种罚款。

负责按照海关要求将货物运抵指定场所。

负责与被委托方报关人员一同协助海关进行查验，回答海关的询问，配合相关调查，并承担产生的相关费用。

在被委托方无法做到报关前提取货样的情况下，承担单货相符的责任。

被委托方责任

负责解答委托方有关向海关申报的疑问。

负责对委托方提供的货物情况和单证的真实性、完整性进行"合理审查"。审查内容包括：（一）证明进出口货物实际情况的资料，包括进出口货物的品名、规格、数（重）量、包装情况、用途、产地、贸易方式等；（二）有关进出口货物的合同、发票、运输单据、装箱单等商业单据；（三）进出口所需的许可证件及随附单证；（四）海关要求的加工贸易（纸质或电子数据的）及其他进出口单证。

因确定货物的品名、归类等原因，经海关批准，可以看货或提取货样。

在接到委托方交付齐备的随附单证后，负责依据委托方提供的单证，按照《中华人民共和国海关进出口货物报关单填制规范》认真填制报关单，承担"单单相符"的责任，在海关规定和本委托报关协议中约定的时间内报关，办理海关手续。

负责及时通知委托方共同协助海关进行查验，并配合海关开展相关调查。

负责支付因报关企业的责任给委托方造成的直接经济损失，所产生的滞报金、滞纳金和海关等执法单位依法处以的各种罚款。

负责在本委托书约定的时间内将办结海关手续的有关委托内容的单证、文件交还委托方或其指定的人员（详见《委托报关协议》"其他要求"栏），并如实告知委托方有关货物的后续检验检疫及监管要求。

赔偿原则　被委托方不承担因不可抗力给委托方造成损失的责任。因其他过失造成的损失，由双方自行约定或按国家有关法律、法规、规章的规定办理。由此造成的风险，委托方可以投保方式自行规避。

不承担的责任　签约双方各自不承担因另外一方原因造成的直接经济损失，以及滞报金、滞纳金和相关罚款。

收费原则　一般货物报关收费原则上按当地报关行业收费指导价格规定执行。特殊商品可由双方另行商定。

法律强制　本《委托报关协议》的任一条款与海关有关法律、法规、规章不一致时，应以法律、法规、规章为准，但不影响《委托报关协议》其他条款的效力。

协商解决事项　变更、中止本协议或双方发生争议时，按照《中华人民共和国民法典》有关规定及程序处理。因签约双方以外的原因产生的问题或报关业务需要修改协议条款，应协商订立补充协议。双方可以在法律、法规、规章准许的范围内另行签署补充条款，但补充条款不得与本协议的内容相抵触。

注：自2022年起，委托报关协议是必备单证。本书限于篇幅，仅提供1张，后续提货单的委托报关协议的格式与内容参照本表。

表 5-6 通关无纸化出口放行通知书

宁波远帆船务代理有限公司：

你单位申报的货物（报关单 310120240812761598）于 2024 年 01 月 12 日业经通关无纸化放行，请及时办理后续海关手续。

特此通知。

宁波海关

2024-01-12

310120240812761598

预录入编号：8001877262　　　　　海关编号：310120240812761598

出口口岸（3101） 宁波海关	备案号	出口日期	申报日期 **2024-01-08**
经营单位 **大同轴承制造股份有限公司**	运输方式（2） 水路运输	运输工具名称 **THALASSA PATRIS**	提运单号 **143686922255**
发货单位 **大同轴承制造股份有限公司**	贸易方式（0110） 一般贸易	征免性质（101） 一般征税	结汇方式（2） 电汇
许可证号	运抵国（地区）（304） 德国	指运港（2110） 汉堡	境内货源地（33109） 丽水
批准文号 **762941039**	成交方式（3） FOB	运费	保费	杂费
合同协议号 DT2024010501	件数 **1 180**	包装种类 **其他**	毛重（千克） **19 900**	净重（千克） **19 436**
集装箱号 EGHU9067501	随附单证	生产厂家		

项目号	商品名称、规格型号	数量及单位	最终目的国（地区）	单价	币制
1	滚珠、滚针及滚柱	1 200.000 千克	德国（304）	21.0096	USD 美元
2	装有滚珠或滚子轴承的	1 254.000 个	德国（304）	11.8785	USD 美元
3	滚子螺杆传动装置	195.000 个	德国（304）	28.2847	USD 美元

与电子信息相符

兹申明，以上通知由我公司根据海关电子回执打印，保证准确无讹。

宁波远帆船务代理有限公司

9131010976580219XD

报关专用章

宁波远帆船务代理有限公司（签印）

表 5-7

DATONG BEARING MANUFACTURING CO., LIMITED

大同轴承制造股份有限公司

SALES　　CONTRACT

NO.DT2024010502

DATE：2024-01-05

MESSERS：CPC WEB LIMITED

FROM：NINGBO CHINA　　　　TO：FELIXSTOWE

MARKS&NUMBERS		DESCRIPTIONS OF GOODS & QUANTITIES	QUANTITIES	UNIT	UINT PRICE	AMOUNT
N/M	BEARINGS		1 200.000	SUIT	21.0096	25 211.52
N/M	BEARINGS		1 254.000	SUIT	11.8785	14 895.64
N/M	BEARINGS		7 095.000	KILOGRAMS	28.2821	200 661.50
N/M	BEARINGS		8 095.000	INDIVIDUAL	23.9171	193 608.70
TOTAL			17 644.000			$434 377.36

PACKING：EXPORT CARTONS

DELIVERY TIME：BY BUYER'S CONFIRMATION

INSURANCE：EFFECTED BY THE SELLER

PAYMENT ITEMS：CPC WEB LIMITED

BUYER：CPC WEB LIMITED

SELLER：DATONG BEARING MANUFACTURING CO., LIMITED

表 5-8   提货单

EVERGREEN LINE
A Joint Service Agreement

BILL OF LADING
NOT NEGOTIABLE UNLESS CONSIGNED TO ORDER
ORIGINAL

(2) Shipper/Exporter (complete name and address)	(5) Document No.
DATONG BEARING MANUFCTURING CO., LIMITED	143686878001
	(6) Export References

(3) Consignee (complete name and address) (unless provided otherwise, a consignment 'To Order' means 'To Order of Shipper')	(7) Forwarding Agent
TO ORDER	

(4) Notify Party (complete name and address)	(8) Point and Country of Origin (for the Merchant's reference only)
CPC WEB LIMITED FIRST FLOOR, 30 LONDON ROAD, SAWBRIDGEWORTH, HERTFORDSHIRE, CM21 9JS VAT NUMBER: 191949267***	(9) Also Notify Party (complete name and address)

(12) Pre-carriage by	(13) Place of Receipt/Date	In Witness Whereof, the undersigned, on behalf of the Carrier and Vessel Provider, Italia Marittima S.p.A., has signed the number of Bill(s) of Lading stated below, all of this tenor and date, one of which being accomplished, the others to stand void.
	NINGBO	
(14) Ocean Vessel/Voy. No.	(15) Port of Loading	(10) Onward Inland Routing/Export Instructions (which are contracted separately by Merchants entirely for their own account and risk)
THALASSA AVRA 0876-011W	NINGBO	
(16) Port of Discharge	(17) Place of Delivery	
FELIXSTOWE	FELIXSTOWE	

Particulars furnished by the Merchant

(18) Container No. And Seal No. Marks & Nos.	(19) Quantity And Kind of Packages	(20) Description of Goods	(21) Measurement (M³) Gross Weight (KGS)
CONTAINER NO./SEAL NO.			78.0000 CBM 10,700.000 KGS
EISU8026383/45H/EMCAQQ0435/ N/M	1168 CARTONS 1 X 45H	(HI-CUBE) BEARINGS ***TEL:+44-1277725968	

与原件相符

"OCEAN FREIGHT PREPAID"
SHIPPER'S LOAD & COUNT
1168 CARTONS

(22) TOTAL NUMBER OF CONTAINERS OR PACKAGES (IN WORDS)	ONE(1) CONTAINER ONLY		(23) Declared Value $ ____ If Merchant enters actual value of Goods and pays the applicable ad valorem tariff rate, Carrier's package limitation shall not apply.

873164

(24) FREIGHT & CHARGES	Revenue Tons	Rate	Per	Prepaid	Collect
	AS ARRANGED				

1. ANY AND ALL EQUIPMENT TRANSFER (LIFT-ON/LIFT-OFF) CHARGES ADDITIONAL TO FREIGHT AND CHARGES PREPAID OR STATED TO BE PREPAID THAT MAY BE INCURRED IN ACCORDANCE WITH THE CARRIER'S TARIFF (SECTION 2.8) IF CONTAINERS (INCLUDING CONTAINER/TRAILER UNITS) ARE HANDED OVER TO THE MERCHANT AND/OR RECEIVED FROM THE MERCHANT AT THE CARRIER'S CONTAINER YARDS AND TERMINALS.
2. THE MERCHANT IS LIABLE FOR ANY DIFFERENCE IN ANY U.K. INLAND CHARGES AS PER OUR TARIFF DUE TO CHANGE OF INLAND DESTINATION WHICH MAY BE REQUESTED BY THE MERCHANT.

宁波远帆船务代理有限公司
NINGBO YUANFAN SHIPPING AGENCY CO., LTD

张远帆

(25) B/L NO.	(27) Number of Original B(s)/L	(29) Prepaid at	(30) Collect at
EGLV 143686878001	THREE (3)	NINGBO, CHINA	
	(28) Place of B(s)/L Issue/Date	(31) Exchange Rate	(32) Exchange
	NINGBO, CHINA JAN.14,2024	US$1=RMB 7.0770	
(26) Service Type/Mode	(33) Laden on Board		
FCL/FCL O/O	JAN.14,2024 THALASSA AVRA 0876-011W NINGBO, CHINA	<A> AS AGENT	

As agent for the Carrier and the Vessel Provider, Italia Marittima S.p.A. con unico socio – Cap. Soc. € 39.500.000 i.v. C.F. e n. 00047820329 Reg. Impr. TRIESTE Sede legale: Passeggio S. Andrea, 4 – 34123 Trieste doing business as "Evergreen Line" (www.evergreen-line.com)

0008561907   FORM NO. DOC-L-004-07   (TERMS OF BILL OF LADING) ENLARGED VERSION OF BACK

大轴承制造股份有限公司 (1)

表5-9

大同轴承制造股份有限公司
货物运输记录单

NO.2401506

车牌号：浙 KAQ109

起运地：丽水市莲都区中山街北 358 号

起运日期：2024 年 01 月 10 日

收货单：宁波远帆船务代理有限公司

目的地：宁波市海曙区解放南路 69 号

到达日期：2024 年 01 月 10 日

序号	品名	规格	单位	数量	单价	金额	毛重	净重
1	鼓形滚子轴承		套	1 200				
2	锥形滚子轴承		套	1 254				
3	滚珠、滚针及滚柱		千克	7 095				
4	装有滚珠或滚子轴承的轴承座		个	8 095				
合计								
金额合计（大写）								

驾驶员（签字）：李岳昶　　　　　销售部经理（签字）：张峰

表 5-10 **通关无纸化出口放行通知书**

宁波远帆船务代理有限公司：

你单位申报的货物（报关单 3101202408126578864）于 2024 年 01 月 14 日业经通关无纸化放行，请及时办理后续海关手续。

特此通知。

宁波海关

2024-01-14

	‖‖‖‖‖‖‖‖‖‖‖‖‖‖‖‖‖‖‖‖‖	
	310120240812657864	

预录入编号：8008006732 海关编号：310120240812657864

出口口岸（3101） **宁波海关**	备案号		出口日期	申报日期 **2024-01-12**
经营单位 **大同轴承制造股份有限公司**	运输方式（2） **水路运输**	运输工具名称 **THALASSA AVRA**		提运单号 **143686878001**
发货单位 **大同轴承制造股份有限公司**	贸易方式（0110） **一般贸易**	征免性质（101） **一般征税**		结汇方式（2） **电汇**
许可证号	运抵国（地区）（303） **英国**	指运港（3419） **费利克斯托**		境内货源地（33109） **丽水**
批准文号 **762941040**	成交方式（3） **FOB**	运费	保费	杂费
合同协议号 **DT2024010502**	件数 **6 239**	包装种类 **纸箱**	毛重（千克） **10 700**	净重（千克） **10 076**
集装箱号 **EISU8026383**	随附单证		生产厂家	

项目号	商品名称、规格型号	数量及单位	最终目的国（地区）	单价	币制
1	鼓形滚子轴承	1 200.000 套	英国（303）	21.0096	USD 美元
2	锥形滚子轴承	1 254.000 套	英国（303）	11.8785	USD 美元
3	滚珠、滚针及滚柱	7 095.000 千克	英国（303）	28.2821	USD 美元
4	装有滚珠或滚子轴承的	8 095.000 个	英国（303）	23.9171	USD 美元

与电子信息相符

兹申明，以上通知由我公司根据海关电子回执打印，保证准确无讹。

宁波远帆船务代理有限公司（签印）

表 5-11

SALES　　CONTRACT

NO.DT2024011601

DATE：2024-01-16

MESSERS：E.D.S SP.ZO.O

FROM：NINGBO　CHINA　　　TO：FELIXSROWE

MARKS&NUMBERS		DESCRIPTIONS OF GOODS & QUANTITIES	QUANTITIES	UNIT	UINT PRICE	AMOUNT
N/M	BEARINGS		6 000.000	SUIT	20.0000	120 000.00
N/M	BEARINGS		12 540.000	KILOGRAMS	20.0000	250 800.00
N/M	BEARINGS		1 950.000	INDIVIDUAL	30.0000	58 500.00
TOTAL			20 490.000			$429 300.00

PACKING: EXPORT CARTONS

DELIVERY TIME: BY BUYER'S CONFIRMATION

INSURANCE : EFFECTED BY THE BUYER

PAYMENT ITEMS: E.D.S SP.ZO.O

BUYER: E.D.S SP.ZO.O

SELLER: DATONG BEARING MANUFACTURING CO., LIMITED

表5-12   提货单

EVERGREEN LINE
A Joint Service Agreement

BILL OF LADING
NOT NEGOTIABLE UNLESS CONSIGNED TO ORDER
ORIGINAL

(2) Shipper/Exporter (complete name and address)	(5) Document No.
DATONG BEARING MANUFCTURING CO., LIMITED	143686845960
	(6) Export References 全联

(3) Consignee(complete name and address)/(unless provided otherwise, a consignment 'To Order' means To Order of Shipper)	(7) Forwarding Agent
TO ORDER	

(4) Notify Party (complete name and address)	(8) Point and Country of Origin (for the Merchant's reference only)
E.D.S. SP.ZO.O. UL.NADRZECZNA 16,BOX D-22, WOLKA KOSOWSKA,POSTCODE:05-552, VAT NO.1231066703 TEL:0048-579112760 EMAIL:E.D.S.SPZOO@GMAIL.COM	(9) Also Notify Party (complete name and address)

(12) Pre-carriage by	(13) Place of Receipt/Date NINGBO	In Witness Whereof, the undersigned, on behalf of the Carrier and Vessel Provider, Italia Marittima B.p.A, has signed the number of Bill(s) of Lading stated below, all of this tenor and date, one of which being accomplished, the others to stand void.
(14) Ocean Vessel/Voy. No. BARZAN 1616W	(15) Port of Loading NINGBO	(10) Onward Inland Routing/Export Instructions (which are contracted separately by Merchants entirely for their own account and risk)
(16) Port of Discharge FELIXSTOWE	(17) Place of Delivery FELIXSTOWE	

Particulars furnished by the Merchant

(18) Container No. And Seal No. Marks & Nos. CONTAINER NO./SEAL NO.	(19) Quantity And Kind of Packages	(20) Description of Goods	(21) Measurement (M³) Gross Weight (KGS)
EGHU9043310/40H/EMCAVC4605/913 CARTONS N/M	1 X 40H	(HI-CUBE) BEARINGS	68.0000 CBM 36,250.000 KGS
		"OCEAN FREIGHT PREPAID" SHIPPER'S LOAD & COUNT 913 CARTONS	

与原件相符

(22) TOTAL NUMBER OF CONTAINERS OR PACKAGES (IN WORDS) 562928	ONE (1) CONTAINER ONLY	(93) Declared Value $ If Merchant enters actual value of Goods and pays the applicable ad valorem tariff rate, Carrier's package limitation shall not apply.

(24) FREIGHT & CHARGES	Revenue Tons	Rate	Per	Prepaid	Collect
	AS ARRANGED				

1.ANY AND ALL EQUIPMENT TRANSFER (LIFT-ON/LIFT-OFF) CHARGES ADDITIONAL TO FREIGHT AND CHARGES PREPAID OR STATED TO BE PREPAID THAT MAY BE INCURRED IN ACCORDANCE WITH THE CARRIER'S TARIFF (SECTION 2.8) IF CONTAINERS (INCLUDING CONTAINER/TRAILER UNITS) ARE HANDED OVER TO THE MERCHANT AND/OR RECEIVED FROM THE MERCHANT AT THE CARRIER'S CONTAINER YARDS AND TERMINALS.

2.THE MERCHANT IS LIABLE FOR ANY DIFFERENCE IN ANY U.K. INLAND CHARGES AS PER OUR TARIFF DUE TO CHANGE OF INLAND DESTINATION WHICH MAY BE REQUESTED BY THE MERCHANT.

宁波远帆船务代理有限公司
NINGBO YUANFAN SHIPPING TAGENCY CO., LTD

(25) B/L NO. EGLV 143686845960	(27) Number of Original B(s)/L THREE (3)	(29) Prepaid at NINGBO, CHINA	(30) Collect at
	(28) Place of B(s)/L Issue/Date NINGBO, CHINA JAN.24,2024	(31) 张远帆 US$1=RMB 7.0770	(32) Exchange
FCL/FCL O/O	(33) Laden on Board JAN.24,2024 BARZAN 1616W NINGBO, CHINA	(B)	AS AGENT

0008619150   FORM NO. DOC-I-004-07   [TERMS OF BILL OF LADING ENLARGED VERSION OF BAC

As agent for the Carrier and the Vessel Provider Italia Marittima S.p.A. con unico socio - Cap. Soc. € 39.500.000 i.v. C.F. e n. iscr. 7020329 Reg. Impr. TRIESTE Sede Legale Passeggio S. Andrea 4 - 34123 Trieste doing business as (Evergreen line) (www.evergreen-line.com)

大连制造股份有限公司 ★ (1)

表 5-13

大同轴承制造股份有限公司

货物运输记录单

NO.2401682

车牌号：浙 K AQ109

起运地：丽水市莲都区中山街北 358 号

起运日期：2024 年 01 月 22 日

收货单：宁波远帆船务代理有限公司

目的地：宁波市海曙区解放南路 69 号

到达日期：2024 年 01 月 22 日

序号	品名	规格	单位	数量	单价	金额	毛重	净重
1	调心球轴承		套	6 000				
2	滚动轴承的其他零件		千克	12 540				
3	滚子螺杆传动装置		个	1 950				
	合计							
	金额合计（大写）							

驾驶员（签字）：李岳昶　　　　　　　　销售部经理（签字）：张峰

表5-14   通关无纸化出口放行通知书

宁波远帆船务代理有限公司：

　　你单位申报的货物（报关单310120240033761575）于2024年01月24日业经通关无纸化放行，请及时办理后续海关手续。

　　特此通知。

宁波海关
2024-01-24

310120240033761575

预录入编号：8086015802　　海关编号：310120240033761575

出口口岸（3101） 宁波海关	备案号	出口日期	申报日期 2024-01-22	
经营单位 大同轴承制造股份有限公司	运输方式（2） 水路运输	运输工具名称 BARZAN	提运单号 143686845960	
发货单位 大同轴承制造股份有限公司	贸易方式（0110） 一般贸易	征免性质（101） 一般征税	结汇方式（2） 电汇	
许可证号	运抵国（地区）（303） 英国	指运港（3419） 费利克斯托	境内货源地（33109） 丽水	
批准文号 762941041	成交方式（1） CIF	运费 2 050	保费 106	杂费
合同协议号 DT2024011601	件数 2 670	包装种类 其他	毛重（千克） 36 250	净重（千克） 35 980
集装箱号 EGHU9043310	随附单证		生产厂家	

项目号	商品名称、规格型号	数量及单位	最终目的国（地区）	单价	币制
1	调心球轴承	6 000.000套	英国（303）	20.0000	USD 美元
2	滚动轴承的其他零件	12 540.000千克	英国（303）	20.0000	USD 美元
3	滚子螺杆传动装置	1 950.000个	英国（303）	30.0000	USD 美元

与电子信息相符

宁波远帆船务代理有限公司
9131010976580219XD
报关专用章

　　兹申明，以上通知由我公司根据海关电子回执打印，保证准确无讹。

宁波远帆船务代理有限公司（签印）

表 5-15   **发票清单**

纳税人识别号：913311007691742402   税款所属期：2024 年 1 月   金额单位：元

纳税人名称：大同轴承制造股份有限公司

序号	批次	发票代码	发票号码	开票日期	销货方税务登记号	金额	税额	认证时间	认证结果	备注
1	1		24122000000054558189	20240110	91120224MA06TC8A5W	1 465 250.00	190 482.50	20240131	认证相符	表2-14
2	1		24502000000035812034	20240112	91500000202052965T	1 959 320.00	254 711.60	20240131	认证相符	表2-21
3	1		24232000000045518038	20240112	91230110MA2912YR5C	1 899 430.00	246 925.90	20240131	认证相符	表2-25
4	1		24122000000054558206	20240122	91120224MA06TC8A5W	465 250.00	60 482.50	20240131	认证相符	表2-43
5	1		24232000000045518069	20240125	91230110MA2912YR5C	2 349 590.00	305 446.70	20240131	认证相符	表2-49
6	1		24332000000007177827	20240129	91331100132410502J	52 632.71	6 842.25	20240131	认证相符	表2-57
7	1		24332000000007247753	20240129	913311001249120 39T	12 340.88	370.23	20240131	认证相符	表2-59
8	1		24332000000045307220	20240129	913307844108052838	28 000.00	3 640.00	20240131	认证相符	表2-63
合 计						8 231 813.59	1 068 901.68			

四 实训任务

任务 5.1 装订本期的出口退税申报资料

出口退税申报资料装订清单：

（1）封面；

（2）免抵退税申报汇总表（见表 4-9）；

（3）出口货物劳务免抵退税申报明细表（见表 4-8）；

（4）出口货物报关单（必备单证：见表 4-1、表 4-3、表 4-5）；

（5）出口发票：电子发票（普通发票）（必备单证：见表 4-2、表 4-4、表 4-6）；

（6）增值税及附加税费申报表（选备单证：见表 3-10）；

（7）增值税及附加税费申报表附列资料（二）（本期进项税额明细）（选备单证，见表 3-8）。

任务 5.2 本期的出口退税单证备案

出口退税单证备案装订清单：

（1）封面；

（2）出口货物备案单证目录；

（3）免抵退税申报汇总表；

（4）出口货物劳务免抵退税申报明细表；

（5）出口销售合同（必备单证）；

（6）提货单（必备单证）；

（7）货物运输记录单（必备单证）；

（8）委托报关协议（必备单证）；

（9）代理报关服务费发票（必备单证）；

（10）通关无纸化出口放行通知书（选备单证）。

任务 5.3 装订本期认证抵扣的增值税专用发票

根据当地税务机关的要求，装订本期认证的增值税专用发票。增值税专用发票装订清单：

（1）凭证封面；

（2）用途确认信息的发票清单（见表 5-15）；

（3）本期认证的增值税专用发票（见表 2-14、表 2-21、表 2-25、表 2-43、表 2-49、表 2-57、表 2-59、表 2-63）。

项目六　　生产企业出口退（免）税业务处理

一　实训目的

掌握出口退税、出口免税、出口征税在生产企业离线出口退税申报软件中的申报操作；掌握增值税及附加税费申报的填报操作。

二　实训内容

（1）对上月出口退税申报的审核审批结果进行财务处理。

（2）生产企业离线出口退税申报软件的申报操作：录入出口货物免抵退申报信息，汇总数据采集，生成免抵退税申报，上传免抵退税申报数据，打印或保存出口退（免）税申报表。

（3）处理出口免税申报业务。

（4）处理出口征税业务。

（5）填报增值税及附加税费申报表。填报增值税及附加税费申报表及其附表、附列资料。

（6）统计国内、国外销售及出口退税数据。

三　实训资料

（一）上期出口退税申报通过审核审批，收到出口退税款

2024年1月份的出口货物退（免）税申报，通过当地主管税务机关进出口税收管理部门的审核审批，登录电子税务局，打印审批通知单，见表6-1。

表6-1　　　　　　　　　　　　　审批通知单

审批单位：

企业名称	大同轴承制造股份有限公司		
纳税人识别号	913311007691742402	企业海关代码	3310848660
企业经济性质	私营股份有限公司	企业类型	内资生产企业
申报所属期	202401（批次001）	备注	
受理日期	2024-02-19		
申报退增值税额	635 297.86	申报退消费税额	0
申报免抵税额	136 050.32		
核准退增值税额	635 297.86	核准退消费税额	0
核准免抵额	136 050.32	核准日期	2024-02-19
暂缓退增值税额	0	暂缓退消费税额	0
不予退增值税额	0	不予退消费税额	0

2月19日，收到2024年1月份出口退税款。银行回单见表6-2。

表6-2

中国建设银行客户专用回单

No.289

中国建设银行
China Construction Bank

10100289031244179800064656

币别：人民币　　　　　　　2024年02月19日　　　流水号：3306913EB1D271603P8

付款人	全称	待报解预算收入	收款人	全称	大同轴承制造股份有限公司
	账号	111100003270001008		账号	93501053010053010906
	开户行	国家金库丽水中心支库		开户行	中国建设银行丽水开发区支行
金额		(大写)人民币陆拾叁万伍仟贰佰玖拾柒元捌角陆分		(小写)	￥635 297.86
凭证种类		电子退库	凭证号码		
结算方式			用途		

打印柜员：330693500AJ2
打印机构：丽水开发区支行回单
打印卡号：3306900001000333

(贷方回单)(收款人回单)

打印时间：2024-03-08 09：02：24　　　　　　交易机构：330693500

（二）本期出口销售业务

2024年2月，公司出口货物相关信息见表6-3至表6-9。本月的第1个工作日，中国人民银行公布的美元兑人民币折合率中间价为100∶710.49。公司没有免税购进原材料。

（1）对报关单310120240818106151相关信息进行统计。出口报关信息统计表见表6-3。

表6-3

出口报关信息统计表

海关编号	310120240818106151		批准文号		762240410	
申报日期	2024.02.18		出口日期		2024.02.22	
成交方式	FOB		提运单号		168436920025	
集装箱号	EGHU7900273		合同协议号		DT2024011301	
出口发票号码	24332000000000016559		记账汇率		100美元=710.49元人民币	
商品序号	商品编号	商品名称	申报单位	申报数量	单价	总价	币制
1	84832000	装有滚珠或滚子轴承的	个	3 250	12.8780	41 853.50	USD美元
2	84834010	滚子螺杆传动装置	个	4 050	32.0000	129 600.00	USD美元
3	84829900	滚动轴承的其他零件	千克	5 540	21.0560	116 650.24	USD美元
4	84824000	滚针轴承	套	2 420	24.5600	59 435.20	USD美元
	合计					347 538.94	USD美元

（2）对报关单310120240157578033相关信息进行统计。出口报关信息统计表见表6-4。

表6-4

出口报关信息统计表

海关编号	310120240157578033		批准文号		762941043	
申报日期	2024.02.19		出口日期		2024.02.23	
成交方式	CIF		提运单号		HURT8569455127	
集装箱号	EGHU3254043		合同协议号		DT2024011401	
出口发票号码	24332000000000016560		记账汇率		100美元=710.49元人民币	
运费（率）	2 050美元		保费		106美元	
商品序号	商品编号	商品名称	申报单位	申报数量	单价	总价	币制
1	84821010	调心球轴承	套	3 050	21.3200	65 026.00	USD美元
2	84829900	滚动轴承的其他零件	千克	4 540	21.5640	97 900.56	USD美元
3	84834010	滚子螺杆传动装置	个	3 850	31.5640	121 521.40	USD美元
4	84824000	滚针轴承	套	2 520	24.8630	62 654.76	USD美元
	合计					347 102.72	USD美元

（3）对报关单310120240958610181相关信息进行统计。出口报关信息统计表见表6-5。

表6-5　　　　　　　　　　　出口报关信息统计表

海关编号	310120240958610181		批准文号			762023441	
申报日期	2024.02.22		出口日期			2024.02.24	
成交方式	FOB		提运单号			168436025921	
集装箱号	EGHU7791392		合同协议号			DT2024020301	
出口发票号码	24332000000000016561		记账汇率			100美元=710.49元人民币	
商品序号	商品编号	商品名称	申报单位	申报数量	单价	总价	币制
1	84829100	滚珠、滚针及滚柱	千克	3 200	21.0800	67 456.00	USD美元
2	84832000	装有滚珠或滚子轴承的	个	2 250	12.0500	27 112.50	USD美元
合计						94 568.50	USD美元

（4）对报关单310120240548800070相关信息进行统计。出口报关信息统计表见表6-6。

表6-6　　　　　　　　　　　出口报关信息统计表

海关编号	310120240548800070		批准文号			762284341	
申报日期	2024.02.23		出口日期			2024.02.25	
成交方式	FOB		提运单号			168430026005	
集装箱号	EGHU5273901		合同协议号			DT2024020401	
出口发票号码	24332000000000016562		记账汇率			100美元=710.49元人民币	
商品序号	商品编号	商品名称	申报单位	申报数量	单价	总价	币制
1	84823000	鼓形滚子轴承	套	1 850	22.2300	41 125.50	USD美元
2	84832000	装有滚珠或滚子轴承的	个	3 590	24.2300	86 985.70	USD美元
合计						128 111.20	USD美元

说明：报关单310120240548800070实际收汇118 663.45美元。原因是该批商品客户收货后，发现1 850套鼓形滚子轴承产品中的850套规格不符合要求。经与客户多轮协商，按原价22.23美元进行5折让利，给予客户优惠9 447.75美元，该项商品实际收汇金额为31 677.75美元。财务部门按折让后的收汇金额开具出口发票。

（5）对报关单310120240107810812相关信息进行统计。出口报关信息统计表见表6-7。

表6-7　　　　　　　　　　　出口报关信息统计表

海关编号	310120240107810812		批准文号			762941037	
申报日期	2024.02.24		出口日期			2024.02.26	
成交方式	FOB		提运单号			922843651625	
集装箱号	EGHU7601099		合同协议号			DT2023120801	
出口发票号码	24332000000000016563		记账汇率			100美元=710.49元人民币	
商品序号	商品编号	商品名称	申报单位	申报数量	单价	总价	币制
1	84601910	加工金属的非数控平面	台	1	54 808.00	54 808.00	USD美元
2	84601990	加工金属的其他非数控	台	1	43 380.00	43 380.00	USD美元
3	84601210	加工金属的数控平面磨	台	1	131 326.60	131 326.60	USD美元
合计						229 514.60	USD美元

说明：报关单310120240107810812中该批出口货物是公司自用的旧设备（该批设备在购进时未取得增值税专用发票）。

（6）对报关单310120240812861078相关信息进行统计。出口报关信息统计表见表6-8。

表 6-8 　　　　　　　　　　　　出口报关信息统计表

海关编号	310120240812861078	批准文号	762941036
申报日期	2024.02.24	出口日期	2024.02.26
成交方式	FOB	提运单号	559216843622
集装箱号	EGHU7600901	合同协议号	DT2023120802
出口发票号码	24332000000000016564	记账汇率	100美元=710.49元人民币

商品序号	商品编号	商品名称	申报单位	申报数量	单价	总价	币制
1	7115901090	其他工业、实验室用贵	克	120	361.50	43 380.00	USD美元
合计						43 380.00	USD美元

　　说明：报关单310120240812861078中该货物是客户采购的旧设备的必要配套零件，向个体户刘大彪采购后直接出口。该批货物取得当地税务机关代开的增值税专用发票，金额224 280元，税额6 728.40元。

　　（7）对报关单310120240812861070相关信息进行统计。出口报关信息统计表见表6-9。

表 6-9 　　　　　　　　　　　　出口报关信息统计表

海关编号	310120240812861070	批准文号	762941038
申报日期	2024.02.24	出口日期	2024.02.26
成交方式	FOB	提运单号	459016842826
集装箱号	EGHU2600561	合同协议号	DT2023121001
出口发票号码	24332000000000016565	记账汇率	100美元=710.49元人民币

商品序号	商品编号	商品名称	申报单位	申报数量	单价	总价	币制
1	72249090	其他合金钢坯	千克	2 400.00	7.525	18 060.00	USD美元
合计						18 060.00	USD美元

　　说明：报关单310120240812861070中该批货物是客户采购的旧设备的必要配套材料，因本公司不具备该产品的生产能力，系外购货物直接出口。该批货物取得供货商的增值税专用发票，金额83 000元，税额10 790元。

　　（三）本期出口销售收汇情况

　　查询外币账户银行回单，统计本期出口销售收汇情况。本期出口销售收汇总额1 198 828.21美元，见表6-10。

表 6-10 　　　　　　　　　　　　出口货物收汇申报表

所属期	序号	出口货物报关单号	出口发票号	收汇日期	收汇凭证号	出口销售币种代码	出口销售币种名称	出口销售金额	付汇人
202402	1	310120240818106151	24332000000000016559	2024.02.22	3306913271682579D36	USD	美元	347 538.94	HANG-ZHOU SP.Z0.0
202402	2	310120240157578033	24332000000000016560	2024.02.23	3306911271120254913F	USD	美元	347 102.72	CPC WEB LIMITED
202402	3	310120240958610181	24332000000000016561	2024.02.24	3306911127HK02549124	USD	美元	94 568.50	E.D.S SP.Z0.0
202402	4	310120240548800070	24332000000000016562	2024.02.25	3306917204702549FG6	USD	美元	118 663.45	E.D.S SP.Z0.0
202402	5	310120240107810812	24332000000000016563	2024.02.26	3306915275202149A07	USD	美元	229 514.60	HANG-ZHOU SP.Z0.0
202402	6	310120240812861078	24332000000000016564	2024.02.26	330691427212021U9102	USD	美元	43 380.00	HANG-ZHOU SP.Z0.0
202402	7	310120240812861070	24332000000000016565	2024.02.26	3306911275202149A07	USD	美元	18 060.00	HANG-ZHOU SP.Z0.0
合计								1 198 828.21	

（四）本期国内销售业务

2024年2月，对公司国内销售进行统计，见表6-11。

表6-11 本月国内销售统计表

序号	发票代码	发票号码	开票日期	购货方纳税人识别号	金额	税额	备注
1		24332000000018034578	2024.02.10	91310000547492225M	720 000.00	93 600.00	
2		24332000000018034579	2024.02.22	91320412712256796U	720 000.00	93 600.00	
3		24332000000018034580	2024.02.25	91360102MA35WKHB49	720 250.00	93 632.50	
合计	—	—	—	—	2 160 250.00	280 832.50	

（五）本期进项税认证

2024年2月，对本期进项税进行认证，认证信息统计表见表6-12。

表6-12 本期进项税认证信息统计表

序号	品名	发票代码	发票号码	开票日期	金额	税额	销货方纳税人识别号	抵扣勾选
1	滚珠、润滑油		24122000000054500126	20240206	1 450 000.00	188 500.00	91120224MA06TC8A5W	√
2	轴承钢材		24502000000035801032	20240209	958 000.00	124 540.00	91500000202052965T	√
3	轴承钢材		24230000000045524010	20240209	1 260 000.00	163 800.00	91230110MA2912YR5C	√
4	滚珠、润滑油		24122000000054500216	20240218	1 220 000.00	158 600.00	91120224MA06TC8A5W	√
5	轴承钢材		24232000000045525074	20240220	1 295 400.00	168 402.00	91230110MA2912YR5C	√
6	电费		24332000000007170019	20240226	46 500.00	6 045.00	91331100132410502J	√
7	水费		24332000000007127745	20240226	14 000.00	420.00	91331100124912039T	√
8	运费		24332000000045312524	20240226	244 800.00	22 032.00	91331100148861231F	√
9	代开		24122000000054500127	20240210	224 280.00	6 728.40	913311001201239549	√
10	轴承		24502000000035801033	20240210	83 000.00	10 790.00	91331100120127903U	√
小计	—		—	—	6 795 980.00	849 857.40	—	

（六）增值税及附加税费的申报

增值税及附加税费申报相关报表见表6-13至表6-21。

表6-13 防伪税控增值税专用发票存根联明细

纳税人识别号：913311007691742402　　　　　　申报所属期：2024年02月

纳税人名称：（公章）大同轴承制造股份有限公司　　填表日期：2024年03月10日　　　　金额单位：元至角分

序号	发票代码	发票号码	开票日期	购货方纳税人识别号	金额	税额	作废
	—	—	—	—	—	—	—
	—	—	—	—	—	—	—
	—	—	—	—	—	—	—
	—	—	—	—	—	—	—
合计	—	—	—	—	2 160 250.00	280 832.50	—
总合计	—	—	—	—	2 160 250.00	280 832.50	—

注：本表"金额""合计"栏数据应等于"增值税及附加税费申报表附列资料（一）"第1、8、15栏"合计""销售额"项数据之和。

本表"税额""合计"栏数据应等于"增值税及附加税费申报表附列资料（一）"第1栏"合计""销项税额"、第8栏"合计""应纳税额"、第15栏"合计""税额"项数据之和。

发票数据下载　　返回　　发票归集

表6-14　　　　　　　**防伪税控增值税专用发票申报存根联明细**

纳税人识别号：913311007691742402　　　　　　申报所属期：2024 年 02 月

纳税人名称：（公章）大同轴承制造股份有限公司　填表日期：2024 年 03 月 10 日　　　　金额单位：元至角分

序号	发票代码	发票号码	开票日期	购货方纳税人识别号	金额	税额	作废	类型
1		24332000000018034578	2024.02.10	91310000547492225M	720 000.00	93 600.00		专票
2		24332000000018034579	2024.02.22	91320412712256796U	720 000.00	93 600.00		专票
3		24332000000018034580	2024.02.25	91360102MA35WKHB49	720 250.00	93 632.50		专票
4								
5								
合计	—	—	—	—	2 160 250.00	280 832.50	—	—

注：本表"金额""合计"栏数据应等于"增值税及附加税费申报表附列资料（一）"第1、8、15栏"合计""销售额"项数据之和。

本表"税额""合计"栏数据应等于"增值税及附加税费申报表附列资料（一）"第1栏"合计""销项税额"、第8栏"合计""应纳税额"、第15栏"合计""税额"项数据之和。

表6-15　　　　　　　**防伪税控增值税专用发票申报抵扣明细**

纳税人识别号：913311007691742402　　　　　　申报所属期：2024 年 02 月

纳税人名称：（公章）大同轴承制造股份有限公司　填表日期：2024 年 03 月 10 日　　　　金额单位：元至角分

类别		序号	发票代码	发票号码	开票日期	金额	税额	销货方纳税人识别号	认证日期	备注
本期认证相符且本期申报抵扣		—	—	—	—	—	—	—	—	—
	小计		—	—	—	6 795 980.00	849 857.40	—	—	—
抵扣合计						6 795 980.00	849 857.40			
不抵扣合计						0	0			
出口转内销合计							0	0		
海关完税合计							0	0		

注：本表"金额""小计"栏数据应与"增值税及附加税费申报表附列资料（二）"第2栏中"金额"项数据相等。

本表"税额""小计"栏数据应与"增值税及附加税费申报表附列资料（二）"第2栏中"税额"项数据相等。

本表"不抵扣合计"栏数据体现在"增值税及附加税费申报表附列资料（二）"第26、27、28栏中。

本表"出口转内销合计"栏数据应与"增值税及附加税费申报表附列资料（二）"第11栏中"税额"项数据相等。

发票数据下载　　返回　　发票归集

表6-16

防伪税控增值税专用发票申报抵扣明细

纳税人识别号：91331100769174 2402

纳税人名称：（公章）大同轴承制造股份有限公司

申报所属期：2024年02月

填表日期：2024年03月10日

金额单位：元至角分

类别	序号	发票代码	发票号码	开票日期	金额	税额	销货方纳税人识别号	认证日期	备注	用途
本期认证相符且本期申报抵扣	1		24122000000054500126	20240206	1 450 000.00	188 500.00	91120224MA06TC8A5W	20240306	抵	抵扣
	2		24502000000035801032	20240209	958 000.00	124 540.00	91500000202052965T	20240306	抵	抵扣
	3		24230000000045524010	20240209	1 260 000.00	163 800.00	91230110MA2912YR5C	20240306	抵	抵扣
	4		24122000000054500216	20240218	1 220 000.00	158 600.00	91120224MA06TC8A5W	20240306	抵	抵扣
	5		24232000000045525074	20240220	1 295 400.00	168 402.00	91230110MA2912YR5C	20240306	抵	抵扣
	6		24332000000007170019	20240226	46 500.00	6 045.00	91331100132410502J	20240306	抵	抵扣
	7		24332000000007127745	20240226	14 000.00	420.00	91331100124912039T	20240306	抵	抵扣
	8		24332000000045312524	20240226	244 800.00	22 032.00	91331100148861231F	20240306	抵	抵扣
	9		24122000000054500127	20240210	224 280.00	6 728.40	91331100120 1239549	20240306	抵	抵扣
	10		24502000000035801033	20240210	83 000.00	10 790.00	91331100120127 7903U	20240306	抵	抵扣
	小计	—	—	—	6 795 980.00	849 857.40	—	—		
前期	小计	—	—	—				—		
合计		—	—	—	6 795 980.00	849 857.40		—		

注：本表"金额""合计"栏数据应与"增值税及附加税费申报表附列资料（二）"第1栏中"金额"项数据相等；
　　本表"税额""合计"栏数据应与"增值税及附加税费申报表附列资料（二）"第1栏中"税额"项数据相等。

表6-17

增值税及附加税费申报表附列资料（一）

（本期销售情况明细）

税款所属时间：2024年02月01日至2024年02月29日
纳税人名称：(公章) 大同轴承制造股份有限公司

金额单位：元至角分

项目及栏次		开具增值税专用发票		开具其他发票		未开具发票		纳税检查调整		合计		价税合计	服务、不动产和无形资产扣除项目本期实际扣除金额	扣除后	
		销售额	销项（应纳）税额	销售额	销项（应纳）税额	销售额	销项（应纳）税额	销售额	销项（应纳）税额	销售额	销项（应纳）税额	价税合计	扣除金额	含税（免税）销售额	销项（应纳）税额
		1	2	3	4	5	6	7	8	$9=1+3+5+7$	$10=2+4+6+8$	$11=9+10$	12	$13=11-12$	$14=13 \div (100\%+税率或征收率) \times 税率或征收率$
一、一般计税方法计税	全部征税项目	13%税率的货物及加工修理修配劳务	1													
		13%税率的服务、不动产和无形资产	2													
		9%税率的货物及加工修理修配劳务	3			—							—		—	—
		9%税率的服务、不动产和无形资产	4										—		—	—
		6%税率	5													
	其中：即征即退项目	即征即退货物及加工修理修配劳务	6	—	—	—	—	—	—	—	—	—	—	—	—
		即征即退服务、不动产和无形资产	7	—	—	—	—	—	—	—	—	—	—	—	—
二、简易计税方法计税			16													
三、免抵退税	货物及加工修理修配劳务		17	—		—		—		—		—	—		—	
	服务、不动产和无形资产		18	—		—		—		—		—	—		—	
四、免税	货物及加工修理修配劳务		19	—		—		—		—		—	—		—	
	服务、不动产和无形资产															

注：8—15行是简易计税方法计税销售情况，本公司无简易计税方法计税方法销售，故省略。

表6-18

增值税及附加税费申报表附列资料（二）

（本期进项税额明细）

税款所属时间：2024 年 02 月 01 日 至 2024 年 02 月 29 日

纳税人名称：（公章）大同轴承制造股份有限公司　填表日期：2024 年 03 月 10 日　　　　　　金额单位：元至角分

一、申报抵扣的进项税额				
项　目	栏次	份数	金额	税额
（一）认证相符的增值税专用发票	1=2+3			
其中：本期认证相符且本期申报抵扣	2			
前期认证相符且本期申报抵扣	3			
（二）其他抵扣凭证	4=5+6+7+8a+8b			
其中：海关进口增值税专用缴款书	5			
农产品收购发票或者销售发票	6			
代扣代缴税收缴款凭证	7		—	
加计扣除农产品进项税额	8a	—	—	
其他	8b			
（三）本期用于购建不动产的扣税凭证	9			
（四）本期用于抵扣的旅客运输服务扣税凭证	10	—		
（五）外贸企业进项税额抵扣证明	11	—		
当期申报抵扣进项税额合计	12=1+4−9+10+11			

二、进项税额转出额		
项　目	栏次	税额
本期进项税额转出额	13=14至23之和	
其中：免税项目用	14	
集体福利、个人消费	15	
非正常损失	16	
简易计税方法征税项目用	17	
免抵退税办法不得抵扣的进项税额	18	
纳税检查调减进项税额	19	
红字专用发票信息表注明的进项税额	20	
上期留抵税额抵减欠税	21	
上期留抵税额退税	22	
异常凭证转出进项税额	23a	
其他应作进项税额转出的情形	23b	

三、待抵扣进项税额				
项　目	栏次	份数	金额	税额
（一）认证相符的增值税专用发票	24	—	—	—
期初已认证相符但未申报抵扣	25			
本期认证相符且本期未申报抵扣	26			
期末已认证相符但未申报抵扣	27			
其中：按照税法规定不允许抵扣	28			
（二）其他抵扣凭证	29=30至33之和			
其中：海关进口增值税专用缴款书	30			
农产品收购发票或者销售发票	31			
代扣代缴税收缴款凭证	32		—	
其他	33			
	34			

四、其他				
项　目	栏次	份数	金额	税额
本期认证相符的增值税专用发票	35			
代扣代缴税额	36	—	—	

表6-19 　　　　　　　　　　　　增值税减免税申报明细表

税款所属时间：2024 年 02 月 01 日 至 2024 年 02 月 29 日

纳税人名称：（公章）大同轴承制造股份有限公司　填表日期：2024 年 03 月 10 日　　　　　金额单位：元至角分

减税性质代码及名称	栏次	期初余额	本期发生额	本期应抵减税额	本期实际抵减税额	期末余额
		1	2	3=1+2	4≤3	5=3-4
合计	1					
	2					
	3					
	4					
	5					
	6					
二、免税项目						
免税性质代码及名称	栏次	免征增值税项目销售额	免税销售额扣除项目本期实际扣除金额	扣除后免税销售额	免税销售额对应的进项税额	免税额
		1	2	3=1-2	4	5
合计	7					
出口免税	8		—	—	—	—
其中：跨境服务	9		—	—	—	—
	10				—	
	11				—	
	12				—	
	13				—	
	14				—	
	15				—	
	16				—	

表6-20 　　　　　　　　　　增值税及附加税费申报表附列资料（五）

（附加税费情况表）

税（费）款所属时间：2024-02-01 至 2024-02-29

纳税人名称：（公章）大同轴承制造股份有限公司　　　　　　　金额单位：元（列至角分）

本期是否适用小微企业"六税两费"减免政策			是□ 否☑		减免政策适用主体		□个体工商户 □小型微利企业					
					适用减免政策起止时间		年 月 至 年 月					
税（费）种		计税（费）依据			税（费）率（%）	本期应纳税（费）额	本期减免税（费）额	小微企业"六税两费"减免政策		试点建设培育产教融合型企业		本期已缴税（费）额	本期应补（退）税（费）额
		增值税税额	增值税免抵税额	留抵退税本期扣除额				减免性质代码	减免税（费）额	减征比例（%）	减征额	减免性质代码	本期抵免金额		
		1	2	3	4	5=(1+2-3)×4	6	7	8	9	10	11	12	13=5-7-9-11-12
城市维护建设税	1				7		0		—		—		0	
教育费附加	2				3		0				0		0	
地方教育附加	3				2		0				0		0	
合计	4	—	—	—									

本期是否适用试点建设培育产教融合型企业抵免政策	□是 ☑否	当期新增投资额	5	0
		上期留抵可抵免金额	6	0
		结转下期可抵免金额	7	0
可用于扣除的增值税留抵退税额使用情况		当期新增可用于扣除的留抵退税额	8	0
		上期结存可用于扣除的留抵退税额	9	0
		结转下期可用于扣除的留抵退税额	10	0

表 6-21 　　　　　　　　　　　增值税及附加税费申报表

（一般纳税人适用）

根据国家税收法律法规及增值税相关规定制定本表。纳税人不论有无销售额，均应按税务机关核定的纳税期限填写本表，并向当地税务机关申报。

税款所属时间：自 2024 年 02 月 01 日至 2024 年 02 月 29 日　　填表日期：2024 年 03 月 10 日　　金额单位：元至角分

纳税人识别号		913311007691742402		所属行业		机械产品			
纳税人名称（公章）		大同轴承制造股份有限公司	法定代表人姓名	刘三源	注册地址	浙江省丽水市莲都区中山街北 358 号	生产经营地址	浙江省丽水市莲都区中山街北 358 号	
开户银行及账号		中国建设银行丽水开发区支行	93501053010053010906	登记注册类型	私营股份有限公司	电话号码	0578-2275302		

	项　目	栏次	一般货物及劳务和应税服务		即征即退货物及劳务和应税服务	
			本月数	本年累计	本月数	本年累计
销售额	（一）按适用税率征税销售额	1				
	其中：应税货物销售额	2				
	应税劳务销售额	3				
	纳税检查调整的销售额	4				
	（二）按简易征收办法征税销售额	5				
	其中：纳税检查调整的销售额	6				
	（三）免、抵、退办法出口销售额	7				
	（四）免税销售额	8				
	其中：免税货物销售额	9				
	免税劳务销售额	10				
税款计算	销项税额	11				
	进项税额	12				
	上期留抵税额	13				
	进项税额转出	14				
	免、抵、退应退税额	15				
	按适用税率计算的纳税检查应补缴税额	16				
	应抵扣税额合计	17=12+13-14-15+16				
	实际抵扣税额	18（如 17<11，则为 17，否则为 11）				
	应纳税额	19=11-18				
	期末留抵税额	20=17-18				
	简易征收办法计算的应纳税额	21				
	简易征收办法计算的纳税检查应补缴税额	22				
	应纳税额减征额	23				
	应纳税额合计	24=19+21-23				
税款缴纳	期初未缴税额（多缴为负数）	25				
	实收出口开具专用缴款书退税额	26				
	本期已缴税额	27=28+29+30+31				
	①分次预缴税额	28				
	②出口开具专用缴款书预缴税额	29				
	③本期缴纳上期应纳税额	30				
	④本期缴纳欠缴税额	31				
	期末未缴税额（多缴为负数）	32=24+25+26-27				
	其中：欠缴税额（≥0）	33=25+26-27				
	本期应补（退）税额	34=24-28-29				
	即征即退实际退税额	35				
	期初未缴查补税额	36				
	本期入库查补税额	37				
	期末未缴查补税额	38=16+22+36-37				
附加税费	城市维护建设税本期应补（退）税额	39				
	教育费附加本期应补（退）税额	40				
	地方教育附加本期应补（退）税额	41				

声明：此表是根据国家税收法律法规及相关规定填写的，本人（单位）对填报内容（及附带资料）的真实性、可靠性、完整性负责。

纳税人（签章）：　　　　　　　　　　　　　　　　　　　　年　月　日

经办人：	受理人：
经办人身份证号：	受理税务机关（章）：
代理机构签章：	受理日期：　　年　月　日
代理机构统一社会信用代码：	

（七）本期出口退税通过审核审批，收到出口退税款

3月18日，2024年2月份出口退（免）税申报通过审核审批。审批通知单见表6-22。

表6-22   审批通知单

审批单位：

企业名称	大同轴承制造股份有限公司		
纳税人识别号	913311007691742402	企业海关代码	3310848660
企业经济性质	私营股份有限公司	企业类型	内资生产企业
申报所属期	202402（批次001）	备注	
受理日期	2024-03-15		
申报退增值税额		申报退消费税额	0
申报免抵税额			
核准退增值税额		核准退消费税额	0
核准免抵额		核准日期	2024-03-18
暂缓退增值税额	0	暂缓退消费税额	0
不予退增值税额	0	不予退消费税额	0

3月18日，收到2024年2月份出口退税款，见表6-23。

表6-23   中国建设银行客户专用回单   No.482

中国建设银行
China Construction Bank

1010024417946568006289031

币别：人民币   2024年03月18日   流水号：33069B1D3EP71603821

付款人	全称	待报解预算收入	收款人	全称	大同轴承制造股份有限公司	
	账号	111100003270001008		账号	9350105301005301 0906	
	开户行	国家金库丽水中心支库		开户行	中国建设银行丽水开发区支行	
金额	（大写）				（小写）	
摘要	电子退库		凭证号码			
结算方式	转账		用途	贷款		

打印柜员：330693500AJ2
打印机构：丽水开发区支行
打印卡号：3306900001000333

打印时间：2024-04-06 09：32：25   交易机构：330693500

（八）国内、国外销售及出口退税情况统计（见表6-24）

表6-24   本月国内、国外销售及出口退税情况统计表

序号	项目名称	金额	备注
1	本月国内销售金额		
2	增值税本月销项税额		
3	本月出口销售金额（外币）		
4	本月外币人民币折合率		
5	本月出口销售金额（人民币）		
6	增值税本月进项税额		
7	增值税上月期末留抵税额		
8	增值税本月免抵退税不得免征和抵扣税额		
9	增值税本月其他不得抵扣税额		
10	增值税本月进项税转出金额		
11	增值税上月应纳税额		
12	增值税本月期末留抵税额		
13	增值税本月当期应纳税额		
14	增值税本月免抵退税额		
15	增值税本月免抵税额		
16	增值税本月应退税额		

说明：本表中第9行若有数据，请在备注栏说明原因。

四　实训任务

任务6.1　对上期审批通知单进行财务处理

根据表6-1审批通知单，编制会计分录。

科目名称	借方金额	贷方金额
合　计		

根据表6-2出口退税银行回单，编制会计分录。

科目名称	借方金额	贷方金额
合　计		

任务6.2　进行出口退（免）税的申报

以手工录入报关单数据方式，列示生产企业出口退（免）税申报的操作步骤如下：

以用户名sa（密码：无，当前所属期：202402）登录生产企业离线出口退税申报软件，根据表6-3至表6-6提供的报关单及出口报关信息统计表等资料，进行以下操作：

1.录入出口货物免抵退申报信息

操作路径：向导→退税申报向导→二　免抵退明细数据采集→出口货物劳务免抵退申报明细表→增加。录入出口货物报关单及出口发票等详细信息后保存。

2.录入收汇情况

如果纳税人在退（免）税申报期截止之日后申报出口货物退（免）税的，应当在申报退（免）税时报送收汇材料。

操作路径：向导→退税申报向导→二　免抵退明细数据采集→出口货物收汇申报表→增加。录入出口货物收汇的银行回单等详细信息后保存。

3.录入出口货物离岸价差异原因说明表

报关单310120240548800070中，第一项商品鼓形滚子轴承1 850套中的850套发生销售折让，出口货物报关单中的销售额是41 125.50美元，该项商品出口发票按31 677.75美元折算的人民币开具，差额9 447.75美元，录入出口货物离岸价差异原因说明表中。差异原因：该批货物客户收货后，发现850套鼓形滚子轴承产品规格不符合要求。经与客户多轮协商，该项商品进行5折让利，给予客户优惠9 447.75美元。

操作路径：向导→退税申报向导→二　免抵退明细数据采集→出口货物离岸价差异原因说明表→增加。录入出口货物报关单、出口发票的外币及本币销售额及差异原因等详细信息后保存。

4.汇总数据采集

根据增值税申报结果，填写免抵退税不得免征和抵扣税额、期末留抵税额两个数据。

操作路径：向导→退税申报向导→二 免抵退明细数据采集→免抵退税申报汇总表→增加，所属期：202402→退税汇总计算数据填写：纳税表不得抵扣累加、期末留抵税额→确定→保存。

5.生成免抵退税申报

操作路径：向导→退税申报向导→三 生成免抵退税申报→所属期：202402→免抵退税申报→确定→请输入存放数据路径（如 E:\ 大同轴承出口退税申报）→确定→提示信息→关闭。

提示信息如下：

数据申报情况：

申报数据已成功生成到 E：\大同轴承出口退税申报\3310848660_202402_scsb.xml 中

申报数据列表：

出口货物劳务免抵退税申报明细表	12	条记录
国际运输（港澳台运输）免抵退税申报明细表	0	条记录
航空国际运输收入清算账单申报明细表	0	条记录
国际客运（含香港直通车）运输清算函件明细表	0	条记录
中国国家铁路集团有限公司国际货物运输明细表	0	条记录
跨境应税行为免抵退税申报明细表	0	条记录
跨境应税行为收讫营业款明细清单	0	条记录
出口货物收汇申报表	12	条记录
出口货物不能收汇申报表	0	条记录
出口货物离岸价差异原因说明表	1	条记录
海关出口商品代码、名称、退税率调整对应表	0	条记录
先退税后核销企业免抵退税申报附表	0	条记录
视同自产进货明细清单	0	条记录
免抵退税申报汇总表	1	条记录

6.上传免抵退税申报数据

将生成的文件 3310848660_202402_scsb.xml 上传到电子税务局中，进出口税收管理部门运用出口退税审核软件进行审核审批。

7.打印或保存出口退（免）税申报表

分别打印出口货物劳务免抵退税申报明细表、出口货物收汇申报表、出口货物离岸价差异原因说明表和免抵退税申报汇总表等4张报表。

操作路径：向导→退税申报向导→四 打印免抵退税报表→免抵退税申报表→所属期：202402→出口货物劳务免抵退申报明细表、出口货物收汇申报表、出口货物离岸价差异原因说明表、免抵退税申报汇总表→打印预览→打印。

点击"保存"下拉按钮，系统提供 Excel、PDF、图片等3种格式，保存出口货物劳务免抵退税申报明细表、出口货物收汇申报表、出口货物离岸价差异原因说明表、免抵退税申报汇总表等文件。

任务6.3 处理出口免税申报业务

报关单310120240107810812见表6-7。该批出口货物是公司自用的旧设备（该批设备在购进时未取得增值税专用发票）。

财税〔2012〕39号文件规定，出口已使用过的设备，具体范围是指购进时未取得增值税专用发票、海关进口增值税专用缴款书但其他相关单证齐全的已使用过的设备，适用增值税免税政策。经与主管税务机关沟通，该批货物免税不退税。

（1）根据出口发票24332000000000016563，计算出口销售229 514.60美元应确认的销售收入，并编制会计分录。

科目名称	借方金额	贷方金额
合计		

（2）结转出口旧设备的成本。该批设备固定资产账面原值2 083 192元，已经使用4年，已经计提折旧791 612.96元，账面价值1 291 579.04元。编制转入固定资产清理的会计分录。

科目名称	借方金额	贷方金额
合计		

（3）编制出口销售旧设备结转固定资产清理的会计分录。

科目名称	借方金额	贷方金额
合计		

报关单310120240812861078中的该批货物系向个体户刘大彪采购后直接出口。经查，海关商品码中，商品编号为7115901090的其他工业、实验室用贵或包贵金制品的征税率为13%，退税率为0，特殊商品标识为2，即出口该商品适用免税不退税政策。

该批货物取得当地税务机关代开的增值税专用发票，金额224 280元，税额6 728.40元。进项税额应全部作进项税额转出，计入主营业务成本。

（4）计算根据出口发票24332000000000016564，计算出口销售43 380美元应确认的销售收入，并编制会计分录。

科目名称	借方金额	贷方金额
合计		

（5）查找向刘大彪采购的出口销售43 380美元对应的采购增值税发票，该批货物取得当地税务机关代开的增值税专用发票，金额224 280元，税额6 728.40元。编制采购货物的会计分录。

科目名称	借方金额	贷方金额
合计		

（6）编制结转出口销售成本的会计分录。

科目名称	借方金额	贷方金额
合 计		

（7）编制进项税额转出的会计分录。

科目名称	借方金额	贷方金额
合 计		

（8）将出口免税销售额填写到增值税及附加税费申报表附列资料（一）（本期销售情况明细）（见表6-17）中。

（9）将进项税额转出金额6 728.40元填写到增值税及附加税费申报表附列资料（二）（本期进项税额明细）（见表6-18）中。

（10）将出口免税销售额，填写到增值税减免税申报明细表（见表6-19）中。

（11）根据当地税务机关进出口税收管理部门的要求，提供报关单310120240107810812和报关单310120240812861078的出口销售、增值税申报的情况说明。

任务6.4　处理出口征税业务

出口应征税货物是指按照现行税收政策规定，在出口环节适用增值税征税政策的货物（主要有高污染、高能耗和资源型货物，如钢材、锑氧化物等）。根据《财政部　国家税务总局关于出口货物劳务增值税和消费税政策的通知》（财税〔2012〕39号）第七条第（二）项，一般纳税人出口货物适用增值税征税政策的出口货物，其应纳增值税按下列办法计算：

销项税额＝（出口货物离岸价－出口货物耗用的进料加工保税进口料件金额）÷（1＋适用税率）×适用税率

出口货物若已按征退税率之差计算不得免征和抵扣税额并已经转入成本的，相应的税额应转回进项税额。

报关单310120240812861070见表6-9。经查，海关商品码中，商品编号为72249090的其他合金钢坯的征税率为13%，退税率为0，特殊商品标识为1，即出口该批货物适用增值税征税政策。

（1）根据出口发票24332000000000016565，计算出口销售18 060美元应确认的销售收入、销项税额，并编制会计分录。

科目名称	借方金额	贷方金额
合 计		

（2）该批货物取得增值税专用发票，金额83 000元，税额10 790元，编制会计分录。

科目名称	借方金额	贷方金额
合计		

（3）结转外购商品的出口销售成本，编制会计分录。

科目名称	借方金额	贷方金额
合计		

（4）将出口征税的销售额、销项税额填写到增值税及附加税费申报表附列资料（一）（本期销售情况明细）（见表6-17）中。

（5）根据当地税务机关进出口税收管理部门的要求，提供报关单3101202408128610070出口销售、增值税申报的情况说明。

任务6.5 进项税发票认证抵扣

进行进项税发票的抵扣认证。由学生本人登录电子税务局，进入税务数字账户中，将进项税发票进行抵扣勾选、确认提交，完成进项税发票的抵扣认证。本期进项税认证抵扣情况见表6-12。

任务6.6 申报增值税及附加税费

填报增值税及附加税（费）申报相关报表，进行增值税及附加税（费）申报。

（1）点击抵扣联，发票数据下载，确认提交。防伪税控增值税专用发票存根联明细见表6-13、表6-14。

（2）点击存根联，发票数据下载，确认提交。防伪税控增值税专用发票申报抵扣明细见表6-15、表6-16。

（3）根据表6-13、表6-14，填报附表一。增值税及附加税费申报表附列资料（一）（本期销售情况明细），见表6-17。

（4）根据表6-15、表6-16，填报附表二。增值税及附加税费申报表附列资料（二）（本期进项税额明细），见表6-18。

（5）填报减免税明细表。根据本期出口免税销售额，填报增值税减免税申报明细表，见表6-19。

（6）填报附表五，申报附加税费。增值税及附加税费申报表附列资料（五）（附加税费情况表），见表6-20。

其他相关申报表进行零申报，申报表略。

（7）根据表6-13至表6-20，填报增值税及附加税费申报表，见表6-21。

任务6.7 填写审批通知单及收到出口退税的银行回单

2024年2月份的出口退（免）税申报通过审核审批，补全审批通知单（见表6-22），并编制会计分录。

科目名称	借方金额	贷方金额
合计		

补全收到 2024 年 2 月份出口退税款的银行回单（见表 6-23），并编制会计分录。

科目名称	借方金额	贷方金额
合计		

任务 6.8　统计国内、国外销售及出口退税数据

根据申报结果信息等有关资料，统计并填写本月国内、国外销售及出口退税情况统计表，见表 6-24。

出口退税，是指外贸企业货物出口并收取外汇以后，退还在国内生产和流通环节实际缴纳的增值税、消费税。

一   实训目的

掌握外贸企业离线出口退税申报软件的出口退（免）税申报备案申请。

二   实训内容

外贸企业首次申报出口退（免）税时，应办理出口退（免）税资格备案，并按当地主管税务机关进出口税收管理部门的要求提供相关证件及其复印件。

三   实训资料

出口退（免）税备案信息表，见表 7-1；营业执照，如图 7-1 所示；报关单位注册登记证书，如图 7-2 所示； 开户许可证，如图 7-3 所示。

表 7-1   出口退（免）税备案申请表

申请日期	2023-12-05	统一社会信用代码	9133110056084012K6
纳税人识别号	9133110056084012K6	纳税人名称	丽水白云进出口有限公司
企业海关代码	3310961786	对外贸易经营者备案登记编号	
企业类型代码	3（外贸企业）	退税开户银行	中国建设银行丽水开发区支行
退税开户银行账号	33001693553011966955	办理退（免）税人员1姓名	（学生本人）
办理退（免）税人员1身份证号	（学生本人身份证号）	办理退（免）税人员1电话	（学生本人电话号码）
办理退（免）税人员2姓名	江一媒	办理退（免）税人员2身份证号	330323199504061005
办理退（免）税人员2电话	15925721235	退税计算方法	2（免退税）
是否零税率	否	应税服务代码	
运输方式代码		研发设计服务代码	
享受优惠政策		退税管理类型	
附送资料			

营 业 执 照

(副 本)

统一社会信用代码 9133110056084012K6 （1/1）

名　　　称	丽水白云进出口有限公司
类　　　型	有限责任公司
住　　　所	浙江省丽水市中山街359号
法 定 代 表 人	王梦生
注 册 资 本	壹仟万元
成 立 日 期	2023年12月01日
营 业 期 限	2023年12月01日 至　　长期
经 营 范 围	国家准许的货物与技术的自由进出口业务

2023 年 12 月 01 日

应当于每年1月1日至6月30日通过浙江省企业信用公示系统报送上一年度报告

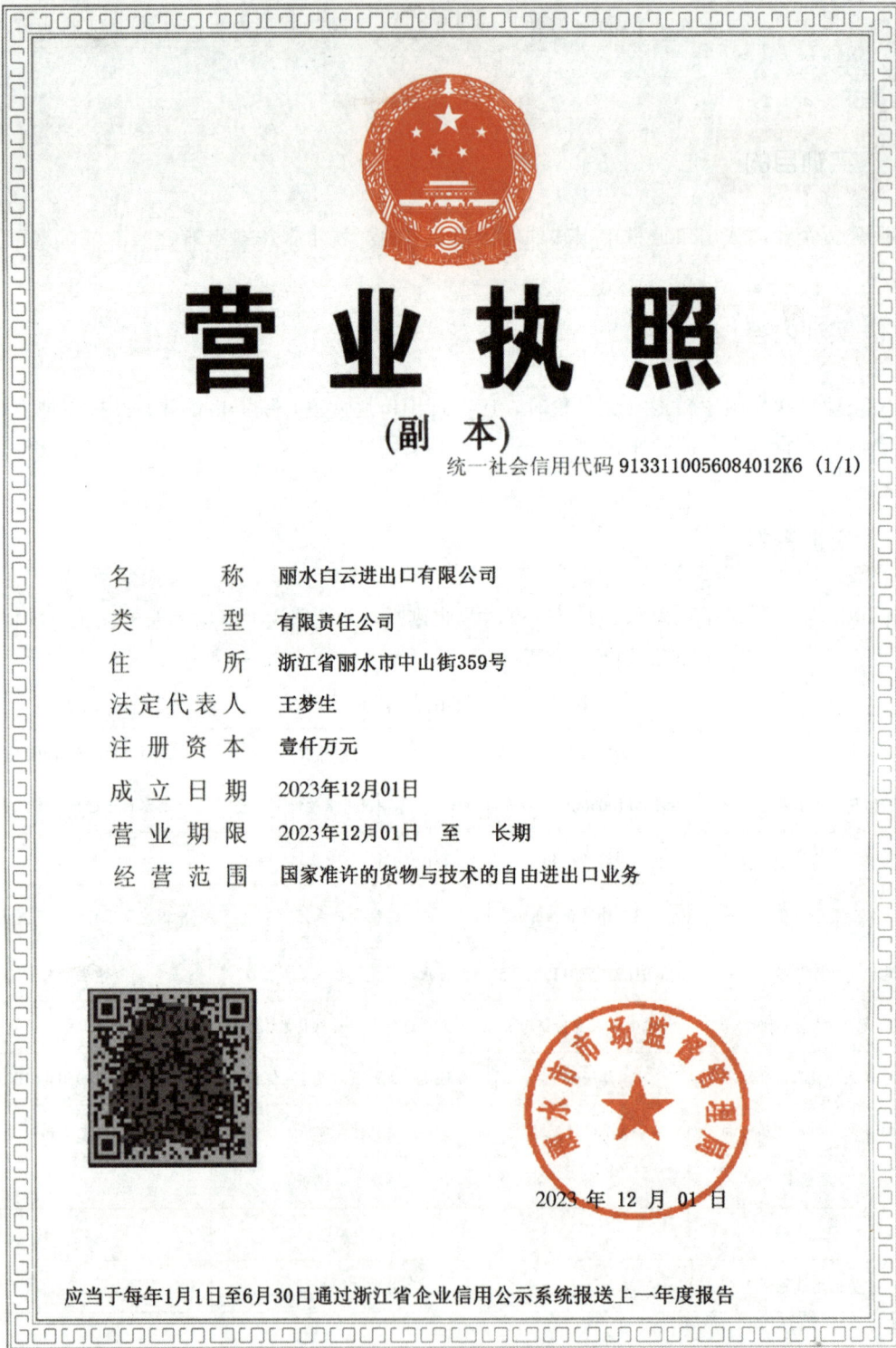

企业信用信息公示系统网址：http://gsxt.zjaic.gov.cn　　　　　　　国家市场监督管理总局监制

图 7-1　营业执照

中华人民共和国海关
报关单位注册登记证书

海关注册编码：3310961786

组织机构代码：56084012K6

企业名称：丽水白云进出口有限公司

企业住所：浙江省丽水市中山街359号

企业经营类别：进出口货物收发货人

注册登记日期：2023-12-01

法定代表人（负责人）：王梦生

有效期：长期

注册海关：

核发日期：2023-12-05

重 要 提 示

报关单位应当在每年6月30日前向海关提交《报关单位注册信息年度报告》，不再另行通知。逾期未提交的，本证书效力自动中止。

中华人民共和国海关总署监制

图7-2　报关单位注册登记证书

开户许可证

核准号: J3414161416634

编号: 3310-5172521

经审核, 丽水白云进出口有限公司 符合开户条件, 准予

开立基本存款账户。

法定代表人 (单位负责人) 王梦生

开户银行 中国建设银行股份有限公司丽水开发区支行

账 号 33001693553011966955

银行丽水市中（盖章）
发证机关 2023年12月03日
行政许可专用章 (1)

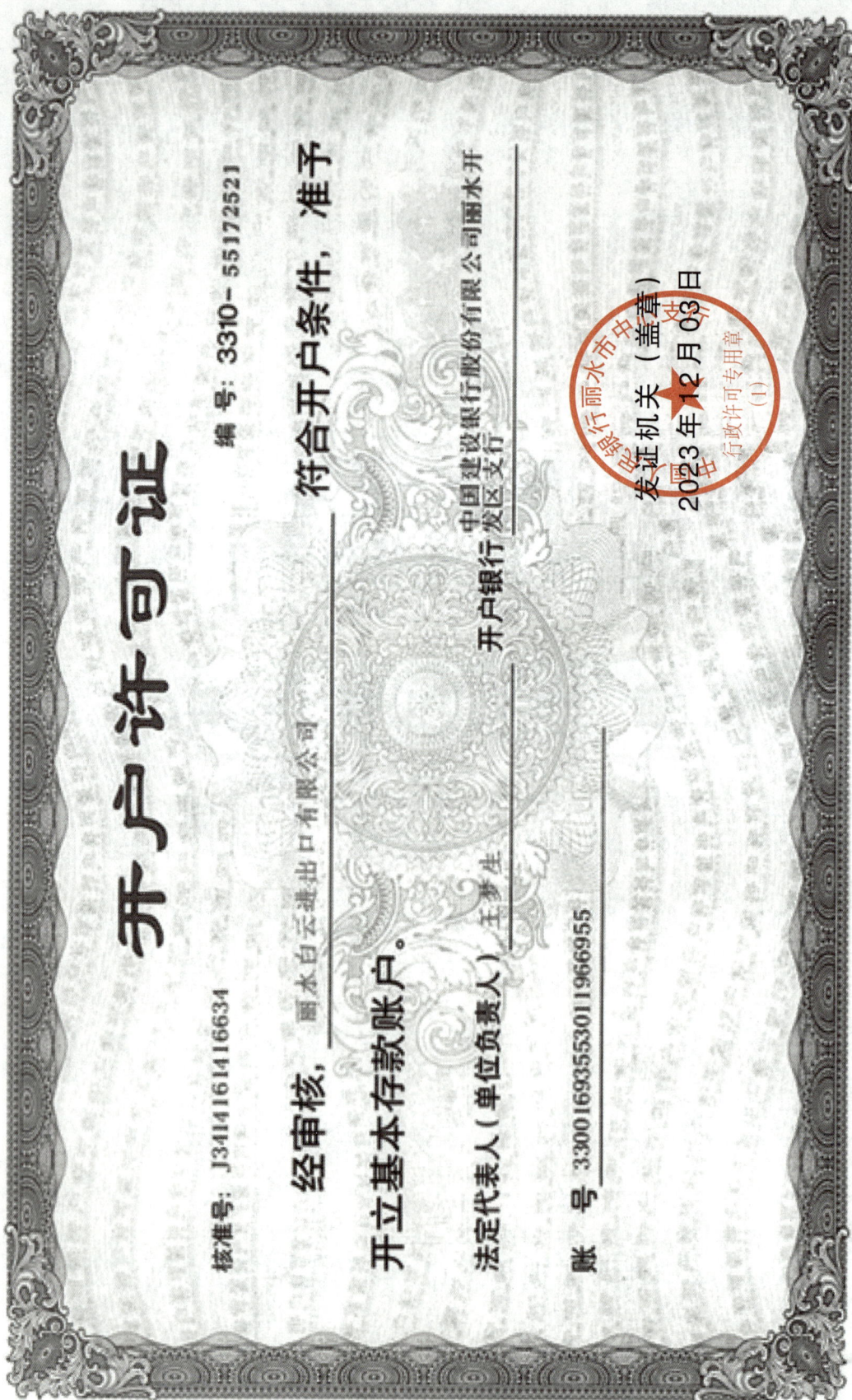

图7-3 开户许可证

四　实训任务

任务7.1　安装外贸企业离线出口退税申报软件

1.下载软件

登录出口退税咨询网（http：//www.taxrefund.com.cn/other/wmsbxt.html），下载外贸企业离线出口退税申报软件。进行安装包下载（注意安装包的版本号，先安装）、补丁下载（注意补丁包的版本号，后安装）、安装说明下载、操作指南下载。

2.按照软件

阅读安装说明，按安装说明进行外贸企业离线出口退税申报软件的安装。解压安装包及补丁，首先进行安装包的安装（按默认路径进行安装）；然后进行补丁的安装（按默认路径进行安装）。

任务7.2　外贸企业出口退税资格备案

以用户名sa（密码：无，当前所属期：202312）登录外贸企业离线出口退税申报软件。

首次登录时，查阅营业执照、报关单位注册登记证书（实施"多证合一"的企业，海关不再核发）等证件，按提示要求填写企业海关代码（若无报关单位注册登记证书，则填写统一社会信用代码）、统一社会信用代码、纳税人识别号、企业名称等信息。

点击向导，打开"备案申请向导"，进行出口退税资格备案，具体操作步骤如下：

1.填写出口退（免）税备案申请表

查看营业执照、报关单位注册登记证书、开户许可证、办税员身份证等相关资质证件，填写出口退（免）税备案申请表，见表7-1。

操作路径：向导→备案申请向导→一　退（免）税备案数据采集→填报出口退（免）税备案申请表→增加→保存。将出口退（免）税备案信息填写到出口退（免）税备案申请表中。

2.生成退（免）税备案申报电子文档

生成退（免）税备案申报电子文档，上传到电子税务局。

操作路径：向导→备案申请向导→二　生成退（免）税备案申报→生成出口退（免）税备案申报数据→出口退（免）税备案申报→确认→生成申报数据，选择生成申报数据路径（如E:\白云公司出口退税备案）→确定→提示信息→关闭。

外贸企业离线出口退税申报软件提示信息如下：

数据申报情况：

申报数据已成功生成到：E：\白云公司出口退税备案\3310961786_rdxx.xml 中

申报数据列表：

出口退（免）税备案申请表　　　　　1　　　　条记录

3.上传退（免）税备案申报电子文档

将生成的备案电子文件3310961786_rdxx.xml上传到电子税务局，进出口税收管理部门将文件导入到出口退（免）税审核软件中。

4.保存、打印退（免）税备案表

将打印好的出口退（免）税备案申请表由相关责任人签字。按当地主管税务机关进出口税收管理部门的要求，提供营业执照、报关单位注册登记证书、开户许可证（国家税务总局公告2015年第29号文件规定，可不再提供）、办税员身份证等相关资质证件复印件，加盖企业公章后，送交当地主管税务机关进出口税收管理部门进行备案。

操作路径：向导→备案申请向导→三　打印退（免）税备案报表→打印出口退（免）税备案表→出口退（免）税备案表→申请日期（2023-12-05）→出口退（免）税备案表→确认→打印

预览→打印。

打印的出口退（免）税备案表见表7-2。

表7-2　　　　　　　　　　　　出口退（免）税备案表

统一社会信用代码/纳税人识别号		9133110056084012K6		
纳税人名称		丽水白云进出口有限公司		
企业海关代码		3310961786		
对外贸易经营者备案登记表编号				
企业类型		内资生产企业（　）　　外商投资生产企业（　） 外贸企业（√）　　　　其他企业（　）		
退税开户银行		中国建设银行丽水开发区支行		
退税开户银行账号		33001693553011966955		
办理退（免）税人员	姓名	（学生本人）	电话	（学生本人电话号码）
	身份证号	（学生本人身份证号）		
	姓名	江一媒	电话	15925721235
	身份证号	330323199504061005		
退（免）税计算方法		免抵退税（　）　免退税（√）　免税（　）　其他（　）		
是否提供零税率应税服务	是（　） 否（√）	提供零税率应税服务代码		
享受增值税优惠政策		先征后退（　）　即征即退（　）　超税负返还（　）　其他（　）		
出口退（免）税管理类型				
附送资料				

本表是根据国家税收法律法规及相关规定填报的，我单位确定它是真实的、可靠的、完整的。

经办人：

财务负责人：

法定代表人：

（印　章）

年　月　日

点击"保存"下拉按钮，系统提供Excel、PDF、图片等3种格式，保存出口退（免）税备案申请表文件。

一　实训目的

掌握用友 U8 软件系统管理的新建账套、财务分工等操作，掌握用友 U8 软件企业应用平台基础档案的设置和总账系统的初始化设置。

掌握外贸企业出口销售、出口收汇、出口退税、销售成本结转等相关日常业务的财务处理。

二　实训内容

建立核算单位 2024 年账套，增加操作员，进行财务分工，账套数据输出及引入，设置基础档案，总账系统参数设置，会计科目设置，凭证类别设置，明细权限设置，录入期初余额，账套数据备份。

凭证填制、修改、作废、整理；凭证审核、出纳签字、记账；期末处理；编制财务报表；账套数据备份。

三　实训资料

（一）新建账套资料

由系统管理员在系统管理中建立新账套并进行财务分工。

1. 企业账套信息

（1）新建账套信息。账套号：班级尾号+两位数学号，例如，会计 2484 班 25 号学生，账套号为 425（本书以此为例），或由教师指定；账套名称：丽水白云进出口有限公司；账套路径：E:\425 丽水白云账套（在 E 盘新建以"425 丽水白云账套"为名称的文件夹）；启用日期：2024 年 1 月 1 日；会计期间设置：1 月 1 日到 1 月 31 日。

（2）单位信息。单位名称：丽水白云进出口有限公司；单位简称：丽水白云进出口；地址：浙江省丽水市中山街 359 号；法定代表人：王梦生；邮政编码：323000；联系电话及传真：0578-2230375；电子邮件：490794889@qq.com；纳税人识别号：9133110056084012K6；人民币户开户银行：中国建设银行丽水开发区支行，人民币户账号：33001693553011966955；美元户开户银行：中国建设银行丽水开发区支行，美元户账号：33911890042550044501。

（3）核算类型。本币名称：人民币（代码：RMB）；企业类型：商业；行业性质：2007 年新会计制度科目；建账时按行业性质预置会计科目。

（4）基础信息。进行经济业务处理时，不需要对存货、客户、供应商进行分类，有外币核算。

（5）分类编码方案。会计科目编码级次：42222；客户分类编码级次默认方式；存货数量、存货单价、开票单价、件数及换算率的小数位均为 2。

建账后立即于 2024 年 1 月 1 日启用总账系统。

2.新增财务人员，设置权限

（1）账套主管——江一娣（操作员编号：501，密码：501）。拥有账套的全部系统管理权。负责会计软件运行环境的建立，以及各项初始设置工作；负责会计软件的日常运行管理工作，监督并保证系统的有效、安全、正常运行；负责财务分析。

（2）会计——学生本人姓名（操作员编号：502，密码：502）。权限：公用目录设置，总账、往来管理、财务报表、货币资金账户查询等所有权限。

（3）出纳——王艺菲（操作员编号：503，密码：503）。权限：公用目录设置、现金管理、出纳签字、凭证查询、账簿查询等权限。

（二）基础档案设置

由账套主管江一娣登录用友U8软件企业应用平台进行基础档案初始化。

1.部门档案

部门档案见表8-1。

表8-1　部门档案

部门编码	部门名称	部门属性	部门编码	部门名称	部门属性
1	管理部	管理	3	采购部	供应
2	财务部	管理	4	销售部	销售

2.职员档案

职员档案见表8-2。

表8-2　职员档案

职员编号	职员姓名	所属部门	职员属性
001	王梦生	管理部	总经理
002	王之燕	管理部	办公室主任
003	江一娣	财务部	会计主管
004	（学生本人）	财务部	会计
005	王艺菲	财务部	出纳
006	王洪涛	采购部	采购部经理
007	白星云	销售部	销售部经理

3.客户、供应商分类

客户、供应商均不分类。

4.客户档案

客户档案见表8-3。客户简称：国别+客户名称。

表8-3　客户档案

客户编号	客户名称	客户简称	纳税人识别号	地址及电话	开户银行及账号
0001	BBC SERVICES LIMITED	英国BBC SERVICES LIMITED	税号：235334425		32250066
0002	ADVANCED DISTRIBUTION LOGISTIC LTD	英国ADVANCED DISTRIBUTION LOGISTIC LTD	税号：935374025		55681706
0003	MARINA MOK	希腊MARINA MOK	税号：126102869		85190012

5.供应商档案

供应商档案见表8-4。供应商简称取供应商名称前16个字符。

表8-4 供应商档案

供应商编号	供应商名称	供应商简称	纳税人识别号	地址及电话	开户银行及账号
0001	无锡新生活鞋业有限公司	无锡新生活鞋业有	913202001GF7QMA1NB	无锡市盛岸路298号 0510-84605038	中国工商银行无锡市盛岸路支行 52101480948695045
0002	江西省凌云鞋业有限公司	江西省凌云鞋业有	9136092258714B6594	宜春市新发路工业园 0795-3596088	中国建设银行宜春市新发路支行 515049053092017031
0003	重庆三峡连环制鞋厂	重庆三峡连环制鞋	91500052965T040202	重庆市三峡路891号 023-63100576	中国建设银行重庆市三峡分行 435010503218201252
0004	宁波远帆船务代理有限公司	宁波远帆船务代理	9131010976580219XD	宁波市南城区南明路839号 0574-65850006	中国建设银行宁波市南城区分行 2850105201248032514

6.结算方式

结算方式见表8-5。

表8-5 结算方式

结算方式编码	结算方式名称	票据管理
1	汇兑（网银转账）	否
2	汇款（国际贸易）	否

7.外币汇率设置

币符：$；币名：美元；保留4位小数；折算方式：外币*汇率=本位币；2024年1月份记账汇率：7.0770。

（三）总账系统初始化

1.总账系统参数设置

凭证：可以使用应收受控科目、可以使用应付受控科目。

权限：出纳凭证必须经由出纳签字。

凭证打印：凭证每页打印行数为7。

其他：部门、个人、项目均按编码排序。

2.会计科目设置

（1）修改会计科目（见表8-6）。

表8-6 修改会计科目

类型	科目编码	科目名称	外币币种	计量单位	辅助账类型	账页格式
资产	1122	应收账款			客户往来	金额式
负债	2202	应付货款			供应商往来	金额式

（2）新增会计科目（见表8-7）。

表8-7 新增会计科目

类型	科目编码	科目名称	外币币种	计量单位	辅助账类型	账页格式
资产	100201	建行人民币户966955			日记账、银行账	金额式
资产	100202	建行美元户044501	美元		日记账、银行账	外币金额式
资产	112201	应收国内货款			客户往来	金额式
资产	112202	应收外汇账款	美元		客户往来	外币金额式

续表

类型	科目编码	科目名称	外币币种	计量单位	辅助账类型	账页格式
资产	112203	应收出口退税款			客户往来	金额式
资产	141101	木箱		个		数量金额式
资产	140501	出口库存商品		双		数量金额式
资产	14050101	胶鞋		双		数量金额式
资产	14050102	运动鞋		双		数量金额式
资产	14050103	鞋子（布面）		双		数量金额式
资产	14050104	胶鞋		双		数量金额式
负债	221101	应付职工工资				金额式
负债	221102	应付职工福利费				金额式
负债	221103	应付社保费（单位部分）				金额式
负债	221104	应付社保费（个人部分）				金额式
负债	222101	应交增值税				金额式
负债	22210101	进项税额				金额式
负债	22210102	已交税金				金额式
负债	22210103	转出未交增值税				金额式
负债	22210104	减免税款				金额式
负债	22210105	出口抵减内销产品应纳税额				金额式
负债	22210106	销项税额				金额式
负债	22210107	进项税额转出				金额式
负债	22210108	出口退税				金额式
负债	22210109	转出多交增值税				金额式
负债	222102	未交增值税				金额式
负债	222103	应交印花税				金额式
负债	222104	应交个人所得税				金额式
权益	410415	未分配利润				金额式
损益	660101	工资				金额式
损益	660102	国际货物运输代理服务				金额式
损益	660103	运费				金额式
损益	660201	工资				金额式
损益	660202	社会保险费				金额式
损益	660203	电费				金额式
损益	660204	水费				金额式
损益	660205	污水费				金额式
损益	660206	折旧费				金额式
损益	660207	无形资产摊销				金额式
损益	660301	利息支出				金额式
损益	660302	利息收入				金额式
损益	660303	手续费				金额式
损益	660304	汇兑损益				金额式

（3）复制会计科目。

以成批复制（包含数量核算）的方式将会计科目1405的所有明细科目复制到6001科目下，科目性质（余额方向）：收入；

以成批复制（包含数量核算）的方式将会计科目1405的所有明细科目复制到6401科目下，科目性质（余额方向）：支出。

（4）在销售费用、管理费用、财务费用会计科目下增加常用二级会计科目。

3.凭证类别设置

凭证类别：记账凭证。

4.明细权限设置

明细权限设置见表8-8。

表8-8　　　　　　　　　　　　明细权限设置

操作员	科目权限	用户权限
（本人姓名）	主管	主管
王艺菲	查账、制单：全选	查询、删改、审核、弃审、撤销：全选

5.录入期初余额

期初余额表见表8-9。

表8-9　　　　　　　　　　　期初余额表　　　　　　　　　　金额单位：元

科目编码	科目名称	方向	单位	数量	辅助核算	期初余额
1001	库存现金	借				3 235.00
100201	建行人民币户966955	借				2 956 755.00
14050102	运动鞋	借	双	7 000.00		560 000.00
1601	固定资产	借				8 556 010.00
1701	无形资产	借				2 130 000.00
2001	短期借款	贷				1 526 000.00
2202	应付账款	贷			供应商编码（0002）	820 000.00
221101	应付职工工资	贷				88 740.37
221103	应付社保费（单位部分）	贷				11 631.60
221104	应付社保费（个人部分）	贷				5 654.25
22210101	进项税额	借				614 190.00
222103	应交印花税	贷				1 364.87
222104	应交个人所得税	贷				55.38
4001	实收资本	贷				10 000 000.00
410415	未分配利润	贷				2 366 743.53

期初余额录入完成后，进行试算平衡。试算结果平衡：资产总计14 206 000元，负债合计1 839 256.47元，所有者权益合计12 366 743.53元。

（四）日常经济业务内容摘要

日常经济业务说明： 本公司只经营出口销售业务，不经营国内销售业务。

公司采购业务均不进入本公司仓库，直接运抵海关，报关出口销售。采购进货商品均通过

"库存商品"科目核算。

外币账户记账汇率采用中国人民银行公布的出口当月第1个工作日的外币折算中间汇率。本月出口业务采用2024年1月2日美元兑人民币汇率中间价1∶7.0770。

除个别经济业务，公司国内经济业务往来均通过网银转账的汇兑结算方式，结算方式编码为1，国际贸易均通过汇款的结算方式，结算方式编码为2。

增值税上期留抵税额为零。

费用分摊、成本计算等分配率四舍五入后保留4位小数，分配结果四舍五入后保留2位小数。

2024年1月，日常经济业务内容摘要如下：

业务8.1　1月3日，向江西省凌云鞋业有限公司支付货款2 491 575.10元。银行回单见表8-10。

业务8.2　1月3日，向江西省凌云鞋业有限公司购进胶鞋15 790双，价税合计965 618.90元。收到出口货物国内采购的增值税专用发票，见表8-11；货物运抵宁波口岸报关出口，国内运输记录单见表8-12。

业务8.3　1月3日，向重庆三峡连环制鞋厂购进胶鞋一批，其中，男士胶鞋5 290双，价税合计300 670.40元，女士胶鞋4 840双，价税合计240 271.90元。收到出口货物国内采购的增值税专用发票，见表8-13、表8-14；货物运抵宁波口岸报关出口，国内运输记录单见表8-15。

业务8.4　1月4日，向无锡新生活鞋业有限公司购进运动鞋47 300双，价税合计4 203 475.70元。收到出口货物国内采购的增值税专用发票，见表8-16至表8-18；货物运抵宁波口岸报关出口，国内运输记录单见表8-19。

业务8.5　1月10日，发放上月职工工资88 740.37元。银行回单见表8-20。

业务8.6　1月11日，根据代理服务合同，支付国际业务代理费8 070元，国内运输费36 000元，税额3 240元，合计47 310元。银行回单见表8-21。

业务8.7　1月11日，以离岸价方式出口销售给客户英国BBC SERVICES LIMITED胶鞋4 068千克，41 791美元；运动鞋9 492千克，154 250美元。根据中华人民共和国海关出口货物报关单（见表10-1），开具电子发票（普通发票），见表8-22。

业务8.8　1月12日，以离岸价方式出口销售给客户英国ADVANCED DISTRIBUTION LOGISTIC LTD胶鞋3 720千克，33 396美元；运动鞋8 680千克，138 744美元。根据中华人民共和国海关出口货物报关单（见表10-5），开具电子发票（普通发票），见表8-23。

业务8.9　1月12日，以离岸价方式出口销售给客户希腊MARINA MOK胶鞋12 146千克，134 215美元；运动鞋18 219千克，291 264美元。根据中华人民共和国海关出口货物报关单（见表10-9），开具电子发票（普通发票），见表8-24。

业务8.10　1月15日，向江西省凌云鞋业有限公司购进胶鞋11 544双，价税合计705 956.20元。收到国内采购的增值税专用发票，见表8-25；货物运抵宁波口岸报关出口，国内运输记录单见表8-26。

业务8.11　1月15日，向无锡新生活鞋业有限公司购进运动鞋26 936双，货物运抵宁波口岸报关出口。国内运输记录单见表8-27，采购发票尚未收到。

业务8.12　1月15日，外币账户收到英国BBC SERVICES LIMITED出口商品货款196 041美元。外币账户银行回单见表8-28。

业务8.13　1月15日，外币账户收到英国ADVANCED DISTRIBUTION LOGISTIC LTD出口商品货款172 140美元。外币账户银行回单见表8-29。

业务8.14　1月15日，外币账户收到希腊MARINA MOK出口商品货款425 479美元。外币账户银行回单见表8-30。

业务8.15　1月15日，结汇793 660美元。结汇即时汇率7.1595，银行回单见表8-31、表8-32。

业务8.16 1月15日，缴纳2023年12月份印花税1 364.87元。银行回单见表8-33。

业务8.17 1月15日，缴纳代扣代缴的2023年12月职工正常工资薪金个人所得税55.38元。银行回单见表8-34。

业务8.18 1月15日，缴纳2023年12份社保费17 285.85元。银行回单见表8-35。

业务8.19 1月18日，支付无锡新生活鞋业有限公司货款4 203 475.70元。银行回单见表8-36。

业务8.20 1月21日，银行扣收利息9 156元。银行回单见表8-37、表8-38、表8-39。

业务8.21 1月21日，收到银行活期存款利息739.19元。银行回单见表8-40。

业务8.22 1月22日，出口销售给客户英国ADVANCED DISTRIB UTION LOGISTIC LTD胶鞋8 880千克，98 124美元；运动鞋20 720千克，331 312.80美元。根据中华人民共和国海关出口货物报关单（见表10-13），开具电子发票（普通发票），见表8-41。

业务8.23 1月25日，收到宁波远帆船务代理有限公司报关和国际运输代理费发票，全额8 070元，见表8-42；国内货物运输服务发票见表8-43，注明金额36 000元，税额3 240元。

业务8.24 1月25日，支付电力公司电费11 184.11元。银行回单见表8-44。

业务8.25 1月25日，收到英国ADVANCED DISTRIBUTION LOGISTIC LTD货款429 436.80美元。外币账户银行回单见表8-45。

业务8.26 1月25日，结汇429 436.80美元，即时汇率7.1615。银行回单见表8-46、表8-47。

业务8.27 1月28日，取得电费发票，本月用电10 418.35度，价税合计11 184.11元。电费发票见表8-48。

业务8.28 1月28日，支付水费及污水处理费5 007.55元。银行回单见表8-49。

业务8.29 1月28日，取得水费发票及污水处理费发票。本月用水1 760吨，价税合计3 335.55元，污水处理费1 672元。水费发票见表8-50，污水处理费发票见表8-51。

业务8.30 1月28日，收到无锡新生活鞋业有限公司15日购运动鞋26 936双的发票，价税合计1 344 022元，见表8-52。

业务8.31 1月28日，收到上月出口退税款614 190元。银行回单见表8-53。

业务8.32 1月28日，支付重庆三峡连环制鞋厂货款540 942.30元。银行回单见表8-54。

业务8.33 月末，登录电子税务局网站，打印2023年12月的外贸免退税审核审批表，审核通过免退税额614 190元，其中，增值税应退税额614 190元。外贸免退税审核审批表见表8-55。

业务8.34 月末，根据本月工资发放单，代扣职工个人负担的社会保险费5 654.25元，代扣个人所得税55.38元。工资发放单见表8-56。

业务8.35 月末，分配本月职工工资96 950元。工资分配表见表8-57。

业务8.36 月末，计提本月固定资产折旧、无形资产摊销。固定资产折旧明细表见表8-58，无形资产摊销明细表见表8-59。本月固定资产折旧额为46 433元，土地使用权摊销额为5 917元。折旧及摊销分配表见表8-60。

业务处理见任务8.1至任务8.11。

（五）日常经济业务原始凭证

2024年1月，公司日常经济业务的原始凭证、单证资料见表8-10至表8-61。

表8-10

中国建设银行客户专用回单

中国建设银行
China Construction Bank

No.351

1010082910076113504146684

币别：人民币　　　　　　　2024年01月03日　　　流水号：33069132745216E8P0S

付款人	全称	丽水白云进出口有限公司	收款人	全称	江西省凌云鞋业有限公司
	账号	33001693553011966955		账号	5150490530920117031
	开户行	中国建设银行丽水开发区支行		开户行	中国建设银行宜春市新发路支行
金额		(大写)人民币贰佰肆拾玖万壹仟伍佰柒拾伍元壹角整		(小写)¥2 491 575.10	
凭证种类		电汇凭证	凭证号码		
结算方式		转账	用途	货款	

打印柜员：330693500AJ2
打印机构：丽水开发区支行
打印卡号：3306900001000333

打印时间：2024-01-16 15：25：24　　　　　　　交易机构：330693500

表8-11

电子发票（增值税专用发票）

发票号码：24362000000054189558
发票日期：2024年01月03日

购买方信息	名称：丽水白云进出口有限公司	销售方信息	名称：江西省凌云鞋业有限公司
	统一社会信用代码/纳税人识别号：9133110056084012K6		统一社会信用代码/纳税人识别号：9136092258714B6594

项目名称	规格型号	单位	数量	单价	全额	税率/征收率	税额
*鞋*胶鞋		双	15 790	54.11842939	854 530.00	13%	111 088.90
合　计					¥854 530.00		¥111 088.90
价税合计（大写）	⊗玖拾陆万伍仟陆佰壹拾捌元玖角整					（小写）¥965 618.90	

备注：购方开户银行：中国建设银行丽水开发区支行；银行账号：33001693553011966955
销方开户银行：中国建设银行宜春市新发路支行；银行账号：5150490530920117031
收款人：吴新媛　复核人：王欣芳

开票人：伍灵素

表8-12

宁波远帆船务代理有限公司
国内运输记录单

业务类型：货运代理　　　　　　日期：2024年01月03日　　　　　　第二联：客户联
客户名称：丽水白云进出口有限公司　　　　　　　　　　运输单号：600074149641356

序号	品名	起运地	目的地	单位	数量	车牌号	备注
1	胶鞋	宜春市新发路工业园	宁波市北仑区创业路	千克	12 146	浙B50896	
	合计				12 146		

业务部（签字）：王大山　　　　　　驾驶员（签字）：贺仁宏

表8-13

电子发票（增值税专用发票）

发票号码：24502000000012854803
发票日期：2024 年 01 月 03 日

购买方信息	名称：丽水白云进出口有限公司 统一社会信用代码/纳税人识别号：9133110056084012K6	销售方信息	名称：重庆三峡连环制鞋厂 统一社会信用代码/纳税人识别号：91500052965T040202

项目名称	规格型号	单位	数量	单价	金额	税率/征收率	税额
*鞋*胶鞋		双	5 290	50.29867675	266 080.00	13%	34 590.40
合　计					¥266 080.00		¥34 590.40

价税合计（大写）	⊗叁拾万零陆佰柒拾元肆角整	（小写）¥300 670.40

备注	购方开户银行：中国建设银行丽水开发区支行；银行账号：33001693553011966955 销方开户银行：中国建设银行重庆市三峡分行；银行账号：435010503218201252

收款人：张晓彤　　复核人：尹爱芳

开票人：李莉红

表8-14

电子发票（增值税专用发票）

发票号码：24502000000012854804
发票日期：2024 年 01 月 03 日

购买方信息	名称：丽水白云进出口有限公司 统一社会信用代码/纳税人识别号：9133110056084012K6	销售方信息	名称：重庆三峡连环制鞋厂 统一社会信用代码/纳税人识别号：91500052965T040202

项目名称	规格型号	单位	数量	单价	金额	税率/征收率	税额
*鞋*胶鞋		双	4 840	43.93181818	212 630.00	13%	27 641.90
合　计					¥212 630.00		¥27 641.90

价税合计（大写）	⊗贰拾肆万零贰佰柒拾壹元玖角整	（小写）¥240 271.90

备注	购方开户银行：中国建设银行丽水开发区支行；银行账号：33001693553011966955 销方开户银行：中国建设银行重庆市三峡分行；银行账号：435010503218201252

收款人：张晓彤　　复核人：尹爱芳

开票人：李莉红

表8-15

宁波远帆船务代理有限公司
国内运输记录单

业务类型：货运代理　　　　　　日期：2024 年 01 月 03 日　　　　　　　　　第二联：客户联

客户名称：丽水白云进出品有限公司　　　　　　　　　　　运输单号：600074105814964

序号	品名	起运地	目的地	单位	数量	车牌号	备注
1	胶鞋	重庆市三峡路891号	宁波市北仑区创业路	千克	4 068	浙 B102V6	
2	胶鞋	重庆市三峡路891号	宁波市北仑区创业路	千克	3 720	浙 B102V6	
		合计			7 788		

业务部（签字）：王大山　　　　　　　　　驾驶员（签字）：贺仁宏

表8-16

电子发票（增值税专用发票）

国家税务总局

发票号码：24322000000041038506
发票日期：2024 年 01 月 04 日

购买方信息	名称：丽水白云进出口有限公司			售方信息	名称：无锡新生活鞋业有限公司		
	统一社会信用代码/纳税人识别号：9133110056084012K6				统一社会信用代码/纳税人识别号：913202001GF7QMA1NB		

项目名称	规格型号	单位	数量	单价	金额	税率/征收率	税额
*鞋*运动鞋		双	12 340	79.58589951	982 090.00	13%	127 671.70
合　计					¥982 090.00		¥127 671.70

价税合计（大写）	⊗壹佰壹拾万玖仟柒佰陆拾壹元柒角整	（小写）¥11 109 761.70

备注	购方开户银行：中国建设银行丽水开发区支行；银行账号：33001693553011966955
	销方开户银行：中国工商银行无锡市盛岸路支行；银行账号：52101480948695045
	收款人：吴小莉　　复核人：顾荣芳

开票人：王科媛

- -

表8-17

电子发票（增值税专用发票）

国家税务总局

发票号码：24322000000041038507
发票日期：2024 年 01 月 04 日

购买方信息	名称：丽水白云进出口有限公司			售方信息	名称：无锡新生活鞋业有限公司		
	统一社会信用代码/纳税人识别号：9133110056084012K6				统一社会信用代码/纳税人识别号：913202001GF7QMA1NB		

项目名称	规格型号	单位	数量	单价	金额	税率/征收率	税额
*鞋*运动鞋		双	11 280	78.31205674	883 360.00	13%	114 836.80
合　计					¥883 360.00		¥114 836.80

价税合计（大写）	⊗玖拾玖万捌仟壹佰玖拾陆元捌角整	（小写）¥998 196.80

备注	购方开户银行：中国建设银行丽水开发区支行；银行账号：33001693553011966955
	销方开户银行：中国工商银行无锡市盛岸路支行；银行账号：52101480948695045
	收款人：吴小莉　　复核人：顾荣芳

开票人：王科媛

- -

表8-18

电子发票（增值税专用发票）

国家税务总局

发票号码：24322000000041038508
发票日期：2024 年 01 月 04 日

购买方信息	名称：丽水白云进出口有限公司			售方信息	名称：无锡新生活鞋业有限公司		
	统一社会信用代码/纳税人识别号：9133110056084012K6				统一社会信用代码/纳税人识别号：913202001GF7QMA1NB		

项目名称	规格型号	单位	数量	单价	金额	税率/征收率	税额
*鞋*运动鞋		双	23 680	78.3125	1 854 440.00	13%	241 077.20
合　计					¥1 854 440.00		¥241 077.20

价税合计（大写）	⊗贰佰零玖万伍仟伍佰壹拾柒元贰角整	（小写）¥2 095 517.20

备注	购方开户银行：中国建设银行丽水开发区支行；银行账号：33001693553011966955
	销方开户银行：中国工商银行无锡市盛岸路支行；银行账号：52101480948695045
	收款人：吴小莉　　复核人：顾荣芳

开票人：王科媛

表 8-19

宁波远帆船务代理有限公司
国内运输记录单

业务类型：货运代理　　　　　　日期：2024 年 01 月 05 日　　　　　　第二联：客户联
客户名称：丽水白云进出口有限公司　　　　　　　　　　运输单号：600074149641372

序号	品名	起运地	目的地	单位	数量	车牌号	备注
1	运动鞋	无锡市盛岸路 298 号	宁波市北仑区创业路	千克	9 492	浙 B30L29	
2	运动鞋	无锡市盛岸路 298 号	宁波市北仑区创业路	千克	8 680	浙 B30L29	
3	运动鞋	无锡市盛岸路 298 号	宁波市北仑区创业路	千克	18 219	浙 B30L29	
合计					36 391		

业务部（签字）：王大山　　　　　　驾驶员（签字）：郑钢

表 8-20

中国建设银行客户专用回单　　　No.352

中国建设银行　China Construction Bank

10100889600641356830074149

币别：人民币　　　　　　2024 年 01 月 10 日　　　　流水号：330691327168P0R042Y

付款人	全称	丽水白云进出口有限公司	收款人	全称	网银代发—代发代扣
	账号	3300169355301196 6955		账号	10133069460022951000300002
	开户行	中国建设银行丽水开发区支行		开户行	中国建设银行丽水开发区支行

金额　（大写）人民币捌万捌仟柒佰肆拾元叁角柒分　　　（小写）¥88 740.37

凭证种类　电汇凭证　　　　凭证号码
结算方式　转账　　　　　　用途　发放工资

打印柜员：330693500AJ2
打印机构：丽水开发区支行
打印卡号：330690000100 0739

打印时间：2024-01-16　13：25：24　　　　交易机构：330693500

表 8-21

中国建设银行客户专用回单　　　No.353

中国建设银行　China Construction Bank

10100889414796841 36056005

币别：人民币　　　　　　2024 年 01 月 11 日　　　　流水号：330691327168PK1JX06

付款人	全称	丽水白云进出口有限公司	收款人	全称	宁波远帆船务代理有限公司
	账号	3300169355301196 6955		账号	28501052012480325214
	开户行	中国建设银行丽水开发区支行		开户行	中国建设银行宁波市南城区分行

金额　（大写）人民币肆万柒仟叁佰壹拾元整　　　（小写）¥47 310.00

凭证种类　电汇凭证　　　　凭证号码
结算方式　转账　　　　　　用途　国内运费及国际货运代理费

打印柜员：330693500AJ2
打印机构：丽水开发区支行
打印卡号：330690000100 0739

打印时间：2024-01-16　13：25：24　　　　交易机构：330693500

表 8-22

电子发票（普通发票）

发票号码：24332000000000035901

发票日期：2024 年 01 月 11 日

购买方信息	名称：BBC SERVICES LIMITED 统一社会信用代码/纳税人识别号：	销售方信息	名称：丽水白云进出口有限公司 统一社会信用代码/纳税人识别号：9133110056084012K6

项目名称	规格型号	单位	数量	单价	金额	税率/征收率	税额
*鞋*胶鞋		千克	4 068	72.70278024	295 754.91	免税	***
*鞋*运动鞋		千克	9 492	115.0049779	1 091 627.25	免税	***
合 计					¥1 387 382.16		***
价税合计（大写）	⊗壹佰叁拾捌万柒仟叁佰捌拾贰元壹角陆分				（小写）¥1 387 382.16		

备注	出口业务：出口销售总额（FOB）：196 041.00，币种：美元 USD，汇率：100∶707.70

开票人：江一妹

表 8-23

电子发票（普通发票）

发票号码：24332000000000035902

发票日期：2024 年 01 月 12 日

购买方信息	名称：ADVANCED DISTRIBUTION LOGISTIC LTD 统一社会信用代码/纳税人识别号：	销售方信息	名称：丽水白云进出口有限公司 统一社会信用代码/纳税人识别号：9133110056084012K6

项目名称	规格型号	单位	数量	单价	金额	税率/征收率	税额
*鞋*胶鞋		千克	3 720	63.53319624	236 343.49	免税	***
*鞋*运动鞋		千克	8 680	113.1211164	981 891.29	免税	***
合 计					¥1 218 234.78		***
价税合计（大写）	⊗壹佰贰拾壹万捌仟贰佰叁拾肆元柒角捌分				（小写）¥1 218 234.78		

备注	出口业务：出口销售总额（FOB）：172 140.00，币种：美元 USD，汇率：100∶707.70

开票人：江一妹

表 8-24

电子发票（普通发票）

发票号码：24332000000000035903

发票日期：2024 年 01 月 12 日

购买方信息	名称：MARINA MOK 统一社会信用代码/纳税人识别号：	销售方信息	名称：丽水白云进出口有限公司 统一社会信用代码/纳税人识别号：9133110056084012K6

项目名称	规格型号	单位	数量	单价	金额	税率/征收率	税额
*鞋*胶鞋		千克	12 146	78.20184094	949 839.56	免税	***
*鞋*运动鞋		千克	18 219	113.1387744	2 061 275.33	免税	***
合 计					¥3 011 114.89		***
价税合计（大写）	⊗叁佰零壹万壹仟壹佰壹拾肆元捌角玖分				（小写）¥3 011 114.89		

备注	出口业务：出口销售总额（FOB）：425 479.00，币种：美元 USD，汇率：100∶707.70

开票人：江一妹

表8-25

电子发票（增值税专用发票）

发票号码：24362000000054180542
发票日期：2024 年 01 月 15 日

购买方信息	名称：丽水白云进出口有限公司 统一社会信用代码/纳税人识别号：9133110056084012K6

销售方信息	名称：江西省凌云鞋业有限公司 统一社会信用代码/纳税人识别号：9136092258714B6594

项目名称	规格型号	单位	数量	单价	金额	税率/征收率	税额
*鞋*胶鞋		双	11 544	54.11815662	624 740.00	13%	81 216.20
合 计					¥624 740.00		¥81 216.20
价税合计（大写）		⊗柒拾万零伍仟玖佰伍拾陆元贰角整				（小写）¥705 956.20	

备注
购方开户银行：中国建设银行丽水开发区支行；银行账号：3300169353011966955
销方开户银行：中国建设银行宜春市新发路支行；银行账号：5150490530920170317
收款人：吴新媛　复核人：王欣芳

开票人：伍灵素

表8-26

宁波远帆船务代理有限公司
国内运输记录单

业务类型：货运代理　　　　日期：2024 年 01 月 15 日　　　　第二联：客户联
客户名称：丽水白云进出口有限公司　　　　运输单号：600074149641379

序号	品名	起运地	目的地	单位	数量	车牌号	备注
1	胶鞋	宜春市新发路工业园	宁波市北仑区创业路	千克	8 880	浙 B50896	
	合 计				8 880		

业务部（签字）：王大山　　　　驾驶员（签字）：贺仁宏

表8-27

宁波远帆船务代理有限公司
国内运输记录单

业务类型：货运代理　　　　日期：2024 年 01 月 15 日　　　　第二联：客户联
客户名称：丽水白云进出口有限公司　　　　运输单号：600074149641375

序号	品名	起运地	目的地	单位	数量	车牌号	备注
1	运动鞋	无锡市盛岸路298号	宁波市北仑区创业路	千克	20 720	浙 B30L29	
	合 计				20 720		

业务部（签字）：王大山　　　　驾驶员（签字）：郑钢

表8-28

标准回单				No.012

中国建设银行
China Construction Bank

1010068417477914794620008

币别：美元　　　　　　　2024年01月15日　　　　流水号：330691327169O282L76

付款人	全称	BBC SERVICES LIMITED	收款人	全称	丽水白云进出口有限公司
	账号	32250066		账号	33911890042550044501
	开户行			开户行	中国建设银行丽水开发区支行
金额	（大写）美元壹拾玖万陆仟零肆拾壹元整				（小写）$196 041.00
凭证种类	电汇凭证		凭证号码		
结算方式	转账		用途		
摘要：境外汇入					

（贷方回单）（收款人回单）

中国建设银行丽水开发区支行
2024.01.15
业务专用章
（12）

主管：　　　授权：樊爱前　　复核：冯一燕

打印时间：2024-01-16　14：45：02　　　交易柜员：兰忻蓉　　　交易机构：丽水开发区支行

中国建设银行网址：www.ccb.com　　　手机银行链接地址：m.ccb.com　　　24小时客户服务热线：95533

表8-29

标准回单				No.013

中国建设银行
China Construction Bank

1010088941460076742O8419

币别：美元　　　　　　　2024年01月15日　　　　流水号：33069132716O58X0045

付款人	全称	ADVANCED DISTRIBUTION LOGISTIC LTD	收款人	全称	丽水白云进出口有限公司
	账号	55681706		账号	33911890042550044501
	开户行			开户行	中国建设银行丽水开发区支行
金额	（大写）美元壹拾柒万贰仟壹佰肆拾元整				（小写）$172 140.00
凭证种类	电汇凭证		凭证号码		
结算方式	转账		用途		
摘要：境外汇入					

（贷方回单）（收款人回单）

中国建设银行丽水开发区支行
2024.01.15
业务专用章
（12）

主管：　　　授权：樊爱前　　复核：冯一燕

打印时间：2024-01-16　14：45：02　　　交易柜员：兰忻蓉　　　交易机构：丽水开发区支行

中国建设银行网址：www.ccb.com　　　手机银行链接地址：m.ccb.com　　　24小时客户服务热线：95533

表8-30

标准回单				No.014

中国建设银行
China Construction Bank

1010088941460674200841O7

币别：美元　　　　　　　2024年01月15日　　　　流水号：330691327160O58X035

付款人	全称	MARINA MOK	收款人	全称	丽水白云进出口有限公司
	账号	85190012		账号	33911890042550044501
	开户行			开户行	中国建设银行丽水开发区支行
金额	（大写）美元肆拾贰万伍仟肆佰柒拾玖元整				（小写）$425 479.00
凭证种类	电汇凭证		凭证号码		
结算方式	转账		用途		
摘要：境外汇入					

（贷方回单）（收款人回单）

中国建设银行丽水开发区支行
2024.01.15
业务专用章
（12）

主管：　　　授权：樊爱前　　复核：冯一燕

打印时间：2024-01-16　15：45：02　　　交易柜员：兰忻蓉　　　交易机构：丽水开发区支行

中国建设银行网址：www.ccb.com　　　手机银行链接地址：m.ccb.com　　　24小时客户服务热线：95533

表 8-31

标准回单

No.015

中国建设银行
China Construction Bank

10100279687614894164 74297

币别：美元　　　　2024年01月15日　　　　流水号：3306691Q PJ32K718L25

付款人	全称	丽水白云进出口有限公司	收款人	全称	丽水白云进出口有限公司
	账号	33911890042550044501		账号	33001693553011966955
	开户行	中国建设银行丽水开发区支行		开户行	中国建设银行丽水开发区支行

金额	（大写）美元柒拾玖万叁仟陆佰陆拾元整	（小写）$793 660.00
凭证种类		凭证号码
结算方式	转账	用途　结汇

通用机打凭证

（借方回单）（付款人回单）

打印柜员：
打印机构：
打印卡号：

（电子回单 专用章）

打印时间：2024-01-16　15：45：02　　　交易柜员：兰析蓉　　　交易机构：丽水开发区支行

中国建设银行网址：www.ccb.com　　　手机银行链接地址：m.ccb.com　　　24小时客户服务热线：95533

- -

表 8-32

中国建设银行客户专用回单

No.354

中国建设银行
China Construction Bank

10100889414678000061 79796

币别：美元　　　　2024年01月15日　　　　流水号：3306913271680009P1E

申请客户名称	丽水白云进出口有限公司	业务编号	05530052016070601137534
付款账号	33911890042550044501	收款账号	33001693553011966955
付款账户名称	丽水白云进出口有限公司	收款账户名称	丽水白云进出口有限公司
交易日期	2024年01月15日	交割日期	2024年01月15日

摘要	外汇金额	汇票		人民币金额
	793 660.00	7.1595		5 682 208.77

凭证种类：结售汇水单（甲种）
业务类型：结汇业务
实时牌价：

（贷方回单）（收款人回单）

打印柜员：330693500AJ2
打印机构：丽水开发区支行
打印卡号：3306900001000739

（电子回单 专用章）

打印时间：2024-01-16　15：25：24　　　交易柜员：21421400　　　交易机构：330693500

- -

表 8-33

中国建设银行客户专用回单

中国建设银行
China Construction Bank

转账日期：2024年01月15日　　　　凭证字号：300120190047213597936

纳税人全称及纳税人识别号（统一社会信用代码）：丽水白云进出口有限公司
9133110056084012K6

付款人全称：丽水白云进出口有限公司　　　咨询（投诉）电话：95533

付款人账号：33001693553011966955　　　征收机关名称（委托方）：国家税务总局丽水经济开发区税务局

付款人开户银行：中国建设银行丽水开发区支行　　　收款国库（银行）名称：浙江省金库丽水市中心支库

小写（合计）金额：¥1 364.87　　　缴款书交易流水号：2024021333069009790270081005 09

大写（合计）金额：人民币壹仟叁佰陆拾肆元捌角柒分　　　税票号码：32019021305620003

税（费）种名称	所属时期	实缴金额
印花税	20231201—20231231	1 364.87

（电子回单 专用章）

表 8-34

中国建设银行客户专用回单

中国建设银行
China Construction Bank

转账日期：2024年01月15日　　　　　　　　凭证字号：30012019021973030479

纳税人全称及纳税人识别号（统一社会信用代码）：丽水白云进出口有限公司	
9133110056084012K6	
付款人全称：丽水白云进出口有限公司	咨询（投诉）电话：95533
付款人账号：33001693553011966955	征收机关名称（委托方）：国家税务总局丽水经济开发区税务局
付款人开户银行：中国建设银行丽水开发区支行	收款国库（银行）名称：浙江省今库丽水市中心支库
小写（合计）金额：¥55.38	缴款书交易流水号：20240213330000956900270079815 9
大写（合计）金额：人民币伍拾伍元叁角捌分	税票号码：32019021300003096

税（费）种名称	所属时期	实缴金额
个人所得税	20231201—20231231	55.38

表 8-35

中国建设银行客户专用回单

中国建设银行
China Construction Bank

转账日期：2024年01月15日　　　　　　　　凭证字号：30012019021304730799

纳税人全称及纳税人识别号（统一社会信用代码）：丽水白云进出口有限公司	
9133110056084012K6	
付款人全称：丽水白云进出口有限公司	咨询（投诉）电话：95533
付款人账号：33001693553011966955	征收机关名称（委托方）：国家税务总局丽水经济开发区税务局
付款人开户银行：中国建设银行丽水开发区支行	收款国库（银行）名称：浙江省今库丽水市中心支库
小写（合计）金额：¥17 285.85	缴款书交易流水号：20240213330690027000072381559
大写（合计）金额：人民币壹万柒仟贰佰捌拾伍元捌角伍分	税票号码：32019021300008523

税（费）种名称	所属时期	实缴金额
企业职工基本养老保险（单位缴纳）	20231201—20231231	7 539.00
企业职工基本养老保险（个人缴纳）	20231201—20231231	4 308.00
失业保险（单位缴纳）	20231201—20231231	269.25
失业保险（个人缴纳）	20231201—20231231	269.25
基本医疗保险（单位缴纳）	20231201—20231231	3 715.65
基本医疗保险（个人缴纳）	20231201—20231231	1 077.00
工伤保险	20231201—20231231	107.70

表 8-36

中国建设银行客户专用回单

中国建设银行
China Construction Bank

No.355

1010088960941007341686435

币别：人民币　　　　　　2024年01月18日　　　　流水号：330691327160TYR248P

付款人	全称	丽水白云进出口有限公司	收款人	全称	无锡新生活鞋业有限公司
	账号	33001693553011966955		账号	52101480948695045
	开户行	中国建设银行丽水开发区支行		开户行	中国工商银行无锡市胜芳路支行
金额	（大写）人民币肆佰贰拾万叁仟肆佰柒拾伍元柒角整			（小写）¥4 203 475.70	
凭证种类	电汇凭证		凭证号码		
结算方式	转账		用途	货款	
			打印柜员：330693500AJ2		
			打印机构：丽水开发区支行		
			打印卡号：3306900001000739		

（借方回单）（付款人回单）

打印时间：2024-02-03　09：09：24　　　　　　　　　交易机构：330693500

表8-37

中国建设银行客户专用回单　No.356

中国建设银行
China Construction Bank

1010088960948643510073416

币别：人民币　　　　　　　　2024年01月21日　　　　流水号：33069132Y48P R27160T

付款人	全称	丽水白云进出口有限公司	收款人	全称	丽水白云进出口有限公司
	账号	33001693553011966955		账号	33005036946000000201
	开户行	中国建设银行丽水开发区支行		开户行	中国建设银行丽水开发区支行

金额	（大写）人民币玖仟壹佰伍拾陆元整	（小写）￥9 156.00

凭证种类	电汇凭证	凭证号码	
结算方式	转账	用途	归还贷款利息

打印柜员：330693500AJ2
打印机构：丽水开发区支行
打印卡号：3306900001000739

（借方回单）（付款人回单）

打印时间：2024-02-03　09：09：24　　　　　交易机构：330693500

表8-38

中国建设银行客户专用回单

中国建设银行
China Construction Bank

1010088960948643510073416

币别：人民币　　　　　　　　2024年01月21日　　　　流水号：33069132Y48P R27160T

户名：	丽水白云进出口有限公司		账号：33005036946000000201		
计算项目	起息日	结息日	本金/积数	利率（%）	利息
应收利息					￥0.00
催收利息					￥0.00
收利息（即当期利息）	20231221	20240121			￥9 156.00

合计金额	（大写）人民币玖仟壹佰伍拾陆元整	（小写）￥9 156.00

上列贷款利息，根据双方约定，已直接扣划你单位33001693553011966955账户，你单位上述账户不足支付时，请另筹措资金支付。

打印柜员：330693500AJ2
打印机构：丽水开发区支行
打印卡号：3306900001000739

打印时间：2024-02-03　09：09：24　　　　　交易机构：330693500

表8-39

中国建设银行客户专用回单

中国建设银行
China Construction Bank

1010088960948643510073416

币别：人民币　　　　　　　　2024年01月21日　　　　流水号：33069132Y48P R27160T

付款人	全称	丽水白云进出口有限公司	收款人	全称	丽水白云进出口有限公司
	账号	33001693553011966955		账号	33005036946000000201
	开户行	中国建设银行丽水开发区支行		开户行	中国建设银行丽水开发区支行

金额	（大写）人民币玖仟壹佰伍拾陆元整	（小写）￥9 156.00

凭证种类	电汇凭证	凭证号码	
结算方式	转账	用途	归还贷款利息

打印柜员：330693500AJ2
打印机构：丽水开发区支行
打印卡号：3306900001000739

（贷方回单）（收款人回单）

打印时间：2024-02-03　09：09：24　　　　　交易机构：330693500

表8-40

中国建设银行客户专用回单

No.357

中国建设银行
China Construction Bank

1010088960940440731616835

币别：人民币　　　　　　　　2024年01月21日　　　　流水号：3306913F R2160T72F48

户名：丽水白云进出口有限公司			账号：33005036946000000201		
计算项目	起息日	结息日	本金/积数	利率（%）	利息
活期利息	20231221	20240121	88 703 169.95	0.300000	¥739.19

合计金额	（大写）人民币柒佰叁拾玖元壹角玖分	（小写）¥739.19

上列存款利息，已照收你单位 3300169353011966955
账户。

打印柜员：330693500AJ2
打印机构：丽水开发区支行
打印卡号：3306900001000739

打印时间：2024-02-03　09：09：24　　　　　　　　交易机构：330693500

表8-41

电子发票（普通发票）

发票号码：24332000000000035904
发票日期：2024年01月22日

购买方信息	名称：ADVANCED DISTRIBUTION LOGISTIC LTD	销售方信息	名称：丽水白云进出口有限公司
	统一社会信用代码/纳税人识别号：		统一社会信用代码/纳税人识别号：9133110056084012K6

项目名称	规格型号	单位	数量	单价	金额	税率/征收率	税额
*鞋*胶鞋		千克	8 880	78.20085023	694 423.55	免税	***
*鞋*运动鞋		千克	20 720	113.1612302	2 344 700.69	免税	***
合 计					¥3 039 124.24		***

价税合计（大写）	⊗叁佰零叁万玖仟壹佰贰拾肆元贰角肆分	（小写）¥3 039 124.24

备注	出口业务：出口销售总额（FOB）：429 436.80；币种：美元USD；汇率：100：707.70

开票人：江一妹

表8-42

电子发票（普通发票）

发票号码：24332000000034541034
发票日期：2024年01月25日

购买方信息	名称：丽水白云进出口有限公司	销售方信息	名称：宁波远帆船务代理有限公司
	统一社会信用代码/纳税人识别号：9133110056084012K6		统一社会信用代码/纳税人识别号：9131010976580219XD

项目名称	规格型号	单位	数量	单价	金额	税率/征收率	税额
*现代服务*国际货物运输代理服务					8 070.00	***	***
合 计					¥8 070.00		***

价税合计（大写）	⊗捌仟零柒拾元整	（小写）¥8 070.00

备注	购方开户银行：中国建设银行丽水开发区支行；银行账号：3300169353011966955
	销方开户银行：中国建设银行宁波市南城区分行；银行账号：28501052012480325214
	收款人：王忻琴　复核人：张小卉

开票人：吴亚男

表 8-43

电子发票（增值税专用发票）

发票号码：24332000000034541035

发票日期：2024 年 01 月 25 日

购买方信息	名称：丽水白云进出口有限公司	销售方信息	名称：宁波远帆船务代理有限公司
	统一社会信用代码/纳税人识别号：9133110056084012K6		统一社会信用代码/纳税人识别号：9131010976580219XD

项目名称	规格型号	单位	数量	单价	金额	税率/征收率	税额
*运输服务*运费					36 000.00	9%	3 240.00
合　计					￥36 000.00		￥3 240.00

价税合计（大写）	⊗叁万玖仟贰佰肆拾元整	（小写）￥39 240.00

备注：
购方开户银行：中国建设银行丽水开发区支行；银行账号：33001693553011966955
销方开户银行：中国建设银行宁波市南城区分行；银行账号：28501052012480325214

收款人：王忻琴　　复核人：张小卉

开票人：吴亚男

表 8-44

中国建设银行客户专用回单

中国建设银行 China Construction Bank

No.358

10100889414600006007134684

币别：人民币　　　　　2024 年 01 月 25 日　　　流水号：330691327168OEP500X0

付款人	全称	丽水白云进出口有限公司	收款人	全称	国网浙江省电力公司丽水供电公司
	账号	33001693553011966955		账号	335010545892303210
	开户行	中国建设银行丽水开发区支行		开户行	中国建设银行丽水市分行

金额	（大写）人民币壹万壹仟壹佰捌拾肆元壹角壹分	（小写）￥11 184.11

凭证种类	电汇凭证	凭证号码	
结算方式	转账	用途	电费

打印柜员：330693500AJ2
打印机构：丽水开发区支行
打印卡号：3306900001000739

打印时间：2024-02-03　09：09：24　　　　　　交易机构：330693500

表 8-45

标准回单

中国建设银行 China Construction Bank

No.026

10100889414676767402084190

币别：美元　　　　　2024 年 01 月 25 日　　　流水号：330691320000804508X

付款人	全称	ADVANCED DISTRIBUTION LOGISTIC LTD	收款人	全称	丽水白云进出口有限公司
	账号	55681706		账号	33911890042550044501
	开户行			开户行	中国建设银行丽水开发区支行

金额	（大写）美元肆拾贰万玖仟肆佰叁拾陆元捌角整	（小写）$429 436.80

凭证种类	电汇凭证	凭证号码	
结算方式	转账	用途	

摘要：境外汇入

主管：　　授权：樊爱莉　　复核：冯一燕

打印时间：2024-02-03　09：22：02　　　交易柜员：呈忻蓉　　　交易机构：丽水开发区支行

中国建设银行网址：www.ccb.com　　　手机银行链接地址：m.ccb.com　　24 小时客户服务热线：95533

表8-46

标准回单

No.027

中国建设银行
China Construction Bank

1010028946846749297177614

币别：美元　　　　　　2024年01月25日　　　　流水号：33066891PF32 KL 71C21

付款人	全称	丽水白云进出口有限公司	收款人	全称	丽水白云进出口有限公司
	账号	33911890042550044501		账号	33001693553011966955
	开户行	中国建设银行丽水开发区支行		开户行	中国建设银行丽水开发区支行

通用机打凭证	金额	（大写）美元肆拾贰万玖仟肆佰叁拾陆元捌角整		（小写）$429 436.80
	凭证种类		凭证号码	
	结算方式	转账	用途	结汇
			打印柜员：	
			打印机构：	
			打印卡号：	

（借方回单）（付款人回单）

中国建设银行丽水开发区支行
2024.01.15
业务专用章
（12）

打印时间：2024-02-03 09：22：02　　　交易柜员：兰忻蓉　　　交易机构：丽水开发区支行
中国建设银行网址：www.ccb.com　　手机银行链接地址：m.ccb.com　　24小时客户服务热线：95533

表8-47

中国建设银行客户专用回单

No.359

中国建设银行
China Construction Bank

1010088980000617979641467

币别：美元　　　　　　2024年01月25日　　　　流水号：3306913200716809S6A

申请客户名称	丽水白云进出口有限公司	业务编号	0553005201607060113 7534
付款账号	33911890042550044501	收款账号	33001693553011966955
付款账户名称	丽水白云进出口有限公司	收款账户名称	丽水白云进出口有限公司
交易日期	2024年01月25日	交割日期	2024年01月25日

摘要	外汇金额	汇率	人民币金额
	429 436.80	7.1615	3 075 411.64

凭证种类：结售汇水单（甲种）　　　打印柜员：330693500AJ2
业务类型：结汇业务　　　　　　　打印机构：丽水开发区支行
实时牌价：　　　　　　　　　　　打印卡号：3306900001000739

（贷方回单）（收款人回单）

电子回单专用章

打印时间：2024-02-03 09：09：24　　　交易柜员：21421400　　　交易机构：330693500

表8-48

电子发票（增值税专用发票）

发票号码：24332000000007170024
发票日期：2024年01月28日

购买方信息	名称：丽水白云进出口有限公司	销售方信息	名称：国网浙江省电力公司丽水供电公司
	统一社会信用代码/纳税人识别号：9133110056084012K6		统一社会信用代码/纳税人识别号：91331100132410502J

项目名称	规格型号	单位	数量	单价	金额	税率/征收率	税额
*供电*电力		度	10 418.35	0.95000072	9 897.44	13%	1 286.67
合　计					¥9 897.44		¥1 286.67
价税合计（大写）	⊗壹万壹仟壹佰捌拾肆元壹角壹分				（小写）¥11 184.11		

备注：
购方开户银行：中国建设银行丽水开发区支行；银行账号：33001693553011966955
销方开户银行：中国建设银行丽水市分行；银行账号：3350105545892303210
收款人：李力娜　复核人：李秀娟

开票人：王伟

表 8-49

中国建设银行客户专用回单

No.340

中国建设银行
China Construction Bank

1010088941400093163560047

币别：人民币　　　　　　　　　2024年01月28日　　　流水号：330691327168E0004P5

付款人	全称	丽水白云进出口有限公司	收款人	全称	丽水市供排水有限责任公司
	账号	33001693553011966955		账号	335567505892003218
	开户行	中国建设银行丽水开发区支行		开户行	中国建设银行莲都区北环路分理处

金额	（大写）人民币伍仟零柒元伍角伍分	（小写）¥5 007.55

凭证种类	电汇凭证	凭证号码	
结算方式	转账	用途	水费

打印柜员：330693500AJ2
打印机构：丽水开发区支行
打印卡号：3306900001000333

打印时间：2024-02-03　09：09：24　　　　　交易机构：330693500

表 8-50

电子发票（增值税专用发票）

发票号码：24332000000007234775

发票日期：2024 年 01 月 28 日

购买方信息	名称：丽水白云进出口有限公司	销售方信息	名称：丽水市供排水有限责任公司
	统一社会信用代码/纳税人识别号：9133110056084012K6		统一社会信用代码/纳税人识别号：91331100124912039T

项目名称	规格型号	单位	数量	单价	金额	税率/征收率	税额
*水冰雪*水费		吨	1 760	1.84	3 238.40	3%	97.15
合　计					¥3 238.40		¥97.15

价税合计（大写）	⊗叁仟叁佰叁拾伍元伍角伍分	（小写）¥3 335.55

备注：
购方开户银行：中国建设银行丽水开发区支行；银行账号：33001693553011966955
销方开户银行：中国建设银行莲都区北环路分理处；银行账号：335567505892003218
收款人：吴晓芳　复核人：王秀芳

开票人：辛小莉

表 8-51

电子发票（普通发票）

发票号码：24332000000041948279

发票日期：2024 年 01 月 28 日

购买方信息	名称：丽水白云进出口有限公司	销售方信息	名称：丽水市供排水有限责任公司
	统一社会信用代码/纳税人识别号：9133110056084012K6		统一社会信用代码/纳税人识别号：91331100124912039T

项目名称	规格型号	单位	数量	单价	金额	税率/征收率	税额
*不征税自来水*污水处理费		吨	1 760	0.95	1 672.00	免税	***
合　计					¥1 672.00		***

价税合计（大写）	⊗壹仟陆佰柒拾贰元整	（小写）¥1 672.00

备注：
购方开户银行：中国建设银行丽水开发区支行；银行账号：33001693553011966955
销方开户银行：中国建设银行莲都区北环路分理处；银行账号：335567505892003218
收款人：吴晓芳　复核人：王秀芳

开票人：辛小莉

表 8-52

电子发票（增值税专用发票）

发票号码：24322000000048038585
发票日期：2024 年 01 月 28 日

购买方信息	名称：丽水白云进出口有限公司 统一社会信用代码/纳税人识别号：9133110056084012K6	售方信息	名称：无锡新生活鞋业有限公司 统一社会信用代码/纳税人识别号：913202001GF7QMA1NB

项目名称	规格型号	单位	数量	单价	金额	税率/征收率	税额
*鞋*运动鞋		双	26 936	44.15651916	1 189 400.00	13%	154 622.00
合 计					¥1 189 400.00		¥154 622.00

价税合计（大写）　㊀壹佰叁拾肆万肆仟零贰拾贰元整　（小写）¥1 344 022.00

备注：
购方开户银行：中国建设银行丽水开发区支行；银行账号：33001693553011966955；
销方开户银行：中国工商银行无锡市盛岸路支行；银行账号：52101480948695045
收款人：吴小莉　复核人：顾荣芳

开票人：王科媛

表 8-53

中国建设银行客户专用回单

No.341

中国建设银行 China Construction Bank

10100889416460003125 67984

币别：人民币　　　2024 年 01 月 28 日　　流水号：330691327168EB03P1D

付款人	全称	待报解预算收入	收款人	全称	丽水白云进出口有限公司
	账号	111100003270001008		账号	33001693553011966955
	开户行	国家金库丽水中心支库		开户行	中国建设银行丽水开发区支行
金额	（大写）人民币陆拾壹万肆仟壹佰玖拾元整			（小写）¥614 190.00	
摘要	电子退库		凭证号码		
结算方式			用途		

打印柜员：330693500AJ2
打印机构：丽水开发区支行
打印卡号：3306900001000739

打印时间：2024-02-03　09：09：24　　　　交易机构：330693500

表 8-54

中国建设银行客户专用回单

No.342

中国建设银行 China Construction Bank

10100889600071334156 84964

币别：人民币　　　2024 年 01 月 28 日　　流水号：33069132704T168PO15

付款人	全称	丽水白云进出口有限公司	收款人	全称	重庆三峡连环制鞋厂
	账号	33001693553011966955		账号	435010503218201252
	开户行	中国建设银行丽水开发区支行		开户行	中国建设银行重庆市三峡分行
金额	（大写）人民币伍拾肆万零玖佰肆拾贰元叁角整			（小写）¥540 942.30	
凭证种类	电汇凭证		凭证号码		
结算方式	转账		用途	货款	

打印柜员：330693500AJ2
打印机构：丽水开发区支行
打印卡号：3306900001000739

打印时间：2024-02-03　09：09：24　　　　交易机构：330693500

表8-55

外贸免退税审核审批表

企业名称	丽水白云进出口有限公司		
纳税人识别号	9133110056084012K6	企业海关代码	3310961786
企业经济性质	其他有限责任公司	企业类型	外贸（工贸）企业
申报所属期	202312（批次01）	备注	
受理日期	2024-01-06		
出口销售额（美元）		出口销售额（人民币）	
申报退增值税额	614 190.00	申报退消费税额	0
核准日期	2024-01-08		
核准退增值税额	614 190.00	核准退消费税额	0
暂缓退增值税额	0	暂缓退消费税额	0
不予退增值税额	0	不予退消费税额	0

表8-56

工资发放单

公司名称：丽水白云进出口有限公司　　　　时间：2024年01月　　　　单位：元

工号	姓名	部门	基本工资	职务工资	通信费补贴	应发工资	社保费	专项附加扣除	计税工资	代扣税款	应扣合计	实发工资	签名
1	王梦生	办公室	8 000.00	1 000.00	300.00	9 300.00	376.95	3 000.00	5 923.05	27.69	404.64	8 895.36	
2	王之燕	办公室	4 500.00	800.00	200.00	5 500.00	376.95	1 000.00	4 123.05		376.95	5 123.05	
3	江一婇	财务部	5 000.00	800.00	200.00	6 000.00	376.95	1 000.00	4 623.05		376.95	5 623.05	
4	学生本人	财务部	4 500.00	600.00	200.00	5 300.00	376.95		4 923.05		376.95	4 923.05	
5	王艺菲	财务部	4 000.00	600.00	200.00	4 800.00	376.95		4 423.05		376.95	4 423.05	
6	王洪涛	采购部	5 500.00	800.00	300.00	6 600.00	376.95	2 000.00	4 223.05		376.95	6 223.05	
7	郑三钢	采购部	5 500.00	600.00	150.00	6 250.00	376.95	1 000.00	4 873.05		376.95	5 873.05	
8	李小芳	采购部	5 000.00	600.00	150.00	5 750.00	376.95	1 000.00	4 373.05		376.95	5 373.05	
9	王二丁	采购部	5 000.00	600.00	150.00	5 750.00	376.95	1 000.00	4 373.05		376.95	5 373.05	
10	白星云	销售部	8 000.00	1 000.00	300.00	9 300.00	376.95	3 000.00	5 923.05	27.69	404.64	8 895.36	
11	郑玮	销售部	5 500.00	600.00	300.00	6 400.00	376.95	2 000.00	4 023.05		376.95	6 023.05	
12	张小红	销售部	6 000.00	600.00	150.00	6 750.00	376.95	2 000.00	4 373.05		376.95	6 373.05	
13	王芳	销售部	5 500.00	600.00	150.00	6 250.00	376.95	1 000.00	4 873.05		376.95	5 873.05	
14	王红刚	销售部	6 000.00	600.00	150.00	6 750.00	376.95	2 000.00	4 373.05		376.95	6 373.05	
15	李蕗萍	销售部	5 500.00	600.00	150.00	6 250.00	376.95	1 000.00	4 873.05		376.95	5 873.05	
合计			83 500.00	10 400.00	3 050.00	96 950.00	5 654.25	21 000.00	70 295.75	55.38	5 709.63	91 240.37	

制单：江一婇　　　　　　　　审核：王梦生

表8-57

工资分配表

公司名称：丽水白云进出口有限公司　　　　2024年01月　　　　单位：元

序号	部门工资	科目名称	科目编码	应发工资	备注
1	办公室	管理费用—工资	660201	14 800.00	
2	财务部	管理费用—工资	660201	16 100.00	
3	采购部	管理费用—工资	660201	24 350.00	
4	销售部	销售费用—工资	660101	41 700.00	
合计				96 950.00	

制单：江一婇　　　　　　　　审核：王梦生

表 8-58

固定资产折旧明细表

单位名称：丽水白云进出口有限公司

时间：2024 年 1 月

单位：元

开始时间		摘要	单位	数量	原值	年限	净残值	年折旧率	年折旧额	本月折旧	累计折旧	折余价值	使用部门
2024	1	办公楼	幢	1	4 592 410.00	40	229 620.50	0.0238	109 069.74	9 089.00	9 089.00	4 583 321.00	行政管理
2024	1	生活辅助房	幢	1	1 834 300.00	40	91 715.00	0.0238	43 564.63	3 630.00	3 630.00	1830 670.00	行政管理
2024	1	电脑、一体机、打印机	台	22	132 000.00	5	6 600.00	0.1900	25 080.00	2 090.00	2 090.00	129 910.00	行政管理
2024	1	运输工具	辆	12	1 828 600.00	5	91 430.00	0.1900	347 434.00	28 953.00	28 953.00	1 799 647.00	行政管理
2024	1	职工厨房设备	套	1	48 500.00	5	2 425.00	0.1900	9 215.00	768.00	768.00	47 732.00	职工食堂
2024	1	彩电	台	28	35 000.00	5	1 750.00	0.1900	6 650.00	554.00	554.00	34 446.00	职工宿舍
2024	1	空调机	台	26	85 200.00	5	4 260.00	0.1900	16 188.00	1 349.00	1 349.00	83 851.00	职工食堂
合计					8 556 010.00		427 800.50		557 201.36	46 433.00	46 433.00	8 509 577.00	

制单：江一楪

审核：王梦生

表8-59

无形资产摊销表

单位名称：丽水白云进出口有限公司　　　　　　时间：2024年1月　　　　　　金额单位：元

开始摊销		摘要	单位	数量	原值	年限	净残值	年摊销额	本月摊销额	累计摊销额	摊余价值	使用部门	备注
2024	1	土地使用权	亩	18	2 130 000	30		71 000	5 917	5 917	2 124 083	行政管理	
合计					2 130 000				5 917		2 124 083		

制单：江一娱　　　　　　　　　审核：王梦生

表8-60

折旧及摊销分配表

单位名称：丽水白云进出口有限公司　　　　　　时间：2024年1月　　　　　　金额单位：元

项 目	应记账户	科目编号	对应科目	对应科目编号	金额
固定资产折旧	管理费用/折旧费	660206	累计折旧	1602	46 433.00
无形资产摊销	管理费用/无形资产摊销	660207	无形资产	1701	5 917.00
小 计					52 350.00

制单：江一娱　　　　　　　　　审核：王梦生

表8-61

涉外收入申报单

申报号码	331100	0004	01	1800115	NO20	
银行	中国建设银行丽水开发区支行			银行业务编号	103H301111825981	

收款人 □对私 □居民 □非居民	个人身份证件号码		组织机构代码	56084012K6

收款人名称	丽水白云进出口有限公司
结算方式	□信用证 □托收 □保函 □电汇 □票汇 □信汇 □其他

其中：	收入款币种及金额		结汇汇率	
	结汇金额		账号/银行卡号	
	现汇金额		账号/银行卡号	33911890042550044501
	其他金额		账号/银行卡号	
	国内银行扣费币种及金额		国外银行扣费币种及金额	

付款人名称	
收入类型	□福费廷　□出口保理　□出口押汇　□出口贴现　□其他贸易融资
付款人常驻国家（地区）代码及名称		申报日期	
如果本笔款为预收货款或退款，请选择	□预收货款　□退款	本笔款项是否为保税货物项下收入 □是 □否
外汇局批件号/备案表号/业务编号	

交易编码	相应币种及金额	交易附言	非扎差数据交易编码不允许更改为999999或999998

企业意见	
填报人员信息	填报人		填报人电话	
银行柜员信息	经办人		经办人电话	
银行意见	
外汇局意见	

注：

①交易编码：一般贸易：121010；进料加工贸易：121020；海关特殊监管区域和保税监管场所贸易：121030；边境小额贸易：121080

②国家（地区）代码及名称：英国：GBR，大不列颠及北爱尔兰联合王国；希腊：GRC，希腊共和国。

四 实训任务

任务8.1 下载、打印出口货物报关单（出口退税联）

在电脑上插入中国电子口岸操作员卡，登录中国电子口岸网站（网址：https：//www.chinaport.gov.cn/）。

操作路径： 中国电子口岸执法系统安全技术服务用户登录→"出口退税联网稽查"（网址：https://e.chinaport.gov.cn/）→输入操作员卡密码→出口退税联网稽查。逐笔打印出口货物报关单（出口退税联），见表10-1、表10-5、表10-9、表10-13。（说明：本任务已经完成）

系统提供按月成批下载出口货物报关单（出口退税联）功能。操作步骤同打印出口货物报关单（出口退税联）。按月下载的出口货物报关单数据，可以成批读入到外贸企业离线出口退税申报软件中。详见"任务10.1 外贸企业进行出口退（免）税申报"。

任务8.2 开具出口发票

根据出口货物报关单（出口退税联）（见表10-1），开具的出口发票见表8-22。根据出口货物报关单（出口退税联）（见表10-5），开具的出口发票见表8-23。根据出口货物报关单（出口退税联）（见表10-9），开具的出口发票见表8-24。根据出口货物报关单（出口退税联）（见表10-13），开具的出口发票见表8-41。

（说明：本任务已经完成，学员可以使用Excel中模拟练习出口发票填制、开具业务。）

任务8.3 建立账套

系统管理员（admin）登录用友U8软件的系统管理，建立外贸企业核算单位账套，增加操作员，并进行财务分工。

任务8.4 进行基础设置

由账套主管江一娣（操作员编号：501，密码：501）登录用友U8软件的企业应用平台，将公司部门档案、职员档案、客户档案、供应商档案等基本信息录入到基础设置中。

任务8.5 进行总账系统初始化设置

由账套主管江一娣（操作员编号：501，密码：501）登录用友U8软件的企业应用平台，进行总账系统参数设置、会计科目设置、凭证类别设置、明细权限设置，并录入期初余额。

任务8.6 日常经济业务的财务处理

登录用友U8软件的企业应用平台，进行记账凭证的填制、审核、记账。

由操作员502（学生本人）填制2024年1月业务8.1至业务8.36的记账凭证；由操作员503王艺菲进行出纳签字；由操作员501江一娣进行凭证审核；由操作员502（学生本人）进行记账。

核对银行日记账、银行对账单。由操作员503王艺菲分别核对人民币户、美元户的银行日记账与银行对账单。（本项任务略）

任务8.7 登记本月收汇信息

公司收到外汇时，应及时登记收汇信息。由公司出纳员登录国家外汇管理局数字外管平台（ASOne）（http：//asone.safesvc.gov.cn/asone/），登记本月收汇信息。依据本月外币收汇业务银行回单填写涉外收入申报单。根据外币账户收汇回单196 041美元（见表8-28），填写涉外收入申报单，见表8-61。

任务8.8 计算并结转出口销售成本

登录用友U8软件的企业应用平台，计算并结转出口销售成本，并进行记账凭证的填制。

业务8.37 本公司存货发出采用个别计价法。本月采购的商品全部在本期出口销售，查询库存商品的余额表，选择末级科目，选择数量金额式。通过发生额及余额表，查询并导出本月库存商品的发生额，计算并结转本月销售成本686 727元。

注：如果存货发出采用月末一次加权平均法，则：本期销售成本=销售数量×库存商品平均单价。

查询主营业务收入的余额表，选择末级科目，选择数量金额式，通过发生额及余额表，查询并导出本月销售数量。查询库存商品的余额表，选择末级科目，选择数量金额式，通过发生额及余额表，查询并导出本月库存商品的数量及金额，计算库存商品平均单价。

任务8.9　期末财务处理

由操作员502（学生本人）登录用友U8软件的企业应用平台，进行期末财务处理，编制财务报表，装订会计档案。

业务8.38　印花费的计提。业务详情见任务9.3中的业务9.1。

业务8.39　社保费的计提。业务详情见任务9.4中的业务9.2。

业务8.40　代扣代缴职工薪酬的个人所得税申报。业务详情见任务9.5中的业务9.3。

业务8.41　月末，计算并结转本月不得抵扣税额。若出口商品的退税率小于征税率，则应计算不得抵扣的进项税额，财务上作进项税额转出，计入主营业务成本。

不得抵扣的进项税额=国内采购的出口商品进货金额×（征税率−退税率）

本公司出口商品征税率与退税率均为13%，故应作进项税额转出的不得抵扣的进项税额为零。不得抵扣的进项税额数据可参见出口退税进货明细申报表，见表10-18。

业务8.42　进行期末调整汇率设置。登录中国人民银行网站（网址：http://www.pbc.gov.cn/），查询美元兑人民币汇率中间价，2024年1月最后一个工作日1月31日，美元兑人民币汇率中间价为1∶7.1039，即为月末调整汇率。登录用友U8软件的企业应用平台，录入调整汇率。操作路径：基础设置→外币设置→调整汇率。

进行汇兑损益结转定义。操作路径：业务工作→财务会计→总账→期末→转账定义。凭证类别：转账凭证；汇兑损益入账科目：660304；外币科目名称：建行美元户044501、应收外汇账款。

结转汇兑损益。操作路径：业务工作→财务会计→总账→期末→转账生成→汇兑损益结转。结转月份：2024.01；外币币种：美元$；科目名称：建行美元户044501、应收外汇账款；是否结转：全选。系统打开汇兑损益计算表，查看外币余额、人民币余额、月末汇率、调整后本币余额、差额等信息是否正确，点击确定后生成记账凭证。若无差额，则系统提示：没有生成汇兑损益转账凭证。

业务8.43　进行期间损益结转定义。操作路径：业务工作→财务会计→总账→期末→转账定义。凭证类别：转账凭证；本年利润科目：4103。

注：收入和支出分别进行转账生成，计算本期经营成果。

结转收入类损益账户。操作路径：业务工作→财务会计→总账→期末→转账生成→期间损益结转→结转月份：2024.01→类型：收入→是否结转：全选→确定后生成记账凭证。

结转费用类损益账户。操作路径：业务工作→财务会计→总账→期末→转账生成→期间损益结转→结转月份：2024.01→类型：支出→是否结转：全选→确定后生成记账凭证。

更换操作员，分别进行出纳签字、凭证审核、记账。记账以后，进行对账、结账操作，完成本月财务记账工作。

在"总账→凭证→查询凭证"中查询全部凭证，凭证共41张，发生额合计为65 308 587.65元。

任务8.10　编制财务报表

以操作员502（学生本人）登录用友U8软件UFO报表系统，编制资产负债表、利润表。

操作路径：业务工作→财务会计→UFO报表，打开UFO报表系统。

套用资产负债表模板。操作路径：UFO报表→新建→格式→报表模板→您所在的行业：2007新会计制度科目→财务报表：资产负债表。

报表有两种模式：格式状态和数据状态。格式和数据状态的切换在报表的左下角。在格式状态下可以编辑公式单元，设置关键字。在数据状态下录入关键字，生成财务报表。

在格式状态下，在表头中选择恰当的单元格，分别设置单位名称、年、月、日等关键字。

操作路径：*数据*（*在菜单栏上*）→*关键字*→*设置*→*设置关键字*→*单位名称*。确定后再分别设置年、月、日等关键字。

在数据状态下，取出会计账簿中的数据，生成资产负债表。

操作路径：*数据*（*在菜单栏上*）→*关键字*→*录入*→*录入关键字*→*确定后生成资产负债表*→*表页重算*。关键字信息有：单位名称：丽水白云进出口有限公司；年：2024；月：1；日：31。

表页重算后，资产负债表显示：本月资产总计 16 021 383.94 元，负债合计 2 087 279.38 元，所有者权益合计 13 934 104.56 元。

同样方式，套用利润表的模板，设置关键字，录入关键字，表页重算，本月利润总额为 1 567 361.03 元。

会计档案装订：打印并装订会计凭证、会计账簿、会计报表，完成本月财务工作。

任务8.11　账套备份

备份路径设置：在 E 盘（或 D 盘或 F 盘）建立以"账套号+白云进出口备份"为名称的文件夹。

在该文件夹下，建立以"当天（月）时间"为名称的文件夹，用来存放账套的备份数据。

例如，会计2484班25号学生，2024年01月31日的备份账套，可存放在 E：\425 白云进出口备份\20240131 文件夹下。

账套备份：系统管理员（admin）登录系统管理，进行账套备份。备份以后查看该文件夹是否有备份文件存在。

一   实训目的

掌握外贸企业出口商品采购，进货发票用于出口退税的认证；掌握外贸企业免退税业务增值税及附加税费的申报操作。

二   实训内容

统计出口销售情况，统计出口商品采购情况，完成进项税认证，完成免退税业务的增值税及附加税费申报，完成个人所得税的申报及印花税的申报。

三   实训资料

（一）出口免退税业务销售情况统计

丽水白云进出口有限公司2024年1月出口免退税业务销售情况的开票记录，见表9-1。

表9-1   开票记录

开票所属期：2024年01月01日至01月31日

序号	创建时间	发票代码	发票号码	发票抬头	价税合计金额
1	2024.01.11		24332000000000035901	BBC SERVICES LIMITED	1 387 382.16
2	2024.01.12		24332000000000035902	ADVANCED DISTRIBUTION LOGISTIC LTD	1 218 234.78
3	2024.01.12		24332000000000035903	MARINA MOK	3 011 114.89
4	2024.01.22		24332000000000035904	ADVANCED DISTRIBUTION LOGISTIC LTD	3 039 124.24
合计					8 655 856.07

（二）进项税认证

登录电子税务局，在税务数字账户中，进行进项税发票的认证。

根据采购发票的不同用途，用于出口销售的采购货物发票，在出口退税类勾选中，进行出口退税勾选和用途确认；用于国内销售的采购货物发票，在抵扣类勾选中，进行抵扣勾选和统计确认。

丽水白云进出口有限公司出口进项发票的认证清单见表9-2。

表9-2　　　　　　　　　　　　　进项发票的认证清单

序号	商品信息	发票代码	发票号码	开票日期	金额	税额	销货方纳税人识别号	退税勾选	抵扣勾选	不抵扣发票勾选
1	胶鞋		24362000000054189558	2024.01.03	854 530.00	111 088.90	9136092258714B6594	√		
2	胶鞋		24502000000012854803	2024.01.03	266 080.00	34 590.40	91500052965T040202	√		
3	胶鞋		24502000000012854804	2024.01.03	212 630.00	27 641.90	91500052965T040202	√		
4	运动鞋		24322000000041038506	2024.01.04	982 090.00	127 671.70	913202001GF7QMA1NB	√		
5	运动鞋		24322000000041038507	2024.01.04	883 360.00	114 836.80	913202001GF7QMA1NB	√		
6	运动鞋		24322000000041038508	2024.01.04	1 854 440.00	241 077.20	913202001GF7QMA1NB	√		
7	胶鞋		24362000000054180542	2024.01.15	624 740.00	81 216.20	9136092258714B6594	√		
8	运动鞋		24322000000048038585	2024.01.28	1 189 400.00	154 622.00	913202001GF7QMA1NB	√		
9	电力		24332000000071170024	2024.01.28	9 897.44	1 286.67	91331100132410502J		√	
10	水费		24332000000007234775	2024.01.28	3 238.40	97.15	91331100124912039T		√	
11	运费		24332000000034541035	2024.01.25	36 000.00	3 240.00	9131010976580219XD		√	

说明：序号1—8是出口商品采购的进项发票，序号9是电费发票，序号10是水费发票，序号11是运费发票。

（三）免退税业务增值税及附加税费的申报操作

丽水白云进出口有限公司免退税业务增值税的申报操作，见表9-3至表9-10。

表9-3　　　　　　　　　防伪税控增值税专用发票申报抵扣明细

纳税人识别号：9133110056084012K6　　　　　申报抵扣所属期：2024年01月

纳税人名称：（公章）丽水白云进出口有限公司　　填表日期：2024年02月10日　　　　　金额单位：元至角分

类别	序号	发票代码	发票号码	开票日期	金额	税额	销货方纳税人识别号	认证日期	备注
本期认证相符且本期申报抵扣	—	—	—	—	—	—	—	—	—
	小计				49 135.84	4 623.82	—	—	—
抵扣合计					49 135.84	4 623.82			
不抵扣合计					6 867 270.00	892 745.10			
出口转内销合计					0	0			
海关完税合计					0	0			

注：本表"金额""小计"栏数据应与"增值税及附加税费申报表附列资料（二）"第2栏中"金额"项数据相等。

本表"税额""小计"栏数据应与"增值税及附加税费申报表附列资料（二）"第2栏中"税额"项数据相等。

本表"不抵扣合计"栏数据体现在"增值税及附加税费申报表附列资料（二）"第26、27、28栏中。

本表"出口转内销合计"栏数据应与"增值税及附加税费申报表附列资料（二）"第11栏中"税额"项数据相等。

发票数据下载　　返回　　发票归集

表9-4

纳税人识别号：913311005608412K6

纳税人名称：（公章）丽水白云进出口有限公司

防伪税控增值税专用发票申报抵扣明细

申报抵扣所属期：2024年01月

填表日期：2024年02月10日

金额单位：元至角分

类别	序号	发票代码	发票号码	开票日期	金额	税额	销货方纳税人识别号	认证日期	备注	用途
本期认证相符且本期未报抵扣	1	—	24362000000054189558	2024.01.03	854 530.00	111 088.90	91360922258714B6594	2024.02.05	不抵	退税
	2	—	24502000000012854803	2024.01.03	266 080.00	34 590.40	91500052965T040202	2024.02.05	不抵	退税
	3	—	24502000000012854804	2024.01.03	212 630.00	27 641.90	91500052965T040202	2024.02.05	不抵	退税
	4	—	24332000000041038506	2024.01.04	982 090.00	127 671.70	913202001GF7QMA1NB	2024.02.05	不抵	退税
	5	—	24332000000041038507	2024.01.04	883 360.00	114 836.80	913202001GF7QMA1NB	2024.02.05	不抵	退税
	6	—	24332000000041038508	2024.01.04	1 854 440.00	241 077.20	913202001GF7QMA1NB	2024.02.05	不抵	退税
	7	—	24362000000054180542	2024.01.15	624 740.00	81 216.20	91360922258714B6594	2024.02.05	不抵	退税
	8	—	24332000000048038585	2024.01.28	1 189 400.00	154 622.00	913202001GF7QMA1NB	2024.02.05	不抵	退税
	9	—	24332000000007170024	2024.01.28	9 897.44	1 286.67	91331100132410502J	2024.02.05	抵扣	抵扣
	10	—	24332000000007234775	2024.01.28	3 238.40	97.15	913311001249120391T	2024.02.05	抵扣	抵扣
	11	—	24332000000034541035	2024.01.25	36 000.00	3 240.00	91310109768580219XD	2024.02.05	抵扣	抵扣
	12									
	小计	—	—	—	6 916 405.84	897 368.92				
前期	小计	—	—	—				—		
合计		—	—	—	6 916 405.84	897 368.92	—	—		

说明：序号1—8是出口商品采购的进项发票，序号9是电费发票，序号10是水费发票，序号11是运费发票。

表9-5   **防伪税控增值税专用发票存根联明细**

纳税人识别号：9133110056084012K6   申报抵扣所属期：2024 年 01 月

纳税人名称：（公章）丽水白云进出口有限公司   填表日期：2024 年 02 月 10 日   金额单位：元至角分

序号	发票代码	发票号码	开票日期	购货方纳税人识别号	金额	税额	作废
—	—	—	—	—	—	—	—
—	—	—	—	—	—	—	—
—	—	—	—	—	—	—	—
合计	—	—	—	—	0	0	—
总合计	—	—	—	—	0	0	—

注：本表"金额""合计"栏数据应等于"增值税及附加税费申报表附列资料（一）"第1、8、15栏"合计""销售额"项数据之和。

      本表"税额""合计"栏数据应等于"增值税及附加税费申报表附列资料（一）"第1栏"合计""销项税额"、第8栏"合计""应纳税额"、第15栏"合计""税额"项数据之和。

发票数据下载   返回   发票归集

表9-6   **防伪税控增值税专用发票申报存根联明细**

纳税人识别号：9133110056084012K6   申报抵扣所属期：2024 年 01 月

纳税人名称：（公章）丽水白云进出口有限公司   填表日期：2024 年 02 月 10 日   金额单位：元至角分

序号	发票代码	发票号码	开票日期	购货方纳税人识别号	金额	税额	作废	类型
1								
2								
3								
合计	—	—	—	—			—	

注：本表"金额""合计"栏数据应等于"增值税及附加税费申报表附列资料（一）"第1、8、15栏"合计""销售额"项数据之和。

      本表"税额""合计"栏数据应等于"增值税及附加税费申报表附列资料（一）"第1栏"合计""销项税额"、第8栏"合计""应纳税额"、第15栏"合计""税额"项数据之和。

表9-7

税款所属时间：2024年01月01日至2024年01月31日

纳税人名称：（公章）丽水白云进出口有限公司

增值税及附加税费申报表附列资料（一）

（本期销售情况明细）

金额单位：元至角分

项目及栏次			开具增值税专用发票		开具其他发票		未开具发票		纳税检查调整		合计			服务、不动产和无形资产扣除项目本期实际扣除金额	扣除后	
			销售额	销项（应纳）税额	销售额	销项（应纳）税额	销售额	销项（应纳）税额	销售额	销项（应纳）税额	销售额	销项（应纳）税额	价税合计		含税（免税）销售额	销项（应纳）税额
			1	2	3	4	5	6	7	8	9=1+3+5+7	10=2+4+6+8	11=9+10	12	13=11-12	14=13÷（100%+税率或征收率）×税率或征收率
一、一般计税方法计税	全部征税项目	13%税率的货物及加工修理修配劳务	1														
		13%税率的服务、不动产和无形资产	2														
		9%税率的货物及加工修理修配劳务	3														
		9%税率的服务、不动产和无形资产	4														
		6%税率	5														
	其中：即征即退项目	即征即退货物及加工修理修配劳务	6	—	—	—	—	—	—	—	—	—	—	—	—	—	—
		即征即退服务、不动产和无形资产	7	—	—	—	—	—	—	—	—	—	—	—	—	—	—
二、简易计税方法计税		货物及加工修理修配劳务	16	—	—	—	—	—	—	—	—	—	—	—	—	—	—
		服务、不动产和无形资产	17	—	—	—	—	—	—	—	—	—	—	—	—	—	—
三、免抵退税		货物及加工修理修配劳务	18	—	—	8 655 856.07	—	—	—	—	—	8 655 856.07	—	—	—	—	—
		服务、不动产和无形资产	19	—	—	—	—	—	—	—	—	—	—	—	—	—	—

注：8—15行是简易计税方法销售，本公司无简易计税方法销售，故省略。

表9-8 　　　　　　　増值税及附加税费申报表附列资料（二）

（本期进项税额明细）

税款所属时间：2024 年 01 月 01 日 至 2024 年 01 月 31 日

纳税人名称：（公章）丽水白云进出口有限公司　　填表日期：2024 年 02 月 10 日　　　金额单位：元至角分

一、申报抵扣的进项税额

项　目	栏次	份数	金额	税额
（一）认证相符的增值税专用发票	1=2+3	3	49 135.84	4 623.82
其中：本期认证相符且本期申报抵扣	2	3	49 135.84	4 623.82
前期认证相符且本期申报抵扣	3			
（二）其他抵扣凭证	4=5+6+7+8a+8b			
其中：海关进口增值税专用缴款书	5			
农产品收购发票或者销售发票	6			
代扣代缴税收缴款凭证	7		—	
加计扣除农产品进项税额	8a	—		
其他	8b			
（三）本期用于购建不动产的扣税凭证	9			
（四）本期不动产允许抵扣进项税额	10		—	
（五）外贸企业进项税额抵扣证明	11		—	
当期申报抵扣进项税额合计	12=1+4-9+10+11	3	49 135.84	4 623.82

二、进项税额转出额

项　目	栏次	税额
本期进项税额转出额	13=14 至 23 之和	4 623.82
其中：免税项目用	14	4 623.82
集体福利、个人消费	15	
非正常损失	16	
简易计税方法征税项目用	17	
免抵退税办法不得抵扣的进项税额	18	
纳税检查调减进项税额	19	
红字专用发票信息表注明的进项税额	20	
上期留抵税额抵减欠税	21	
上期留抵税额退税	22	
异常凭证转出进项税额	23a	
其他应作进项税额转出的情形	23b	

三、待抵扣进项税额

项　目	栏次	份数	金额	税额
（一）认证相符的增值税专用发票	24	—	—	—
期初已认证相符但未申报抵扣	25	0	0	0
本期认证相符且本期未申报抵扣	26	8	6 867 270.00	892 745.10
期末已认证相符但未申报抵扣	27	8	6 867 270.00	892 745.10
其中：按照税法规定不允许抵扣	28	8	6 867 270.00	892 745.10
（二）其他抵扣凭证	29=30 至 33 之和	0	0	0
其中：海关进口增值税专用缴款书	30	0	0	0
农产品收购发票或者销售发票	31	0	0	0
代扣代缴税收缴款凭证	32	0	—	0
其他	33	0	0	0
	34			

四、其他

项　目	栏次	份数	金额	税额
本期认证相符的增值税专用发票	35	11	6 916 405.84	897 368.92
代扣代缴税额	36	—	—	0

表 9-9 　　　　　　　　　　　　　**增值税减免税申报明细表**

所属时期：自 2024 年 01 月 01 日 至 2024 年 01 月 31 日

纳税人名称（公章）：丽水白云进出口有限公司　　　　　　　　金额单位：元（列至角分）

一、减税项目						
减税性质代码及名称	栏次	期初余额	本期发生额	本期应抵减税额	本期实际抵减税额	期末余额
		1	2	3=1+2	4≤3	5=3-4
合计						

二、免税项目					
免税性质代码及名称	栏次	免征增值税项目销售额	免税销售额扣除项目本期实际扣除金额	扣除后免税销售额	免税销售额对应的进项税额	免税额
		1	2	3=1-2	4	5
合　计		8 655 856.07		8 655 856.07		
出口免税		8 655 856.07	—	—	—	
其中：跨境服务			—	—	—	

表9-10　　　　　　　　　增值税及附加税费申报表

（一般纳税人适用）

根据国家税收法律法规及增值税相关规定制定本表。纳税人不论有无销售额，均应按税务机关核定的纳税期限填写本表，并向当地税务机关申报。

税款所属时间：自2024年01月01日至2024年01月31日　填表日期：2024年02月10日　金额单位：元至角分

纳税人识别号	9133110056084012K6	所属行业		贸易代理		
纳税人名称（公章）丽水白云进出口有限公司	法定代表人姓名 王梦生	注册地址	浙江省丽水市中山街359号	生产经营地址		浙江省丽水市中山街359号
开户银行及账号 中国建设银行丽水开发区支行 33001693553011966955	登记注册类型	私营有限责任公司		电话号码		15905780000

项目		栏次	一般货物及劳务和应税服务		即征即退货物及劳务和应税服务	
			本月数	本年累计	本月数	本年累计
销售额	（一）按适用税率征税销售额	1				
	其中：应税货物销售额	2				
	应税劳务销售额	3				
	纳税检查调整的销售额	4				
	（二）按简易征收办法征税销售额	5				
	其中：纳税检查调整的销售额	6				
	（三）免、抵、退办法出口销售额	7				
	（四）免税销售额	8	8 655 856.07	8 655 856.07		
	其中：免税货物销售额	9	8 655 856.07	8 655 856.07		
	免税劳务销售额	10				
税款计算	销项税额	11				
	进项税额	12	4 623.82	4 623.82		
	上期留抵税额	13				
	进项税额转出	14	4 623.82	4 623.82		
	免、抵、退应退税额	15				
	按适用税率计算的纳税检查应补缴税额	16				
	应抵扣税额合计	17=12+13−14−15+16				
	实际抵扣税额	18（如17<11，则为17，否则为11）				
	应纳税额	19=11−18				
	期末留抵税额	20=17−18				
	简易征收办法计算的应纳税额	21				
	简易征收办法计算的纳税检查应补缴税额	22				
	应纳税额减征额	23				
	应纳税额合计	24=19+21−23				
税款缴纳	期初未缴税额（多缴为负数）	25				
	实收出口开具专用缴款书退税额	26				
	本期已缴税额	27=28+29+30+31				
	①分次预缴税额	28				
	②出口开具专用缴款书预缴税额	29				
	③本期缴纳上期应纳税额	30				
	④本期缴纳欠缴税额	31				
	期末未缴税额（多缴为负数）	32=24+25+26−27				
	其中：欠缴税额（≥0）	33=25+26−27				
	本期应补（退）税额	34=24−28−29				
	即征即退实际退税额	35				
	期初未缴查补税额	36				
	本期入库查补税额	37				
	期末未缴查补税额	38=16+22+36−37				
附加税费	城市维护建设税本期应补（退）税额	39				
	教育费附加本期应补（退）税额	40				
	地方教育附加本期应补（退）税额	41				

声明：此表是根据国家税收法律法规及相关规定填写的，本人（单位）对填报内容（及附带资料）的真实性、可靠性、完整性负责。

纳税人（签章）：　　年 月 日

经办人：
经办人身份证号：
代理机构签章：
代理机构统一社会信用代码：

受理人：
受理税务机关（章）：
受理日期：　年 月 日

（四）印花税的申报

进行印花税的申报，见表9-11，表9-12。

表9-11

印花税税源明细表

缴纳人名称（公章）：丽水白云进出口有限公司

纳税人识别号：91331100560084012K6　　填表日期：2024年02月10日

税款所属期：2024-01-01~2024-01-31

按期申报

金额单位：元至角分

序号	税目	税款所属期起	税款所属期止	应纳税凭证编号	应纳税凭证书立（领受）日期	计税金额	核定比例	税率	应纳税额	减免性质代码和项目名称	减免税额	已缴税额
1	101110101 买卖合同	20240101	20240131			15 536 261.91		0.30	4 660.88			
	合计					15 536 261.91			4 660.88			

……

表9-12

财产和行为税纳税申报表

纳税人识别号（统一社会信用代码）：91331100560084012K6

纳税人名称：丽水白云进出口有限公司

税款所属期间：2024-01-01至2024-01-31　　填报日期：2024-02-10

金额单位：人民币元（列至角分）

本期是否适用小微企业"六税两费"减征政策　□是　☑否

□个体工商户　□小型微利企业

序号	税种	税目	税款所属期起	税款所属期止	计税依据	减征政策适用主体	适用减征政策起止时间 年 月 至 年 月	税率	应纳税额	减免税额	已缴税额	应补退税额
1	印花税	买卖合同	2024-01-01	2024-01-31	15 536 261.91			0.30%	4 660.88	0	0	4 660.88
	合计	—	—	—	15 536 261.91		—	—	4 660.88	0	0	4 660.88

声明：此表是根据国家税收法律法规及相关规定填写的，本人（单位）对填报内容（及附带资料）的真实性、可靠性、完整性负责。

纳税人（签章）：

经办人：

经办人身份证号：

代理机构签章：

代理机构统一社会信用代码：

受理人：

受理税务机关（章）：

受理日期：　年　月　日

(五) 社会保险费的申报操作

进行社会保险费的申报, 见表9-13。

表9-13

社会保险费缴费申报表

缴费单位识别码: 91331100560084012K6										
缴费单位名称	丽水白云进出口有限公司		单位地址	浙江省丽水市莲都区中山街359号						
缴费银行	中国建设银行丽水开发区支行		缴费账号	33001693553011966955		联系电话	0578-2230375			
						登记注册类型	有限责任公司			
费款所属期限: 自 2024-01-01 至 2024-01-31							金额单位: 人民币元 (列至角分)			
费种	征收品目	征收子目	缴费基数	费率	应缴费额	减免幅度	减免费额	抵缴费额	本期应缴费额	缴费人数
1	2	3	4	5	6=4*5	7	8=6*7	9	10=6-8-9	11
企业职工基本养老保险	职工基本养老保险(单位缴纳)	企业缴纳	53 850.00	0.14	7 539.00				7 539.00	15
企业职工基本养老保险	职工基本养老保险(个人缴纳)	企业职工缴纳	53 850.00	0.08	4 308.00				4 308.00	15
失业保险	失业保险(单位缴纳)	企业缴纳	53 850.00	0.005	269.25				269.25	15
失业保险	失业保险(个人缴纳)	企业职工缴纳	53 850.00	0.005	269.25				269.25	15
基本医疗保险	职工基本医疗保险(单位缴纳)	企业缴纳	53 850.00	0.069	3 715.65				3 715.65	15
基本医疗保险	职工基本医疗保险(个人缴纳)	职工缴纳	53 850.00	0.02	1 077.00				1 077.00	15
工伤保险	工伤保险	企业缴纳	53 850.00	0.002	107.70				107.70	15
合计	—	—	—	—	17 285.85				17 285.85	15
缴费人申明	本缴费单位所申报的社会保险费真实、准确、完整, 如有虚假内容, 愿承担法律责任。 法人代表(业主)签名: 年 月 日	授权人申明	我单位授权____为本缴费人代理申报人, 任何与申报有关的任务文件, 都可寄此代理机构。 委托代理合同号: 报税人: 年 月 日			代理人申明	本申报表是按照社会保险费有关规定填报的, 我确认其真实、合法。 代理人(签章): 经办人: 年 月 日			
缴费人受理人签名:	受理日期: 年 月 日				填表日期: 填表人:		备注:			

税务机关受理人:

鉴证码: CBDKE-NHKIJ-ABCDE-FGHIJ-ABCDH-FJNRS-DECDE-FGHIM-SBLJH-FGNRS-DWCDE-IGZU4-AQOS

（六）代扣代缴工资薪金个人所得税的申报操作

进行代扣代缴工资薪金个人所得税的申报，见表9-14。

表9-14

扣缴义务人名称：丽水白云进出口有限公司

扣缴义务人纳税人识别号（统一社会信用代码）：91331005608401K6

个人所得税扣缴申报表

税款所属期：2024年01月01日至2024年01月31日　　　　金额单位：人民币元（列至角分）

序号	姓名	身份证件类型	身份证件号码	纳税人识别号	是否为非居民个人	所得项目	收入(8)	费用(9)	免税收入(10)	减除费用(11)	基本养老保险费(12)	基本医疗保险费(13)	失业保险费(14)	累计收入额(22)	累计减除费用(23)	累计专项扣除(24)	子女教育(25)	住房贷款利息(27)	赡养老人(29)	减按计税比例(32)	应纳税所得额(34)	税率/预征率(35)	速算扣除数(36)	应纳税额(37)	减免税额(38)	已缴税额(39)	应补/退税额(40)	备注(41)
1	王梦生	居民身份证	330323198902286885	330323198902286885	否	正常工资薪金	9 300			5 000	287.2	71.8	17.95	9 300	5 000	376.95	1 000	1 000	1 000	100%	923.05	3%	0	27.69	0	0	27.69	
2	王之燕	居民身份证	332502199212052039	332502199212052039	否	正常工资薪金	5 500			5 000	287.2	71.8	17.95	5 500	5 000	376.95	1 000	1 000										
3	江一峡	居民身份证	332501198811272373	332501198811272373	否	正常工资薪金	6 000			5 000	287.2	71.8	17.95	6 000	5 000	376.95	1 000	1 000										
4	宇生本人	居民身份证	362526199912111897	362526199912111897	否	正常工资薪金	5 300			5 000	287.2	71.8	17.95	5 300	5 000	376.95	1 000	1 000										
5	王艺菲	居民身份证	332521198607233294	332521198607233294	否	正常工资薪金	4 800			5 000	287.2	71.8	17.95	4 800	5 000	376.95	1 000	1 000										
6	王洪涛	居民身份证	332521198505213027	332521198505213027	否	正常工资薪金	6 600			5 000	287.2	71.8	17.95	6 600	5 000	376.95	1 000	1 000	1 000									
7	斯三钢	居民身份证	332529198606086049	332529198606086049	否	正常工资薪金	6 250			5 000	287.2	71.8	17.95	6 250	5 000	376.95	1 000	1 000										
8	李小芳	居民身份证	330324198608157059	330324198608157059	否	正常工资薪金	5 750			5 000	287.2	71.8	17.95	5 750	5 000	376.95	1 000	1 000										
9	王二丁	居民身份证	533321199602110079	533321199602110079	否	正常工资薪金	5 750			5 000	287.2	71.8	17.95	5 750	5 000	376.95	1 000	1 000										
10	白皇云	居民身份证	330325198007152005	330325198007152005	否	正常工资薪金	9 300			5 000	287.2	71.8	17.95	9 300	5 000	376.95	1 000	1 000		100%	923.05	3%	0	27.69	0	0	27.69	
11	郑玮	居民身份证	533221198904242126	533221198904242126	否	正常工资薪金	6 400			5 000	287.2	71.8	17.95	6 400	5 000	376.95	1 000	1 000	1 000									
12	张小红	居民身份证	330323198902286885	330323198902286885	否	正常工资薪金	6 750			5 000	287.2	71.8	17.95	6 750	5 000	376.95	1 000	1 000										
13	王芳	居民身份证	330325197604162435	330325197604162435	否	正常工资薪金	6 250			5 000	287.2	71.8	17.95	6 250	5 000	376.95	1 000	1 000										
14	王红刚	居民身份证	330325198206252043	330325198206252043	否	正常工资薪金	6 750			5 000	287.2	71.8	17.95	6 750	5 000	376.95	1 000	1 000										
15	李蓉萍	居民身份证	330325198809032175	330325198809032175	否	正常工资薪金	6 250			5 000	287.2	71.8	17.95	6 250	5 000	376.95	1 000	1 000										
合计							96 950			75 000	4 308	1 077	269.25	96 950	75 000	5 654.25	15 000	15 000	3 000		1 846.1	——	—	55.38	0	0	55.38	

说明：第16～21列是其他扣除，第26列继续教育专项附加扣除，第28列是住房租金专项附加扣除，第30列是3岁以下婴幼儿照护专项附加扣除，第31列是累计其他扣除。

第33列是准予扣除的捐赠额，因数据为零，故未列示。

四 实训任务

任务9.1 勾选、确认用于退税的进项税发票，认证进项税

登录电子税务局，进入税务数字账户，认证进项税。

根据《国家税务总局关于发布〈出口货物劳务增值税和消费税管理办法〉的公告》（国家税务总局公告2012年第24号）的规定，出口企业和其他单位购进出口货物劳务取得的增值税专用发票，应按规定办理增值税专用发票的认证手续。进项税额已计算抵扣的增值税专用发票，不得在申报退（免）税时提供。

外贸企业国内采购的货物，用途是出口销售还是国内销售，应严格区分。

用于出口销售的采购货物发票，进项税发票的用途是出口退税。进项税认证时，在出口退税类勾选中，进行出口退税勾选，提交勾选后，进行用途确认。

用于国内销售的采购货物发票，进项税发票的用途是抵扣国内销售的销项税。进项税认证时，在抵扣类勾选中，进行抵扣勾选，提交勾选后，进行统计确认。

其他不得抵扣的采购货物、劳务的进项税发票，进项税认证时，进行发票不抵扣勾选。

因本公司没有国内销售业务，根据增值税相关法律法规，国内采购的电费、水费、国内货运费等进项税，不得用于出口退税。若有国内销售业务，这些进项税也不得抵扣国内销售的销项税。

进项发票的认证清单见表9-2。

进项税认证时，序号1—8是出口商品采购的进项发票，进行出口退税勾选，提交勾选后，进行用途确认；序号9是电费发票，序号10是水费发票，序号11是运费发票，进行抵扣勾选，提交勾选后，进行统计确认。

任务9.2 免退税业务增值税及附加税费申报

登录电子税务局，点击增值税及附加税（费）申报（一般纳税人适用），进行增值税及附加税（费）申报。

点击抵扣联，发票数据下载，确认提交。防伪税控增值税专用发票申报抵扣明细见表9-3、表9-4。

点击存根联，发票数据下载，确认提交。防伪税控增值税专用发票存根联明细见表9-5、表9-6。

点击附表一，点击提交。增值税及附加税费申报表附列资料（一）（本期销售情况明细）见表9-7。

点击附表二，点击提交。增值税及附加税费申报表附列资料（二）（本期进项税额明细）见表9-8。

点击减免税明细表，根据本期出口免税销售额，填报增值税减免税申报明细表，见表9-9。

点击附表五，点击提交。根据本月增值税申报结果，本月实缴增值税额为零，因此，增值税及附加税费申报表附列资料（五）（附加税费情况表）进行零申报，申报表略。

其他相关申报表进行零申报，申报表略。

点击增值税及附加税费申报表，填写第2行："其中：应税货物销售额"后，点击提交。增值税及附加税费申报表，见表9-10。

增值税及附加税费申报的同时，可进行外贸企业出口退（免）税申报，操作过程见"项目十外贸企业出口货物免退税的申报"。出口退（免）税申报后打印3张报表：出口退税出口明细申报表（见表10-17）、出口退税进货明细申报表（见表10-18）、出口货物收汇申报表（见表10-19）。

任务9.3 申报印花税并进行财务处理

登录电子税务局，申报印花税。根据申报结果，填制计提印花税的会计凭证，缴纳印花税的财务处理留到下期（2月）处理。

业务9.1 计提并申报本月印花税。按本月买卖合同金额15 536 261.91元的3‰计提买卖合同税目应缴纳的印花税4 660.88元。印花税税源明细表见表9-11，财产和行为税纳税申报表见表9-12。

任务9.4 申报社保费并进行财务处理

登录电子税务局，申报社保费。根据申报结果，填制计提社保费的会计凭证，缴纳社保费的财务处理留到下期处理。

业务9.2 计提并申报本月社保费。公司本月为15名员工申报社保费，社保费缴费基数3 590元/人，计算本月应缴社保费17 285.85元，其中，企业负担11 631.60元，职工个人负担5 654.25元。社会保险费缴费申报表见表9-13。

任务9.5 申报代扣代缴职工薪酬的个人所得税

登录自然人电子税务局（扣缴端），申报代扣代缴职工正常工资薪金的个人所得税。根据申报结果，填制会计凭证。

业务9.3 申报代扣代缴职工正常工资薪金的个人所得税。申报本月个人所得税55.38元。个人所得税扣缴申报表见表9-14。

项目十　外贸企业出口货物免退税的申报

一　实训目的

掌握外贸企业离线出口退税申报软件的出口退税申报操作。

二　实训内容

以外贸企业离线出口退税申报软件为例，进行出口退税出口明细申报表数据录入，出口退税进货明细申报表数据录入；生成出口退（免）税申报数据；打印出口退（免）税报表。

三　实训资料

（一）出口销售给客户 BBC SERVICES LIMITED 一批商品的资料

出口货物报关单（出口退税联）见表10-1；出口销售发票见表10-2；国内商品采购发票见表10-3至表10-4。

（二）出口销售给客户 ADVANCED DISTRIBUTION LOGISTIC LTD 一批商品的资料

出口货物报关单（出口退税联）见表10-5；出口销售发票见表10-6；国内商品采购发票见表10-7、表10-8。

（三）出口销售给客户希腊 MARINA MOK 一批商品的资料

出口货物报关单（出口退税联）见表10-9；出口销售发票见表10-10；国内商品采购发票见表10-11、表10-12。

（四）出口销售给客户 ADVANCED DISTRIBUTION LOGISTIC LTD 一批商品的资料

出口货物报关单（出口退税联）见表10-13；出口销售发票见表10-14；国内商品采购发票见表10-15、表10-16。

（五）出口退（免）税申报的相关报表

运用外贸企业离线出口退税申报软件，进行出口退（免）税申报，见"任务10.1　外贸企业进行出口退（免）税申报"。申报结果见表10-17、表10-18、表10-19。

（六）国内、国外销售及出口退税情况统计的资料

对国内、国外销售及出口退税情况进行统计，见"任务10.2　统计国内、国外销售及出口退税数据"。本月国内、国外销售及出口退税情况统计表见表10-20。

表 10-1　　　　　　　　中华人民共和国海关出口货物报关单　　　　　　出口退税联

预录入编号：000000004567889522　　　　　　　　　　　海关编号：310120240216589115

出口口岸（3101） 宁波海关	备案号	出口日期 2024-01-11		申报日期 2024-01-07
经营单位 丽水白云进出口有限公司 3310961786	运输方式（2） 水路运输	运输工具名称 THALASSA DOXA		提运单号 143680317325
发货单位 丽水白云进出口有限公司 3310961786	贸易方式（0110） 一般贸易	征免性质（101） 一般征税		结汇方式（2） 电汇
许可证号	运抵国（地区）（303） 英国	指运港（3419） 费利克斯托		境内货源地（33109） 丽水
批准文号	成交方式（3） FOB	运费	保费	杂费
合同协议号 BY2023120801	件数 1 115	包装种类 其他	毛重（千克） 13 800	净重（千克） 13 560
集装箱号 FSCU7040200		随附单据	生产厂家	

标记唛码及备注

商品序号	商品编号	商品名称、规格型号	数量/单位	数量及单位	目的国（地区）	单价	总价	币制	征免
1	6404199000	胶鞋 纺织材料制鞋面胶底的其他鞋靴	法定数量/法定单位 第二数量/第二单位 申报数量/申报单位	4 068千克 5 290双 4 068千克	英国 （303）	7.90	41 791.00	USD 美元	
2	6403190090	运动鞋 皮革制鞋面的其他运动鞋靴	法定数量/法定单位 第二数量/第二单位 申报数量/申报单位	9 492千克 12 340双 9 492千克	英国 （303）	12.50	154 250.00	USD 美元	

业务员：白星云

税费征收情况

录入员　　　　　　录入单位	兹声明以上申报无讹并承担法律责任	海关审单批注及放行日期（签章）	
		审单	审价
报关员：		征税	统计
	申报单位（签章）：	查验	放行
单位地址：	宁波远帆船务代理有限公司	签发关员：许爱玉	
邮编：　　　电话：	报关专用章 填制日期： 2024年01月07日	签发日期：2024-01-11	

表10-2

电子发票（普通发票）

发票号码：24332000000000035901
发票日期：2024 年 01 月 11 日

购买方信息	名称：BBC SERVICES LIMITED 统一社会信用代码/纳税人识别号：	销售方信息	名称：丽水白云进出口有限公司 统一社会信用代码/纳税人识别号：9133110056084012K6

项目名称	规格型号	单位	数量	单价	金额	税率/征收率	税额
*鞋*胶鞋		千克	4 068	72.70278024	295 754.91	免税	***
*鞋*运动鞋		千克	9 492	115.0049779	1 091 627.25	免税	***
合　计					¥1 387 382.16		***

价税合计（大写）	⊗壹佰叁拾捌万柒仟叁佰捌拾贰元壹角陆分	（小写）¥1 387 382.16

备注：出口业务：出口销售总额（FOB）：196 041.00；币种：美元USD；汇率：100：707.70

开票人：江一媄

表10-3

电子发票（增值税专用发票）

发票号码：24502000000012854803
发票日期：2024 年 01 月 03 日

购买方信息	名称：丽水白云进出口有限公司 统一社会信用代码/纳税人识别号：9133110056084012K6	销售方信息	名称：重庆三峡连环制鞋厂 统一社会信用代码/纳税人识别号：91500052965T040202

项目名称	规格型号	单位	数量	单价	金额	税率/征收率	税额
*鞋*胶鞋		双	5 290	50.29867675	266 080.00	13%	34 590.40
合　计					¥266 080.00		¥34 590.40

价税合计（大写）	⊗叁拾万零陆佰柒拾元肆角整	（小写）¥300 670.40

备注	购方开户银行：中国建设银行丽水开发区支行；银行账号：33001693553011966955 销方开户银行：中国建设银行重庆市三峡分行；银行账号：4350105032182018201252 收款人：张晓彤　复核人：尹爱芳

开票人：李莉红

表10-4

电子发票（增值税专用发票）

发票号码：24322000000041038506
发票日期：2024 年 01 月 04 日

购买方信息	名称：丽水白云进出口有限公司 统一社会信用代码/纳税人识别号：9133110056084012K6	销售方信息	名称：无锡新生活鞋业有限公司 统一社会信用代码/纳税人识别号：913202001GF7QMA1NB

项目名称	规格型号	单位	数量	单价	金额	税率/征收率	税额
*鞋*运动鞋		双	12 340	79.58589951	982 090.00	13%	127 671.70
合　计					¥982 090.00		¥127 671.70

价税合计（大写）	⊗壹佰壹拾万玖仟柒佰陆拾壹元柒角整	（小写）¥1 109 761.70

备注	购方开户银行：中国建设银行丽水开发区支行；银行账号：33001693553011966955 销方开户银行：中国工商银行无锡市盛岸路支行；银行账号：52101480948695045 收款人：吴小莉　复核人：顾荣芳

开票人：王科媛

表 10-5　　　　　　中华人民共和国海关出口货物报关单　　　　　　出口退税联

预录入编号：000000004589522678　　　　　　　　　　　海关编号：310120240518934254

出口口岸（3101） 宁波海关	备案号	出口日期 **2024-01-12**	申报日期 **2024-01-08**
经营单位 **丽水白云进出口有限公司** **3310961786**	运输方式（2） **水路运输**	运输工具名称 **MAJESTIC MAERSK**	提运单号 **575928693**
发货单位 **丽水白云进出口有限公司** **3310961786**	贸易方式（0110） **一般贸易**	征免性质（101） **一般征税**	结汇方式（2） **电汇**
许可证号	运抵国（地区）（303） **英国**	指运港（3419） **费利克斯托**	境内货源地（33109） **丽水**
批准文号	成交方式（3） **FOB**	运费	保费 杂费
合同协议号 **BY2023120802**	件数 **1 192**	包装种类 **其他**	毛重（千克）**12 800** 净重（千克）**12 400**
集装箱号 **MSKU8826191**	随附单据	生产厂家	

标记唛码及备注

商品序号	商品编号	商品名称、规格型号	数量/单位	数量及单位	目的国（地区）	单价	总价	币制	征免
1	6404199000	胶鞋 纺织材料制鞋面胶底的其他鞋靴	法定数量/法定单位 第二数量/第二单位 申报数量/申报单位	3 720千克 4 840双 3 720千克	英国（303）	6.90	33 396.00	USD 美元	
2	6404110000	运动鞋 纺织材料制鞋面的运动鞋靴	法定数量/法定单位 第二数量/第二单位 申报数量/申报单位	8 680千克 11 280双 8 680千克	英国（303）	12.30	138 744.00	USD 美元	

业务员：白星云

税费征收情况

录入员　　　　录入单位	兹声明以上申报无讹并承担法律责任	海关审单批注及放行日期（签章）
报关员：		审单　　　审价
单位地址：	申报单位（签章）： 宁波远帆船务代理有限公司 填制日期： **2024年01月08日**	征税　　　统计
邮编：　　电话：		查验　　　**放行** 签发关员：**许爱玉** 签发日期：**2024-01-12**

表10-6

电子发票（普通发票）

发票号码：24332000000000035902
发票日期：2024 年 01 月 12 日

购买方信息	名称：ADVANCED DISTRIBUTION LOGISTIC LTD				销售方信息	名称：丽水白云进出口有限公司	
	统一社会信用代码/纳税人识别号：					统一社会信用代码/纳税人识别号：9133110056084012K6	

项目名称	规格型号	单位	数量	单价	金额	税率/征收率	税额
*鞋*胶鞋		千克	3 720	63.53319624	236 343.49	免税	***
*鞋*运动鞋		千克	8 680	113.1211164	981 891.29	免税	***
合 计					¥1 218 234.78		***

价税合计（大写）	⊗壹佰贰拾壹万捌仟贰佰叁拾肆元柒角捌分	（小写）¥1 218 234.78

备注：出口业务：出口销售总额（FOB）：172 140.00；币种：美元USD；汇率：100：707.70

开票人：江一媒

表10-7

电子发票（增值税专用发票）

发票号码：24502000000012854804
发票日期：2024 年 01 月 03 日

购买方信息	名称：丽水白云进出口有限公司				销售方信息	名称：重庆三峡连环制鞋厂	
	统一社会信用代码/纳税人识别号：9133110056084012K6					统一社会信用代码/纳税人识别号：91500052965T040202	

项目名称	规格型号	单位	数量	单价	金额	税率/征收率	税额
*鞋*胶鞋		双	4 840	43.93181818	212 630.00	13%	27 641.90
合 计					¥212 630.00		¥27 641.90

价税合计（大写）	⊗贰拾肆万零贰佰柒拾壹元玖角整	（小写）¥240 271.90

备注：
购方开户银行：中国建设银行丽水开发区支行；银行账号：33001693553011966955
销方开户银行：中国建设银行重庆市三峡分行；银行账号：435010503218201252
收款人：张晓彤　复核人：尹爱芳

开票人：李莉红

表10-8

电子发票（增值税专用发票）

发票号码：24322000000041038507
发票日期：2024 年 01 月 04 日

购买方信息	名称：丽水白云进出口有限公司				销售方信息	名称：无锡新生活鞋业有限公司	
	统一社会信用代码/纳税人识别号：9133110056084012K6					统一社会信用代码/纳税人识别号：913202001GF7QMA1NB	

项目名称	规格型号	单位	数量	单价	金额	税率/征收率	税额
*鞋*运动鞋		双	11 280	78.31205674	883 360.00	13%	114 836.80
合 计					¥883 360.00		¥114 836.80

价税合计（大写）	⊗玖拾玖万捌仟壹佰玖拾陆元捌角整	（小写）¥998 196.80

备注：
购方开户银行：中国建设银行丽水开发区支行；银行账号：33001693553011966955
销方开户银行：中国工商银行无锡市盛岸路支行；银行账号：52101480948695045
收款人：吴小莉　复核人：顾荣芳

开票人：王科媛

表 10-9　　　　　　　　　中华人民共和国海关出口货物报关单　　　　　　出口退税联

预录入编号：　000000004522956788　　　　　　　　　海关编号：310120240216589093

出口口岸（3101） 宁波海关	备案号	出口日期 2024-01-12	申报日期 2024-01-09
经营单位 丽水白云进出口有限公司 3310961786	运输方式（2） 水路运输	运输工具名称 YM WINDOW 002W	提运单号 NGBPIR011310
发货单位 丽水白云进出口有限公司 3310961786	贸易方式（0110） 一般贸易	征免性质（101） 一般征税	结汇方式（2） 电汇
许可证号	运抵国（地区）（310） 希腊	指运港（2343） 比雷埃夫斯	境内货源地（33109） 丽水
批准文号 762941040	成交方式（3） FOB	运费	保费　　　　杂费
合同协议号 BY2023120803	件数 1 117	包装种类 纸箱	毛重（千克） 30 935　　净重（千克） 30 365
集装箱号 CCLU6439559		随附单据	生产厂家

标记唛码及备注

商品序号	商品编号	商品名称、规格型号	数量/单位	数量及单位	目的国（地区）	单价	总价	币制	征免
1	6402992900	胶鞋 其他塑料制鞋面的鞋靴	法定数量/法定单位 第二数量/第二单位 申报数量/申报单位	12 146千克 15 790双 12 146千克	希腊 （310）	8.50	134 215.00	USD 美元	
2	6403190090	运动鞋 皮革制鞋面的其他运动鞋靴	法定数量/法定单位 第二数量/第二单位 申报数量/申报单位	18 219千克 23 680双 18 219千克	希腊 （310）	12.30	291 264.00	USD 美元	

业务员：白星云

税费征收情况

录入员　　　　录入单位 报关员： 单位地址： 邮编：　　　电话：	兹声明以上申报无讹并承担法律责任 申报单位（签章）： 宁波远帆船务代理有限公司 填制日期： 2024年01月09日	海关审单批注及放行日期（签章） 审单　　　　审价 征税　　　　统计 查验　　　　放行 签发关员：许爱玉 签发日期：2024-01-12

宁波远帆船务代理有限公司
9131010976580219XD
报关专用章

表 10-10

电子发票（普通发票）

发票号码：24332000000000035903

发票日期：2024 年 01 月 12 日

	名称：MARINA MOK		名称：丽水白云进出口有限公司			
购买方信息	统一社会信用代码/纳税人识别号：	销售方信息	统一社会信用代码/纳税人识别号：9133110056084012K6			

项目名称	规格型号	单位	数量	单价	金额	税率/征收率	税额
*鞋*胶鞋		千克	12 146	78.20184094	949 839.56	免税	***
*鞋*运动鞋		千克	18 219	113.1387744	2 061 275.33	免税	***
合　计					¥3 011 114.89		***

价税合计（大写）	⊗叁佰零壹万壹仟壹佰壹拾肆元捌角玖分	（小写）¥3 011 114.89

备注	出口业务：出口销售总额（FOB）：425 479.00；币种：美元 USD；汇率：100：707.70

开票人：江一媒

表 10-11

电子发票（增值税专用发票）

发票号码：24362000000054189558

发票日期：2024 年 01 月 03 日

	名称：丽水白云进出口有限公司		名称：江西省凌云鞋业有限公司			
购买方信息	统一社会信用代码/纳税人识别号：9133110056084012K6	销售方信息	统一社会信用代码/纳税人识别号：9136092258714B6594			

项目名称	规格型号	单位	数量	单价	金额	税率/征收率	税额
*鞋*胶鞋		双	15 790	54.11842939	854 530.00	13%	111 088.90
合　计					¥854 530.00		¥111 088.90

价税合计（大写）	⊗玖拾陆万伍仟陆佰壹拾捌元玖角整	（小写）¥965 618.90

备注	购方开户银行：中国建设银行丽水开发区支行；银行账号：33001693553011966955 销方开户银行：中国建设银行宜春市新发路支行；银行账号：515049053092017031 收款人：吴新媛　复核人：王欣芳

开票人：伍灵素

表 10-12

电子发票（增值税专用发票）

发票号码：24322000000041038508

发票日期：2024 年 01 月 04 日

	名称：丽水白云进出口有限公司		名称：无锡新生活鞋业有限公司			
购买方信息	统一社会信用代码/纳税人识别号：9133110056084012K6	销售方信息	统一社会信用代码/纳税人识别号：913202001GF7QMA1NB			

项目名称	规格型号	单位	数量	单价	金额	税率/征收率	税额
*鞋*运动鞋		双	23 680	78.3125	1 854 440.00	13%	241 077.20
合　计					¥1 854 440.00		¥241 077.20

价税合计（大写）	⊗贰佰零玖万伍仟伍佰壹拾柒元贰角整	（小写）¥2 095 517.20

备注	购方开户银行：中国建设银行丽水开发区支行；银行账号：33001693553011966955 销方开户银行：中国工商银行无锡市盛岸路支行；银行账号：52101480948695045 收款人：吴小莉　复核人：顾荣芳

开票人：王科媛

表 10-13　　　　　**中华人民共和国海关出口货物报关单**　　　　　出口退税联

预录入编号：　000000004578895226　　　　　　　　　　海关编号：310120240518393445

出口口岸（3101） 宁波海关	备案号	出口日期 **2024-01-22**	申报日期 **2024-01-18**
经营单位 **丽水白云进出口有限公司** 3310961786	运输方式（2） **水路运输**	运输工具名称 **BARZAN 1616W**	提运单号 6117556560
发货单位 **丽水白云进出口有限公司** 3310961786	贸易方式（0110） **一般贸易**	征免性质（101） **一般征税**	结汇方式（2） **电汇**
许可证号	运抵国（地区）（303） **英国**	指运港（3419） **费利克斯托**	境内货源地（33109） **丽水**
批准文号	成交方式（3） **FOB**	运费	保费	杂费

合同协议号 **BY2023121201**	件数 **1 218**	包装种类 **其他**	毛重（千克） **30 630**	净重（千克） **29 600**

集装箱号 **TEMU8015147**	随附单据	生产厂家

标记唛码及备注

商品序号	商品编号	商品名称、规格型号	数量/单位	数量及单位	目的国（地区）	单价	总价	币制	征免
1	6404199000	胶鞋 纺织材料制鞋面胶底的其他鞋靴	法定数量/法定单位 第二数量/第二单位 申报数量/申报单位	8 880千克 11 544双 8 880千克	英国 （303）	8.50	98 124.00	USD 美元
2	6404110000	运动鞋 纺织材料制鞋面的运动鞋靴	法定数量/法定单位 第二数量/第二单位 申报数量/申报单位	20 720千克 26 936双 20 720千克	英国 （303）	12.30	331 312.80	USD 美元

业务员：白星云

税费征收情况

录入员　　　　录入单位	兹声明以上申报无讹并承担法律责任	海关审单批注及放行日期（签章）
报关员：		审单　　　审价
单位地址：	申报单位（签章）： 宁波远帆船务代理有限公司 填制日期： **2024年01月18日** 报关专用章	征税　　　统计
		查验　　　**放行**
		签发关员：**许爱玉**
邮编：　　　电话：		签发日期：**2024-01-22**

表10-14

电子发票（普通发票）

发票号码：24332000000000035904
发票日期：2024 年 01 月 22 日

购买方信息	名称：ADVANCED DISTRIBUTION LOGISTIC LTD		售方信息	名称：丽水白云进出口有限公司			
	统一社会信用代码/纳税人识别号：			统一社会信用代码/纳税人识别号：9133110056084012K6			

项目名称	规格型号	单位	数量	单价	金额	税率/征收率	税额
*鞋*胶鞋		千克	8 880	78.20085023	694 423.55	免税	***
*鞋*运动鞋		千克	20 720	113.1612302	2 344 700.69	免税	***
合　计					¥3 039 124.24		***

价税合计（大写）	⊗叁佰零叁万玖仟壹佰贰拾肆元贰角肆分	（小写）¥3 039 124.24

备注：出口业务：出口销售总额（FOB）：429 436.80；币种：美元USD；汇率：100：707.70

开票人：江一姝

表10-15

电子发票（增值税专用发票）

发票号码：24362000000054180542
发票日期：2024 年 01 月 15 日

购买方信息	名称：丽水白云进出口有限公司		售方信息	名称：江西省凌云鞋业有限公司			
	统一社会信用代码/纳税人识别号：9133110056084012K6			统一社会信用代码/纳税人识别号：9136092258714B6594			

项目名称	规格型号	单位	数量	单价	金额	税率/征收率	税额
*鞋*胶鞋		双	11 544	54.11815662	624 740.00	13%	81 216.20
合　计					¥624 740.00		¥81 216.20

价税合计（大写）	⊗柒拾万零伍仟玖佰伍拾陆元贰角整	（小写）¥705 956.20

备注：
购方开户银行：中国建设银行丽水开发区支行；银行账号：33001693553011966955
销方开户银行：中国建设银行宜春市新发路支行；银行账号：515049053092017031
收款人：吴新媛　复核人：王欣芳

开票人：伍灵素

表10-16

电子发票（增值税专用发票）

发票号码：24322000000048038585
发票日期：2024 年 01 月 28 日

购买方信息	名称：丽水白云进出口有限公司		售方信息	名称：无锡新生活鞋业有限公司			
	统一社会信用代码/纳税人识别号：9133110056084012K6			统一社会信用代码/纳税人识别号：913202001GF7QMA1NB			

项目名称	规格型号	单位	数量	单价	金额	税率/征收率	税额
*鞋*运动鞋		双	26 936	44.15651916	1 189 400.00	13%	154 622.00
合　计					¥1 189 400.00		¥154 622.00

价税合计（大写）	⊗壹佰叁拾肆万肆仟零贰拾贰元整	（小写）¥1 344 022.00

备注：
购方开户银行：中国建设银行丽水开发区支行；银行账号：33001693553011966955
销方开户银行：中国工商银行无锡市盛岸路支行；银行账号：52101480948695045
收款人：吴小莉　复核人：顾荣芳

开票人：王科媛

表10-17

外贸企业出口退税出口明细申报表

纳税人识别号（统一社会信用代码）：91331100560840I2K6　　纳税人名称：丽水白云进出口有限公司　　申报年月：2024年01月　　申报批次：001　　金额单位：元（列至角分）

申报退税额：892 745.10　　其中：增值税 892 745.10　　消费税 0.00

序号	关联号	出口发票号	出口货物报关单号	代理出口货物证明号	出口日期	出口商品代码	出口商品名称	计量单位	出口数量	美元离岸价	申报商品代码	退(免)税业务类型	备注
1	2	3	4	5	6	7	8	9	10	11	12	13	14
00000001	20240101000000001	24332000000000035901	31012024021658911S001		2024.01.11	6404199000	纺织材料制鞋面胶底的	千克	4 068.0000	41 791.00			
00000002	20240101000000002	24332000000000035901	31012024021658911S002		2024.01.11	6403190090	皮革制鞋面的其他运动	千克	9 492.0000	154 250.00			
00000003	20240101000000003	24332000000000035902	31012024051893425400I		2024.01.12	6404199000	纺织材料制鞋面胶底的	千克	3 720.0000	33 396.00			
00000004	20240101000000004	24332000000000035902	31012024051893425400I		2024.01.12	6404110000	纺织材料制鞋面的运动	千克	8 680.0000	138 744.00			
00000005	20240101000000005	24332000000000035903	31012024021658909300I		2024.01.12	640299290	其他塑料制鞋面的鞋靴	千克	12 146.0000	134 215.00			
00000006	20240101000000006	24332000000000035903	31012024021658909300I		2024.01.12	6403190090	皮革制鞋面的其他运动	千克	18 219.0000	291 264.00			
00000007	20240101000000007	24332000000000035904	3101202405183934450I		2024.01.22	6404199000	纺织材料制鞋面胶底的	千克	8 880.0000	98 124.00			
00000008	20240101000000008	24332000000000035904	3101202405183934450I		2024.01.22	6404110000	纺织材料制鞋面的运动	千克	20 720.0000	331 312.80			
小计									85 925.0000	1 223 096.80			
合计									85 925.0000	1 223 096.80			

声明：此表是根据国家税收法律法规及相关规定填写的，本人（单位）对填报内容（及附带资料）的真实性、可靠性、完整性负责。

纳税人（签章）：　　　　　　　　　　　　年　月　日

经办人：
经办人身份证号：
代理机构签章：
代理机构统一社会信用代码：

受理人：
受理税务机关（章）：
受理日期：　　年　月　日

外贸企业出口退税进货明细申报表

表10-18

纳税人识别号（统一社会信用代码）：9133110056084012K6

纳税人名称：丽水白云进出口有限公司

申报年月：2024年01月

申报批次：001

申报退税额：892 745.10　其中：增值税 892 745.10

消费税 0.00

金额单位：元（列至角分）

序号	关联号	税种	凭证种类	进货证号	供货方纳税人识别号	开票日期	出口商品代码	商品名称	计量单位	数量	计税金额	征税率（%）	退税率（%）	可退税额	备注
1	2	3	4	5	6	7	8	9	10	11	12	13	14	15	16
00000001	20240101000000001	V	增值税专用发票	24502000000012854803	915000529657040202	2024.01.03	6404199000	纺织材料制鞋面鞋底的	千克	4 068.0000	266 080.00	13.0000	13.0000	34 590.40	
00000002	20240101000000002	V	增值税专用发票	24322000004103806	913202001GF7QMA1NB	2024.01.04	6403190090	皮革制鞋面的其他运动	千克	9 492.0000	982 090.00	13.0000	13.0000	127 671.70	
00000003	20240101000000003	V	增值税专用发票	24502000000012854804	915000529657040202	2024.01.03	6404199000	纺织材料制鞋面鞋底的	千克	3 720.0000	212 630.00	13.0000	13.0000	27 641.90	
00000004	20240101000000004	V	增值税专用发票	24322000004103807	913202001GF7QMA1NB	2024.01.04	6404110000	纺织材料制鞋面的运动	千克	8 680.0000	883 360.00	13.0000	13.0000	114 836.80	
00000005	20240101000000005	V	增值税专用发票	24362000000054189558	913609225874B6594	2024.01.03	6402992900	其他塑料制鞋面的鞋靴	千克	12 146.0000	854 530.00	13.0000	13.0000	111 088.90	
00000006	20240101000000006	V	增值税专用发票	24322000004103808	913202001GF7QMA1NB	2024.01.04	6403190090	皮革制鞋面的其他运动	千克	18 219.0000	1 854 440.00	13.0000	13.0000	241 077.20	
00000007	20240101000000007	V	增值税专用发票	24362000000054180542	913609225874B6594	2024.01.15	6404199000	纺织材料制鞋面鞋底的	千克	8 880.0000	624 740.00	13.0000	13.0000	81 216.20	
00000008	20240101000000008	V	增值税专用发票	24322000004038585	913202001GF7QMA1NB	2024.01.28	6404110000	纺织材料制鞋面的运动	千克	20 720.0000	1 189 400.00	13.0000	13.0000	154 622.00	
小计										85 925.0000	6 867 270.00			892 745.10	
合计										85 925.0000	6 867 270.00			892 745.10	

声明：此表是根据国家税收法律法规及规定填写的，本人（单位）对填报内容（及附带资料）的真实性、可靠性、完整性负责。

纳税人（签章）：　　　　　　　　　　年　月　日

经办人：

经办人身份证号：

代理机构签章：

代理机构统一社会信用代码：

受理人：

受理税务机关（章）：

受理日期：　　年　月　日

表 10-19

出口货物收汇申报表

所属期	序号	出口货物报关单号	出口发票号	出口销售币种代码	出口销售币种名称	出口销售金额	出口销售币种汇率	出口销售人民币金额	收汇日期	收汇凭证号	出口收汇币种代码	出口收汇币种名称	凭证总金额	出口收汇金额	出口收汇币种汇率	出口收汇人民币金额	付汇人
202401	00000001	31012024021658911500l	24332000000000035901	USD	美元	41 791.00	707.70	295 754.91	2024-01-15	3306913271690282L76	USD	美元	45 622.64	41 791.00	707.70	295 754.91	BBC SERVICES LIMITED
202401	00000002	3101202402165891150O2	24332000000000035901	USD	美元	154 250.00	707.70	1 091 627.25	2024-01-15	3306913271690282L76	USD	美元	45 622.64	154 250.00	707.70	1 091 627.25	BBC SERVICES LIMITED
202401	00000003	31012024051893425400l	24332000000000035902	USD	美元	33 396.00	707.70	236 343.49	2024-01-15	33069132716058X0045	USD	美元	45 622.64	33 396.00	707.70	236 343.49	ADVANCED DISTRIBUTION LOGISTIC LTD
202401	00000004	31012024051893425400 2	24332000000000035902	USD	美元	138 744.00	707.70	981 891.29	2024-01-15	33069132716058X0045	USD	美元	434 377.36	138 744.00	707.70	981 891.29	ADVANCED DISTRIBUTION LOGISTIC LTD
202401	00000005	31012024021658909300l	24332000000000035903	USD	美元	134 215.00	707.70	949 839.56	2024-01-15	33069132716058X035	USD	美元	434 377.36	134 215.00	707.70	949 839.56	MARINA MOK
202401	00000006	3101202402165890930O2	24332000000000035903	USD	美元	291 264.00	707.70	2 061 275.33	2024-01-15	33069132716058X035	USD	美元	434 377.36	291 264.00	707.70	2 061 275.33	MARINA MOK
202401	00000007	31012024051893445001	24332000000000035904	USD	美元	98 124.00	707.70	694 423.55	2024-01-25	33069132000804508X	USD	美元	434 377.36	98 124.00	707.70	694 423.55	ADVANCED DISTRIBUTION LOGISTIC LTD
202401	00000008	31012024051893445002	24332000000000035904	USD	美元	331 312.80	707.70	2 344 700.69	2024-01-25	33069132000804508X	USD	美元	429 300.00	331 312.80	707.70	23 44 700.69	ADVANCED DISTRIBUTION LOGISTIC LTD
合计						1223 096.80		8 655 856.07*						1 223 096.80		8 655 856.07*	

注：*出口收汇人民币金额因四舍五入，故有尾差调整。

表10-20   **本月国内、国外销售及出口退税情况统计表**

序号	项目名称	金额	备注
1	本月国内销售金额	0	公司无国内销售
2	增值税本月销项税额	0	
3	本月出口销售金额（外币）		
4	本月外币人民币折合率		
5	本月出口销售金额（人民币）		
6	增值税抵扣认证本月进项税额		
7	增值税退税认证本月进项税额		
8	增值税本月进项税转出金额		
9	增值税本月当期应纳税额	0	
10	增值税本月审核通过的免抵退税额		
11	增值税本月应退税额		

四 实训任务

任务10.1 外贸企业进行出口退（免）税申报

外贸企业离线出口退税申报软件的出口退税申报操作指南，可以从出口退税咨询网（网址：http：//www.taxrefund.com.cn/other/sbxt.html）下载。

对于出口货物免退税申报信息的录入，外贸企业离线出口退税申报软件提供了两种方式，即手工录入报关单数据和增值税发票信息、成批读入报关单数据和增值税发票信息。

第一种方式：手工录入报关单数据和增值税发票信息

1.录入出口退税出口明细申报表和出口退税进货明细申报表

以用户名sa（密码：无，当前所属期：202401）登录外贸企业离线出口退税申报软件。根据表10-1至表10-16提供的报关单、出口发票、购进商品增值税专用发票等资料，录入出口退税出口明细申报表和出口退税进货明细申报表两张报表。

录入出口退税出口明细申报表。操作路径：向导→退税申报向导→二 免退税明细数据采集→出口退税出口明细申报表。进行出口货物报关单相关信息录入。

录入出口退税进货明细申报表。操作路径：向导→退税申报向导→二 免退税明细数据采集→出口退税进货明细申报表。进行出口商品的进货发票相关信息录入。

2.录入收汇信息

如果纳税人在退（免）税申报期截止之日后申报出口货物退（免）税的，应当在申报退（免）税时报送收汇材料。

操作路径：向导→退税申报向导→二 免退税明细数据采集→出口货物收汇申报表→增加。录入出口货物收汇的银行回单等详细信息后保存。

3.生成出口退（免）税申报数据

生成出口退（免）税申报数据，将生成的结果上传到电子税务局。

操作路径：向导→退税申报向导→三 生成出口退（免）税申报→生成出口退（免）税申报数据→所属期：202401→批次：001→退（免）税申报→申报数据列表→确认→生成申报数据，请输入申报数据的存放路径，例如：E:\白云公司出口退税申报→路径不存在，是否创建路径→确认→提示信息→关闭。

申报软件的提示信息如下：

数据申报情况：

申报数据已成功生成到 E:\白云公司出口退税申报\3310961786_202401_001_wmsb.xml 中

申报数据列表：

出口退税出口明细申报表	8	条记录
出口退税进货明细申报表	8	条记录
海关出口商品代码、名称、退税率调整对应表	0	条记录
出口货物收汇申报表	8	条记录
出口货物不能收汇申报表	0	条记录
跨境应税行为免退税申报明细表	0	条记录
外贸企业调整申报	0	条记录

4.上传出口退（免）税申报文件

将生成的出口退（免）税申报数据 3310961786_202401_001_wmsb.xml 文件上传到电子税务局，进出口税收管理部门运用出口退税审核软件进行审核审批。

5.打印、保存出口退（免）税报表

打印、保存出口退税出口明细申报表、出口退税进货明细申报表、出口货物收汇申报表。

操作路径：向导→退税申报向导→四 打印出口退（免）税报表→所属期：202401→批次：001→免退税申报表→出口退税出口明细申报表、出口退税进货明细申报表、出口货物收汇申报表→确认→打印预览→打印。

打印的出口退税出口明细申报表见表10-17，出口退税进货明细申报表见表10-18，出口货物收汇申报表见表10-19。

点击"保存"下拉按钮，系统提供 Excel、PDF、图片等3种格式，保存出口退税出口明细申报表、出口退税进货明细申报表、出口货物收汇申报表等文件。

第二种方式：成批读入报关单数据和增值税发票信息

将任务8.1按月下载的出口货物报关单，读入到外贸企业离线出口退税申报软件中。读入报关单数据后，进行出口报关数据处理、汇率配置管理、增值税发票信息管理等操作，步骤如下：

读入报关单数据。操作路径：向导→退税申报向导→一 外部数据采集→出口报关单数据读入→数据读入，将任务8.1下载的出口货物报关单，导入到外贸企业离线出口退税申报软件中。

出口报关数据处理。操作路径：向导→退税申报向导→一 外部数据采集→出口报关数据处理→修改→保存。补齐出口退税申报的相关信息。

汇率配置管理。操作路径：向导→退税申报向导→一 外部数据采集→汇率配置管理→增加→保存。配置申报出口货物适用的外币汇率。

增值税发票信息管理。操作路径：向导→退税申报向导→一 外部数据采集→增值税发票信息管理→增加→保存。将出口货物的进货发票信息录入或读入到外贸企业离线出口退税申报软件中。

成批读入报关单数据和增值税发票信息后，生成出口退（免）税申报数据、上传出口退（免）税申报数据、打印或保存出口退（免）税申报表。后续操作与手工录入数据方式相同。

采用成批读入报关单数据和增值税发票信息方式，可以减轻手工录入数据的工作量，尤其是在出口业务多的情况下，效率显著提高。

任务10.2 统计国内、国外销售及出口退税数据

根据申报结果信息等有关资料，统计并填写本月国内、国外销售及出口退税情况统计表，见表10-20。

项目十一　外贸企业出口免退税的单证备案

一　实训目的

掌握外贸企业出口退税单证备案的装订。

二　实训内容

装订外贸企业出口退税单证，以备当地主管税务机关进出口税收管理部门查验。

三　实训资料

表11-1出口货物备案单证目录；　　　　　表11-2 SALES CONTRACT；

表11-3国内采购合同；　　　　　　　　　表11-4国内采购合同；

表11-5提货单；　　　　　　　　　　　　表11-6代理报关委托书

表11-7通关无纸化出口放行通知书；　　　表11-8 SALES CONTRACT；

表11-9国内采购合同；　　　　　　　　　表11-10国内采购合同；

表11-11提货单；　　　　　　　　　　　　表11-12通关无纸化出口放行通知书；

表11-13 SALES CONTRACT；　　　　　　　表11-14国内采购合同；

表11-15国内采购合同；　　　　　　　　　表11-16提货单；

表11-17通关无纸化出口放行通知书；　　　表11-18 SALES CONTRACT；

表11-19国内采购合同；　　　　　　　　　表11-20国内采购合同；

表11-21提货单；　　　　　　　　　　　　表11-22通关无纸化出口放行通知书。

四　实训任务

根据当地主管税务机关进出口税收管理部门的要求，装订本月的出口退税申报资料，以备当地主管税务机关进出口税收管理部门查验。

任务11.1　装订本期的出口退税申报资料

出口退税申报资料装订清单：

（1）出口退税凭证封面；

（2）出口退税出口明细申报表（见表10-17）；

（3）出口退税进货明细申报表（见表10-18）；

（4）出口货物报关单（出口退税联）（见表10-1、表10-5、表10-9、表10-13）；

（5）出口销售发票：电子发票（普通发票）（见表10-2、表10-6、表10-10、表10-14）；

（6）出口货物采购进货的增值税专用发票（见表10-3、表10-4、表10-7、表10-8、表10-11、表10-12、表10-15、表10-16）；

（7）出口货物收汇申报表（见表10-19）；

（8）防伪税控增值税专用发票申报抵扣明细（见表9-4）；

（9）增值税及附加税费申报表附列资料（二）（见表9-8）；

（10）增值税减免税明细表（见表9-9）；

（11）增值税及附加税费申报表（见表9-10）。

其中，（1）至（6）项是必备申报资料，（7）至（11）项为根据当地主管税务机关进出口税收管理部门要求提供的其他相关资料（若无要求，可不必装订）。

任务11.2　装订本期的出口退税单证

出口退税单证备案装订清单：

（1）出口货物备案单证目录；

（2）出口退税出口明细申报表（见表10-17）；

（3）出口退税进货明细申报表（见表10-18）；

（4）通关无纸化出口放行通知书；

（5）提货单；

（6）国内采购合同；

（7）国内运输发票；

（8）委托报关协议；

（9）代理报关服务费发票；

（10）出口货物报关单（出口退税联）；

（11）出口销售发票：电子发票（普通发票）。

上述备案单证的装订顺序按表11-1进行，或依据当地主管税务机关进出税收管理部门的要求，按期进行单证备案。其中，第（10）（11）项在出口退税申报资料时已经装订，在单证备案时，可以不重复装订。

表11-1

出口货物备案单证目录

公司名称：丽水白云进出口退出口有限公司　　企业办税员：江一煤　　　　备案日期：20240227
备案单证存放处：财务室　　　　　　　　　　　外贸业务员：白星云

所属月期	序号	出口货物报关单	出口销售合同	通关无纸化出口放行通知书	提货单号码	出口发票号	进货合同	国内运输发票	委托报关协议	代理报关服务费发票
202401	1	31012024021658 9115	BY2023120801	预录入编号：4567889522	14368031 7325	24332000000003 5901	BY2023120801-CG01、BY2023120801-CG02	24332000000003 4541035	NBYF2401236	24332000000003 4541034
		表10-1	表11-2	表11-7	表11-5	表10-2	表11-3、表11-4	表8-43	表11-6	表8-42
202401	2	31012024051893 4254	BY2023120802	预录入编号：4589522678	57592 8693	24332000000003 5902	BY2023120802-CG01、BY2023120802-CG02	24332000000003 4541035	NBYF2401236	24332000000003 4541034
		表10-5	表11-8	表11-12	表11-11	表10-6	表11-9、表11-10	表8-43	表11-6	表8-42
202401	3	31012024021658 9093	BY2023120803	预录入编号：4522956788	NGBPIR 011310	24332000000003 5903	BY2023120803-CG01、BY2023120803-CG02	24332000000003 4541035	NBYF2401236	24332000000003 4541034
		表10-9	表11-13	表11-17	表11-16	表10-10	表11-14、表11-15	表8-43	表11-6	表8-42
202401	4	31012024051839 3445	BY2023121201	预录入编号：4578895226	61175 56560	24332000000003 5904	BY2023121201-CG01、BY2023121201-CG02	24332000000003 4541035	NBYF2401236	24332000000003 4541034
		表10-13	表11-18	表11-22	表11-21	表10-14	表11-19、表11-20	表8-43	表11-6	表8-42

企业制表人（签字）：江一煤　　　　　　　　　　　　　　　　　　　　企业财务责人（签字）：江一煤
　　　　　　　　　　　　　　　　　　　　　　　　　　　　　　　　　制表日期：2024年02月25日

注：
1. 出口退税"申报日期"和"备案日期"栏填到"月日"。
2. "出口发票号"栏"栏填写出口发票号或企业自制出口发票号码（主要指出口商业发票），二者号码不一致的，应分别填写。
3. "备案单证存放处"栏应逐一标明每个备案单证的存放地点。
4. 各地可根据本地区实际情况，对本表栏次进行增加。

表 11-2

LISHUI BAIYUN IMPORT&EXPORT CO., LIMITED

丽水白云进出口有限公司

SALES　CONTRACT

NO. BY2023120801

DATE：2023-12-08

MESSERS：BBC SERVICES LIMITED

FROM：NINGBO CHINA　TO：FELIXSTOWE

MARKS&NUMBERS		DESCRIPTIONS OF GOODS & QUANTITIES	QUANTITIES	UNIT	UINT PRICE	AMOUNT
N/M	SHOES		5 290	PAIR	7.9000	41 791.00
N/M	SHOES		12 340	PAIR	12.5000	154 250.00
TOTAL			17 630			$196 041.00

PACKING: EXPORT CARTONS

DELIVERY TIME: BY BUYER'S CONFIRMATION

INSURANCE : EFFECTED BY THE SELLER

PAYMENT ITEMS: BBC SERVICES LIMITED

BUYER: BBC SERVICES LIMITED

SELLER: LISHUI BAIYUN IMPORT&EXPORT CO., LIMITED

表 11-3   **国内采购合同**

需方：丽水白云进出口有限公司   合同编号：BY2023120801-CG01

供方：重庆三峡连环制鞋厂   签订时间：20231208

双方就采购货物及相关事宜，经充分友好协商，达成一致，特签订本合同，以共同信守。

一、合同标的：

序号	产品名称	规格型号	单位	数量	单价	金额	交货时间	备注
1	胶鞋		双	5 290		300 670.40	20240106	
2								
3								
总金额：（人民币）叁拾万零陆佰柒拾元肆角整						¥300 670.40		

二、交货地点：宁波市北仑区创业路。

三、交货方式：物流到货，运费由供方付。

四、货物包装要求：供方应确保包装质量满足运输安全要求，保护产品自身不受损害以及满足产品本身特性的要求。

五、风险承担：货物运输过程中发生的灭失、毁损等一切风险均由供方承担。

六、质量及验收标准：□样品   □企业标准   □行业标准   ☑国家标准

七、货物验收：货物送达后，需方按验收标准对货物进行检测验收，如有质量问题或数量短缺问题，供方应在得到需方通知后3天内派人到需方处理相关事宜，根据问题的严重程度，需方可以采取拒绝接受或限期补货、货款折扣等方式进行处理，供方经告不来处理的，合同自动解除，需方有权向供方追索相应损失。

八、货款结算：合同总价款为人民币叁拾万零陆佰柒拾元肆角整。

付款日期：货到30日内付款。银行账号：中国建设银行重庆市三峡分行435010503218201252。

九、产品经需方验收合格，数量无误，办理入库手续，双方按约定的付款方式进行货款结算。违约责任：供方不能按期交货的，每逾期一日，应承担货款总额2%的违约金，依此类推，需方可以在货款中直接扣除违约金部分；因供方产品质量问题而使需方遭受损失的，供方应承担由此引起的损失责任。

十、争议解决方式：因执行本合同发生争议，由双方协商解决；协调不成，任何一方都可以直接向需方所在地人民法院起诉。

十一、合同生效：本合同壹式两份，双方各执壹份，每份具有同等效力，自合同盖章之日起开始生效，修改无效。

需方：丽水白云进出口有限公司   供方：重庆三峡连环制鞋厂

联系人：王洪涛   联系人：李莉红

手机：15925721234   手机：

电话：0578-2230375   电话：023-63100576

传真：0578-2230375   传真：023-63100576

地址：浙江省丽水市中山街359号   地址：重庆市三峡路891号

表11-4 　　　　　　　　　　**国内采购合同**

需方：丽水白云进出口有限公司　　　　合同编号：BY2023120801-CG02
供方：无锡新生活鞋业有限公司　　　　签订时间：20231208

双方就采购货物及相关事宜，经充分友好协商，达成一致，特签订本合同，以共同信守。
一、合同标的：

序号	产品名称	规格型号	单位	数量	单价	金额	交货时间	备注
1	运动鞋		双	12 340		1 109 761.70	20240106	
2								
3								
总金额：（人民币）壹佰壹拾万玖仟柒佰陆拾壹元柒角整						¥1 109 761.70		

二、交货地点：宁波市北仑区创业路。
三、交货方式：物流到货，运费由供方付。
四、货物包装要求：供方应确保包装质量满足运输安全要求，保护产品自身不受损害以及满足产品本身特性的要求。
五、风险承担：货物运输过程中发生的灭失、毁损等一切风险均由供方承担。
六、质量及验收标准：□样品　　□企业标准　　□行业标准　　☑国家标准
七、货物验收：货物送达后，需方按验收标准对货物进行检测验收，如有质量问题或数量短缺问题，供方应在得到需方通知后3天内派人到需方处理相关事宜；根据问题的严重程度，需方可以采取拒绝接受或限期补货、货款折扣等方式进行处理；供方经告不来处理的，合同自动解除，需方有权向供方追索相应损失。
八、货款结算：合同总价款为人民币壹佰壹拾万玖仟柒佰陆拾壹元柒角整。
付款日期：货到30日内付款。银行账号：中国工商银行无锡市盛岸路支行5210148094 8695045。
九、产品经需方验收合格，数量无误，办理入库手续，双方按约定的付款方式进行货款结算。违约责任：供方不能按期交货的，每逾期一日，应承担货款总额2%的违约金，依此类推，需方可以在货款中直接扣除违约金部分；因供方产品质量问题而使需方遭受损失的，供方应承担由此引起的损失责任。
十、争议解决方式：因执行本合同发生争议，由双方协商解决；协调不成的，任何一方都可以直接向需方所在地人民法院起诉。
十一、合同生效：本合同壹式两份，双方各执壹份，每份具有同等效力，自合同盖章之日起开始生效，修改无效。

需方：丽水白云进出口有限公司　　　　供方：无锡新生活鞋业有限公司
联系人：王洪涛　　　　　　　　　　　联系人：王科媛
手机：15925721234　　　　　　　　　　手机：
电话：0578-2230375　　　　　　　　　电话：0510-84605038
传真：0578-2230375　　　　　　　　　传真：0510-84605038
地址：浙江省丽水市中山街359号　　　地址：无锡市盛岸路298号

表 11-5   提货单

EVERGREEN LINE   BILL OF LADING
A Joint Service Agreement

(2) Shipper / Exporter LISHUI BAIYUN IMPORT&EXPORT CO., LIMITED	(5) Document No. 143680317325
	(6) Export References
(3) Consignee(complete name and address) TO ORDER	(7) Forwarding Agent-References
(4) Notify Party (complete name and address) BBC SERVICES LIMITED FIRST FLOOR 30 LONDON ROAD SAWBRIDGEWORTH HERTFORDSHIRE CM21 9JS COMPANY NUMBER:10048856 VAT REG:235 3344 25	(8) Point and Country of Origin (for the Merchant's reference only)
	(9) Also Notify Party (complete name and address)
(12) Pre-carriage by	(13) Place of Receipt/Date NINGBO	
(14) Ocean Vessel/Voy. No. THALASSA DOXA 0891-011W	(15) Port of Loading NINGBO	(10) Onward Inland Routing/Export Instructions (which are contracted separately by Merchants entirely for their own account and risk)
(16) Port of Discharge FELIXSTOWE	(17) Place of Delivery FELIXSTOWE	

Particulars furnished by the Merchant

(18) Container No. And Seal No Marks & Nos	(19) Quantity And Kind of Packages	(20) Description of Goods	(21) Measurement (M³) Gross Weight (KGS)
CONTAINER NO /SEAL NO FSCU7040200/45H/EMCBBK4695/1155 CARTONS N/M	1 X 45H	(HI-CUBE) SHOES	78.0000 CBM 13 800.000 KGS

全套正本提单
收悉，同意电放

宁波远帆船务代理有限公司
NINGBO YUANFAN SHIPPING TAGENCY CO. LTD
张远帆

与原件相符

"OCEAN FREIGHT PREPAID"
SHIPPER'S LOAD & COUNT
1155 CARTONS

(22) TOTAL NUMBER OF CONTAINERS OR PACKAGES (IN WORDS)	ONE(1) CONTAINER ONLY		

(24) FREIGHT & CHARGES	Revenue tons	Rate	Per	Prepaid	Collect	AS AGENT
	AS ARRANGED					

1. ANY AND ALL EQUIPMENT TRANSFER (LIFT-ON/LIFT-OFF) CHARGES ADDITIONAL TO FREIGHT AND CHARGES PREPAID OR STATED TO BE PREPAID THAT MAY BE INCURRED IN ACCORDANCE WITH THE CARRIER'S TARIFF (SECTION 2.8) IF CONTAINERS (INCLUDING CONTAINER/TRAILER UNITS) ARE HANDED OVER TO THE MERCHANT AND/OR RECEIVED FROM THE MERCHANT AT THE CARRIER'S CONTAINER YARDS AND TERMINALS.
2. THE MERCHANT IS LIABLE FOR ANY DIFFERENCE IN ANY U.K. INLAND CHARGES AS PER OUR TARIFF DUE TO CHANGE OF INLAND DESTINATION WHICH MAY BE REQUESTED BY THE MERCHANT.

(25) B/L NO EGLV 143680317325	(27) Number of Original B(s)L THREE (3)	(29) Prepaid at NINGBO, CHINA	(30) Collect at
	(28) Place of B(s)L Issue/Date NINGBO, CHINA JAN.11,2024	(31) Exchange Rate US$1=RMB 7.0770	
(26) Service Type/Mode FCL/FCL O/O	(33) Laden on Board JAN.11,2024 THALASSA DOXA 0891-011W NINGBO, CHINA NINGBO, CHINA		

As agent for the Carrier
doing business as "Evergr...
As agent for the Carrier
doing business as "Evergr...

表11-6

代理报关委托书

编号：NBYF2401236

我单位现（□A逐票、☑B长期）委托贵公司代理（A.填单申报 B.申请、联系和配合实施检验检疫 C.辅助查验 D.代缴税款 E.设立手册（账册） F.核销手册（账册） G.领取海关相关单证 H.其他）等通关事宜。详见《委托报关协议》。

我单位保证遵守海关有关法律、法规、规章，保证所提供的情况真实、完整、单货相符，无侵犯他人知识产权的行为。否则，愿承担相关法律责任。

本委托书有效期自签字之日起至 2024 年 12 月 31 日止。

法定代表人或其授权签署《代理报关委托书》的人（签字）　**白星云**

委托方（盖章）
2024 年 01 月 07 日

委托报关协议

为明确委托报关具体事项和各自责任，双方经平等协商，签订协议如下：

委托方	丽水白云进出口有限公司	被委托方	宁波远帆船务代理有限公司	
主要货物名称	胶鞋	*报关单编码	No. 310120240216589115	
HS 编码	64041990	收到单证日期	2024 年 01 月 07 日	
进/出口日期	2024 年 01 月 11 日	收到单证情况	合同☑	发票□
提（运）单号	143680317325		装箱清单☑	提（运）单□
贸易方式	FOB		加工贸易手册□	许可证件□
数（重）量	13 800 千克		其他	
包装情况	纸质包装			
原产地/货源地	丽水			
		报关收费	人民币：	元

其他要求：	承诺说明：
背面所列通用条款是本协议不可分割的一部分，对本协议的签署构成了对背面通用条款的同意。	背面所列通用条款是本协议不可分割的一部分，对本协议的签署构成了对背面通用条款的同意。
委托方签章： 经办人签章：**白星云** 联系电话： 2024 年 01 月 07 日	被委托方签章： 报关员签章：**张远帆** 联系电话： 2024 年 01 月 07 日

中国报关协会监制

委托报关协议通用条款

委托方责任

委托方应及时提供报关所需的全部单证，并对单证的真实性、准确性和完整性负责，并保证没有侵犯他人知识产权的行为。

委托方负责在报关企业办结海关手续后，及时、履约支付代理报关费用，支付垫支费用，以及因委托方责任产生的滞报金、滞纳金和海关等执法单位依法处以的各种罚款。

负责按照海关要求将货物运抵指定场所。

负责与被委托方报关人员一同协助海关进行查验，回答海关的询问，配合相关调查，并承担产生的相关费用。

在被委托方无法做到报关前提取货样的情况下，承担单货相符的责任。

被委托方责任

负责解答委托方有关向海关申报的疑问。

负责对委托方提供的货物情况和单证的真实性、完整性进行"合理审查"。审查内容包括：（一）证明进出口货物实际情况的资料，包括进出口货物的品名、规格、数（重）量、包装情况、用途、产地、贸易方式等；（二）有关进出口货物的合同、发票、运输单据、装箱单等商业单据；（三）进出口所需的许可证件及随附单证；（四）海关要求的加工贸易（纸质或电子数据的）及其他进出口单证。

因确定货物的品名、归类等原因，经海关批准，可以看货或提取货样。

在接到委托方交付齐备的随附单证后，负责依据委托方提供的单证，按照《中华人民共和国海关进出口货物报关单填制规范》认真填制报关单，承担"单单相符"的责任，在海关规定和本委托报关协议中约定的时间内报关，办理海关手续。

负责及时通知委托方共同协助海关进行查验，并配合海关开展相关调查。

负责支付因报关企业的责任给委托方造成的直接经济损失，所产生的滞报金、滞纳金和海关等执法单位依法处以的各种罚款。

负责在本委托书约定的时间内将办结海关手续的有关委托内容的单证、文件交还委托方或其指定的人员（详见《委托报关协议》"其他要求"栏），并如实告知委托方有关货物的后续检验检疫及监管要求。

赔偿原则 被委托方不承担因不可抗力给委托方造成损失的责任。因其他过失造成的损失，由双方自行约定或按国家有关法律、法规、规章的规定办理。由此造成的风险，委托方可以投保方式自行规避。

不承担的责任 签约双方各自不承担因另外一方原因造成的直接经济损失，以及滞报金、滞纳金和相关罚款。

收费原则 一般货物报关收费原则上按当地报关行业收费指导价格规定执行。特殊商品可由双方另行商定。

法律强制 本《委托报关协议》的任一条款与海关有关法律、法规、规章不一致时，应以法律、法规、规章为准。但不影响《委托报关协议》其他条款的效力。

协商解决事项 变更、中止本协议或双方发生争议时，按照《中华人民共和国民法典》有关规定及程序处理。因签约双方以外的原因产生的问题或报关业务需要修改协议条款，应协商订立补充协议。双方可以在法律、法规、规章准许的范围内另行签署补充条款，但补充条款不得与本协议的内容相抵触。

注：自2022年起，委托报关协议是必备单证。本书限于篇幅，仅提供1张，后续提货单的委托报关协议的格式和内容参照本表。

表 11-7　　　　　　　　**通关无纸化出口放行通知书**

宁波远帆船务代理有限公司:

你单位申报的货物（报关单 310120240216589115）于 2024 年 01 月 11 日业经通关无纸化放行，请及时办理后续海关手续。

特此通知。

宁波海关

2024-01-11

||||||

310120240216589115

预录入编号：4567889522　　　海关编号：310120240216589115

出口口岸（**3101**） **宁波海关**	备案号		出口日期	申报日期 **2024-01-07**
经营单位 **丽水白云进出口有限公司**	运输方（**2**） **水路运输**	运输工具名称 **THALASSA DOXA**		提运单号 **143680317325**
发货单位 **丽水白云进出口有限公司**	贸易方式（**0110**） **一般贸易**	征免性质（**101**） **一般征税**		结汇方式（**2**） **电汇**
许可证号	运抵国（地区）（**303**） **英国**		指运港（**3419**） **费利克斯托**	境内货源地（**33109**） **丽水**
批准文号	成交方式（**3**） **FOB**	运费	保费	杂费
合同协议号 **BY2023120801**	件数 **1 115**	包装种类 **其他**	毛重（千克） **13 800**	净重（千克） **13 560**
集装箱号 **FSCU7040200**	随附单证			生产厂家

项目号	商品名称、规格型号	数量及单位	最终目的国（地区）	单价	币制
1	**胶鞋/低帮/布面/牛筋底/无品牌/无货号**	**5 290 双**	英国	**7.90**	美元
2	**运动鞋/低帮/革面/TPR 底 PU 底/非栓塞制/无品牌/无货号**	**12 340 双**	英国	**12.50**	美元

与电子信息相符

宁波远帆船务代理有限公司

913101097658219XD

报关专用章

兹申明，以上通知由我公司根据海关电子回执打印，保证准确无讹。

宁波远帆船务代理有限公司（签印）

表 11-8

LISHUI BAIYUN IMPORT&EXPORT CO., LIMITED
丽水白云进出口有限公司
SALES   CONTRACT

NO. BY2023120802

DATE: 2023-12-08

MESSERS: ADVANCED DISTRIBUTION LOGISTIC LTD

FROM：NINGBO CHINA   TO：FELIXSTOWE

MARKS&NUMBERS		DESCRIPTIONS OF GOODS & QUANTITIES	QUANTITIES	UNIT	UINT PRICE	AMOUNT
N/M	SHOES		4 840	PAIR	6.9000	33 396.00
N/M	SHOES		11 280	PAIR	12.3000	138 744.00
TOTAL			16 120			$172 140.00

PACKING: EXPORT CARTONS

DELIVERY TIME: BY BUYER'S CONFIRMATION

INSURANCE : EFFECTED BY THE SELLER

PAYMENT ITEMS: ADVANCED DISTRIBUTION LOGISTIC LTD

BUYER: ADVANCED DISTRIBUTION LOGISTIC LTD

SELLER: LISHUI BAIYUN IMPORT&EXPORT CO., LIMITED

表 11-9　　　　　　　　　　　　　　国内采购合同

需方：丽水白云进出口有限公司　　　　　合同编号：BY2023120802-CG01
供方：重庆三峡连环制鞋厂　　　　　　　签订时间：20231208

双方就采购货物及相关事宜，经充分友好协商，达成一致，特签订本合同，以共同信守。

一、合同标的：

序号	产品名称	规格型号	单位	数量	单价	金额	交货时间	备注
1	胶鞋		双	4 840		240 271.90	20240106	
2								
3								
总金额：（人民币）贰拾肆万零贰佰柒拾壹元玖角整						¥240 271.90		

二、交货地点：宁波市北仑区创业路。

三、交货方式：物流到货，运费由供方付。

四、货物包装要求：供方应确保包装质量满足运输安全要求，保护产品自身不受损害以及满足产品本身特性的要求。

五、风险承担：货物运输过程中发生的灭失、毁损等一切风险均由供方承担。

六、质量及验收标准：□样品　　　□企业标准　　　□行业标准　　　☑国家标准

七、货物验收：货物送达后，需方按验收标准对货物进行检测验收，如有质量问题或数量短缺问题，供方应在得到需方通知后 3 天内派人到需方处理相关事宜；根据问题的严重程度，需方可以采取拒绝接受或限期补货、货款折扣等方式进行处理；供方经告不来处理的，合同自动解除，需方有权向供方追索相应损失。

八、货款结算：合同总价款为人民币贰拾肆万零贰佰柒拾壹元玖角整。

付款日期：货到30日内付款。银行账号：中国建设银行重庆市三峡分行435010503218201252。

九、产品经需方验收合格，数量无误，办理入库手续，双方按约定的付款方式进行货款结算。违约责任：供方不能按期交货的，每逾期一日，应承担货款总额2%的违约金，依此类推，需方可以在货款中直接扣除违约金部分；因供方产品质量问题而使需方遭受损失的，供方应承担由此引起的损失责任。

十、争议解决方式：因执行本合同发生争议，由双方协商解决；协调不成的，任何一方都可以直接向需方所在地人民法院起诉。

十一、合同生效：本合同壹式两份，双方各执壹份，每份具有同等效力，自合同盖章之日起开始生效，修改无效。

需方：丽水白云进出口有限公司　　　　　供方：重庆三峡连环制鞋厂
联系人：王洪涛　　　　　　　　　　　　联系人：李莉红
手机：15925721234　　　　　　　　　　手机：
电话：0578-2230375　　　　　　　　　　电话：023-63100576
传真：0578-2230375　　　　　　　　　　传真：023-63100576
地址：浙江省丽水市中山街359号　　　　地址：重庆市三峡路891号

表 11-10　　　　　　　　　国内采购合同

需方：丽水白云进出口有限公司　　　　　合同编号：BY2023120802-CG02
供方：无锡新生活鞋业有限公司　　　　　签订时间：20231208

双方就采购货物及相关事宜，经充分友好协商，达成一致，特签订本合同，以共同信守。

一、合同标的：

序号	产品名称	规格型号	单位	数量	单价	金额	交货时间	备注
1	运动鞋		双	11 280		998 196.80	20240106	
2								
3								
总金额：（人民币）玖拾玖万捌仟壹佰玖拾陆元捌角整						¥998 196.80		

二、交货地点：宁波市北仑区创业路。

三、交货方式：物流到货，运费由供方付。

四、货物包装要求：供方应确保包装质量满足运输安全要求，保护产品自身不受损害以及满足产品本身特性的要求。

五、风险承担：货物运输过程中发生的灭失、毁损等一切风险均由供方承担。

六、质量及验收标准：□样品　　　□企业标准　　　□行业标准　　　☑国家标准

七、货物验收：货物送达后，需方按验收标准对货物进行检测验收，如有质量问题或数量短缺问题，供方应在得到需方通知后3天内派人到需方处理相关事宜，根据问题的严重程度，需方可以采取拒绝接受或限期补货、货款折扣等方式进行处理，供方经告不来处理的，合同自动解除，需方有权向供方追索相应损失。

八、货款结算：合同总价款为人民币玖拾玖万捌仟壹佰玖拾陆元捌角整。

付款日期：货到30日内付款。银行账号：中国工商银行无锡市盛岸路支行52101480948695045。

九、产品经需方验收合格，数量无误，办理入库手续，双方按约定的付款方式进行货款结算。违约责任：供方不能按期交货的，每逾期一日，应承担货款总额2%的违约金，依此类推，需方可以在货款中直接扣除违约金部分；因供方产品质量问题而使需方遭受损失的，供方应承担由此引起的损失责任。

十、争议解决方式：因执行本合同发生争议，由双方协商解决；协调不成的，任何一方都可以直接向需方所在地人民法院起诉。

十一、合同生效：本合同壹式两份，双方各执壹份，每份具有同等效力，自合同盖章之日起开始生效，修改无效。

需方：丽水白云进出口有限公司　　　　　供方：无锡新生活鞋业有限公司
联系人：李洪涛　　　　　　　　　　　　联系人：科媛
手机：15925721234　　　　　　　　　　手机：
电话：0578-2230375　　　　　　　　　　电话：0510-84605038
传真：0578-2230375　　　　　　　　　　传真：0510-84605038
地址：浙江省丽水市中山街359号　　　　地址：无锡市盛岸路298号

表11-11　　　　　　　　　　　　　提货单

MAERSK LINE

BILL OF LADING FOR OCEAN TRANSPORT OR MULTIMODAL TRANSPORT	SCAC MAEU
	B/L No. 575928693

Shipper	Booking No.
LISHUI BAIYUN IMPORT&EXPORT CO.,LIMITED	575928693
	Export references	Svc Contract
	Onward Inland routing (Not part of Carriage as defined in clause 1. For account and risk of Merchant)

Consignee (negotiable only if consigned "to order", "to order of" a named Person or "to order of bearer")	Notify Party (see clause 22)
TO ORDER	ADVANCED DISTRIBUTION LOGISTIC LTD SUITE 506 TRELAWNY HOUSE PORT OF FELIXSTOWE FELIXSTOWE,SUFFOLK IP 113GG ENGLAND TEL:0044-1113494673281 FAX:***

Vessel (see clause 1 + 19)	Voyage No.	Place of Receipt. Applicable only when document used as Multimodal Transport B/L. (see clause 1)
MAJESTIC MAERSK	627W	
Port of Loading	Port of Discharge	Place of Delivery. Applicable only when document used as Multimodal Transport B/L. (see clause 1)
NINGBO, CHINA	FELIXSTOWE	

PARTICULARS FURNISHED BY SHIPPER

Kind of Packages; Description of goods; Marks and Numbers; Container No./Seal No.	Weight	Measurement
1 Container Said to Contain 1 192 CARTONS SHOES ***0044-111394673281 NGUYENLAM.BALAN@GMAIL.COM MARKS&NOS.:. N/M MSKU8826191 ML-CN6518395 40 DRY 9'6 1 192 CARTONS 12 800.000 KGS 68.0000 CBM SHIPPER'S LOAD, STOW, WEIGHT AND COUNT FREIGHT PREPAID CY/CY	12 800.000 KGS	68.0000 CBM

ORIGINAL

与原件相符

Above particulars as declared by Shipper, but without responsibility of or representation by Carrier (see clause 14)

Freight & Charges	Rate	Unit	Currency	Prepaid	Collect

Carrier's Receipt (see clause 1 and 14). Total number of containers or packages received by Carrier.	Place of Issue of B/L	SHIPPED, as far as ascertained by reasonable means of checking, in apparent good order and condition unless otherwise stated herein, the total number or quantity of Containers or other packages or units indicated in the box entitled "Carrier's Receipt" for carriage from the Port of Loading (or the Place of Receipt, if mentioned above) to the Port of Discharge (or the Place of Delivery, if mentioned above), such carriage being always subject to the terms, rights, defences, provisions, conditions, exceptions, limitations, and liberties hereof (INCLUDING ALL THOSE TERMS AND CONDITIONS ON THE REVERSE HEREOF NUMBERED 1-26 AND THOSE TERMS AND CONDITIONS CONTAINED IN THE CARRIER'S APPLICABLE TARIFF) and the Merchant's attention is drawn in particular to the Carrier's liberties in respect of on deck stowage (see clause 18) and the carrying vessel (see clause 19). Where the bill of lading is non-negotiable the Carrier may give delivery of the Goods to the named consignee upon reasonable proof of identity and without requiring surrender of an original bill of lading. Where the bill of lading is negotiable, the Merchant is obliged to surrender one original, duly endorsed, in exchange for the Goods. The Carrier accepts a duty of reasonable care to check that any such document which the Merchant surrenders as a bill of lading is genuine and original. If the Carrier complies with this duty, it will be entitled to deliver the Goods against what it reasonably believes to be a genuine and original bill of lading, such delivery discharging the Carrier's delivery obligations. In accepting this bill of lading, any local customs or privileges to the contrary notwithstanding, the Merchant agrees to be bound by all Terms and Conditions stated herein whether written, printed, stamped or incorporated on the face or reverse hereof, as fully as if they were all signed by the Merchant. IN WITNESS WHEREOF the number of original Bills of Lading stated on this side have been signed and wherever one original Bill of Lading has been surrendered any others shall be void.
1 container	NINGBO	
Number & Sequence of Original B(s)/L	Date of Issue of B/L	
1/THREE	2024-01-12	Signed for the Carrier Maersk Line A/S
Declared Value (see clause 7.3)	Shipped on Board Date (Local Time)	
	2024-01-11	As Agent(s)

表11-12   通关无纸化出口放行通知书

宁波远帆船务代理有限公司：

　　你单位申报的货物（报关单 310120240518934254）于 2024 年 01 月 12 日业经通关无纸化放行，请及时办理后续海关手续。

特此通知。

宁波海关

2024-01-12

预录入编号：4589522678　　　　　　海关编号：310120240518934254

出口口岸（3101） 宁波海关	备案号		出口日期	申报日期 2024-01-08
经营单位 丽水白云进出口有限公司	运输方式 水路运输（2）	运输工具名称 MAJESTIC MAERSK		提运单号 575928693
发货单位 丽水白云进出口有限公司	贸易方式（0110） 一般贸易	征免性质（101） 一般征税		结汇方式（2） 电汇
许可证号	运抵国（地区）（303） 英国	指运港（3419） 费利克斯托		境内货源地（33109） 丽水
批准文号	成交方式（3） FOB	运费	保费	杂费
合同协议号 BY2023120802	件数 1 192	包装种类 其他	毛重（千克） 12 800.00	净重（千克） 12 400.00
集装箱号 MSKU8826191	随附单证			生产厂家

项目号	商品名称、规格型号	数量及单位	最终目的国（地区）	单价	币制
1	胶鞋/低帮/布面/橡胶底/无品牌/无货号	4 840双	英国	6.90	美元
2	运动鞋/低帮/布面/EVA底/无品牌/无货号	11 280双	英国	12.30	美元

与电子信息相符

兹申明，以上通知由我公司根据海关电子回执打印，保证准确无讹。

宁波远帆船务代理有限公司（签印）

表 11-13

LISHUI BAIYUN IMPORT&EXPORT CO., LIMITED
丽水白云进出口有限公司

SALES　　CONTRACT

NO. BY2023120803

DATE：2023-12-08

MESSERS：MARINA MOK

FROM：NINGBO CHINA　　TO：PIRAEUS

MARKS&NUMBERS		DESCRIPTIONS OF GOODS & QUANTITIES	QUANTITIES	UNIT	UINT PRICE	AMOUNT
N/M	SHOES		15 790	PAIR	8.50	134 215.00
N/M	SHOES		23 680	PAIR	12.30	291 264.00
TOTAL			39 470			$425 479.00

PACKING：EXPORT CARTONS

DELIVERY TIME：BY BUYER'S CONFIRMATION

INSURANCE ：EFFECTED BY THE SELLER

PAYMENT ITEMS：MARINA MOK

BUYER：MARINA MOK

SELLER：LISHUI BAIYUN IMPORT&EXPORT CO., LIMITED

表 11-14 国内采购合同

需方：丽水白云进出口有限公司　　　　合同编号：BY2023120803-CG01

供方：江西省凌云鞋业有限公司　　　　签订时间：20231208

双方就采购货物及相关事宜，经充分友好协商，达成一致，特签订本合同，以共同信守。

一、合同标的：

序号	产品名称	规格型号	单位	数量	单价	金额	交货时间	备注
1	胶鞋		双	15 790		965 618.90	20240106	
2								
3								
总金额：（人民币）玖拾陆万伍仟陆佰壹拾捌元玖角整						¥965 618.90		

二、交货地点：宁波市北仑区创业路。

三、交货方式：物流到货，运费由供方付。

四、货物包装要求：供方应确保包装质量满足运输安全要求，保护产品自身不受损害以及满足产品本身特性的要求。

五、风险承担：货物运输过程中发生的灭失、毁损等一切风险均由供方承担。

六、质量及验收标准：□样品　　□企业标准　　□行业标准　　☑国家标准

七、货物验收：货物送达后，需方按验收标准对货物进行检测验收，如有质量问题或数量短缺问题，供方应在得到需方通知后 3 天内派人到需方处理相关事宜；根据问题的严重程度，需方可以采取拒绝接受或限期补货、货款折扣等方式进行处理；供方经告不来处理的，合同自动解除，需方有权向供方追索相应损失。

八、货款结算：合同总价款为人民币玖拾陆万伍仟陆佰壹拾捌元玖角整。

付款日期：货到 30 日内付款。银行账号：中国建设银行宜春市新发路支行 515049053092017031。

九、产品经需方验收合格，数量无误，办理入库手续，双方按约定的付款方式进行货款结算。违约责任：供方不能按期交货的，每逾期一日，应承担货款总额 2% 的违约金，依此类推，需方可以在货款中直接扣除违约金部分；因供方产品质量问题而使需方遭受损失的，供方应承担由此引起的损失责任。

十、争议解决方式：因执行本合同发生争议，由双方协商解决；协调不成的，任何一方都可以直接向需方所在地人民法院起诉。

十一、合同生效：本合同壹式两份，双方各执壹份，每份具有同等效力，自合同盖章之日起开始生效，修改无效。

需方：丽水白云进出口有限公司　　　　供方：江西省凌云鞋业有限公司

联系人：王洪涛　　　　　　　　　　　联系人：伍灵素

手机：15925721234　　　　　　　　　手机：

电话：0578-2230375　　　　　　　　　电话：0795-3596088

传真：0578-2230375　　　　　　　　　传真：0795-3596088

地址：浙江省丽水市中山街359号　　　地址：宜春市新发路工业园

表 11-15　　　　　　　　　　　　　国内采购合同

需方：丽水白云进出口有限公司　　　　　　合同编号：BY2023120803-CG02
供方：无锡新生活鞋业有限公司　　　　　　签订时间：20231208

双方就采购货物及相关事宜，经充分友好协商，达成一致，特签订本合同，以共同信守。
一、合同标的：

序号	产品名称	规格型号	单位	数量	单价	金额	交货时间	备注
1	运动鞋		双	23 680		2 095 517.20	20240106	
2								
3								
总金额：（人民币）贰佰零玖万伍仟伍佰壹拾柒元贰角整							¥2 095 517.20	

二、交货地点：宁波市北仑区创业路。

三、交货方式：物流到货，运费由供方付。

四、货物包装要求：供方应确保包装质量满足运输安全要求，保护产品自身不受损害以及满足产品本身特性的要求。

五、风险承担：货物运输过程中发生的灭失、毁损等一切风险均由供方承担。

六、质量及验收标准：□样品　　　□企业标准　　　□行业标准　　　☑国家标准

七、货物验收：货物送达后，需方按验收标准对货物进行检测验收，如有质量问题或数量短缺问题，供方应在得到需方通知后3天内派人到需方处理相关事宜；根据问题的严重程度，需方可以采取拒绝接受或限期补货、货款折扣等方式进行处理；供方经告不来处理的，合同自动解除，需方有权向供方追索相应损失。

八、货款结算：合同总价款为人民币贰佰零玖万伍仟伍佰壹拾柒元贰角整。

付款日期：货到30日内付款。银行账号：中国工商银行无锡市盛岸路支行52101480948695045。

九、产品经需方验收合格，数量无误，办理入库手续，双方按约定的付款方式进行货款结算。违约责任：供方不能按期交货的，每逾期一日，应承担货款总额2%的违约金，依此类推，需方可以在货款中直接扣除违约金部分；因供方产品质量问题而使需方遭受损失的，供方应承担由此引起的损失责任。

十、争议解决方式：因执行本合同发生争议，由双方协商解决；协调不成的，任何一方都可以直接向需方所在地人民法院起诉。

十一、合同生效：本合同壹式两份，双方各执壹份，每份具有同等效力，自合同盖章之日起开始生效，修改无效。

需方：丽水白云进出口有限公司　　　　　　供方：无锡新生活鞋业有限公司
联系人：王洪涛　　　　　　　　　　　　　联系人：王科媛
手机：15925721234　　　　　　　　　　　手机：
电话：0578-2230375　　　　　　　　　　 电话：0510-84605038
传真：0578-2230375　　　　　　　　　　 传真：0510-84605038
地址：浙江省丽水市中山街359号　　　　　 地址：无锡市盛岸路298号

表 11-16　　　　　　　　　　　提货单

1. Shipper			B/L NO.	NGBPIR011310

1. Shipper
LISHUI BAIYUN IMPORT&EXPORT CO.,LIMITED

中海集装箱运输(香港)有限公司
CHINA SHIPPING CONTAINER LINES (HONG KONG) CO., LTD.
ZJY

Cable : CSHKAC　　　Telex : 87986　CSHKAHX

Port-to-Port or Combined Transport
BILL OF LADING

2. Consignee
MARINA MOK
TAX NO:126102869
MENANDROU 3 ATHENS,T.K.
GREECE T.K 10553
EMAIL:MARINAMOK@HOTMAIL.COM
TEL:30-2111842111 (be responsible for failure to notify)

MARINA MOK
TAX NO:126102869
MENANDROU 3 ATHENS,T.K.
GREECE T.K 10553
EMAIL:MARINAMOK@HOTMAIL.COM
TEL:30-2111842111

RECEIVED   in external apparent good order and condition, except otherwise noted. The total number of containers or other packages or units shown in this Bill of Lading receipt, is said by the shipper to contain the goods described above, which description the carrier has no reasonable means of checking and is not part of the Bill of Lading. One original Bill of Lading should be surrendered, except clause 22 paragraph 5, in exchange for delivery of the shipment. Signed by the consigned or duly endorsed by the holder in due course. Whereupon the other original(s) issued shall be void. In accepting this Bill of Lading, the Merchants agree to be bound by all the terms on the face and back hereof as if each had personally signed this Bill of Lading.
WHEN the Place of Receipt of the Goods is an inland point and is so named herein, any notation of "ON BOARD" "SHIPPED ON BOARD" or words to like effect on this Bill of Lading shall be deemed to mean on board the truck, trail car, air craft or other inland conveyance (as the case may be), performing carriage from the Place of Receipt of the Goods to the Port of Loading.
SEE clause 4 on the back of this Bill of Lading (Terms continued on the back hereof Read Carefully)

ORIGINAL

5. Place of Receipt*	
6. Ocean Vessel　　Voy.No.	7. Port of Loading
YM WINDOW　002 W	NINGBO
8. Port of discharge	9. Place of Delivery*	10. Final Destination (of the goods-not the ship)
PIRAEUS	PIRAEUS	

11. Marks & Nos. container seal No.	12. No. of containers or P'kgs.	13. kind of Packages : Description of Goods	14. Gross Weight kgs	15. Measurement
N/M		SHIPPER'S LOAD, COUNT & SEAL	30 935　KGS　68	CBM
	1 117	CARTONS　　SAID TO CONTAIN		
		SHOES		1X40'HC
				FCL-FCL
				CY-FO
				FREIGHT PREPAID

与原件相符

CCLU6439559/J0787069/40'HC

Notwithstanding any provisions to the contrary in this Bill of Lading (1) The Carrier defined in this Bill of Lading shall be COSCO Container Co., Ltd.; (2) All references in this Bill of Lading to China Shipping Container Lines Co.,Ltd. or China Shipping Container Lines (Hong Kong) Co.,Ltd. shall instead be deemed to be references to COSCO Container Lines Co., Ltd.; and (3) China Shipping's trademark printed at the top of this Bill of Lading shall have no bearing whatsoever on the identity of the Carrier under this Bill of Lading.
Except as stated above, all other terms and conditions in this Bill of Lading shall remain unchanged.
To the extent that local laws and regulations apply, COSCO Container Lines Co., Ltd. will, for a period of time, continue to conduct certain business and administrative functions in respect of this Bill of Lading in the name of China Shipping Container Lines. The name of China Shipping Container Lines shall NOT be relied upon for the purpose of identification of the carrier under this Bill of Lading.

16. Description of Contents for Shipper's Use Only (CARRIER NOT RESPONSIBLE)

17. TOTAL NO. CONTAINERS OR PACKAGES (IN WORDS)	

18. FREIGHT & CHARGES	19. Revenue Tons	20. Rate	21. Per	22. Prepaid	23. Collect

SAY ONE THOUSAND ONE HUNDRED SEVENTEEN (1 117) CARTONS

China Shipping (Greece) Agency Ltd.
Address: 4/F 3 Agiou Dionysiou Street, Piraeus 18545, Greece

FREIGHT PREPAID AND UNSTOWED ALL EXPENSE AT THE PORT OF DISCHARGE FROM FREE OUT VESSEL UP TO EMPTY RETURNED ON BOARD,INCLUDING BUT NOT IN ANY WAY LIMITED TO ALL AND ANY STIVEDORING EXPENSES,STACKING ARE FOR RECEIVERS RISK AND ACCOUNT

(1)GENERAL MANAGER
AS AGENT FOR THE CARRIER
COSCO CONTAINER LINES

Zip code: 185 38
Area Code: 0030
Tel: 210-4015540
Fax: 210-4015545
E-mail: info@chinaship.gr

25. Prepaid at	26. Payable at	
28. Total prepaid in	29. No. of Original B(s)/L　THREE	Place and Date of Issue

NINGBO JAN 13, 2024

Signed for the Carrier

DATE
JAN 13, 2024

BY ....

CHINA SHIPPING CONTAINER LINES (HONG KONG) CO., LTD. STANDARD FORM 9701
* Applicable Only When Document Use as a Combined Transport Bill of Lading

表 11-17　　　　　　　　　**通关无纸化出口放行通知书**

宁波远帆船务代理有限公司：

　　你单位申报的货物（报关单 310120240216589093）于 2024 年 01 月 12 日业经通关无纸化放行，请及时办理后续海关手续。

　　特此通知。

宁波海关

2024-01-12

310120240216589093

预录入编号：4522956788　　　　　　　海关编号：310120240216589093

出口口岸（3101） 宁波海关	备案号		出口日期	申报日期 2024-01-09
经营单位 丽水白云进出口有限公司	运输方式（2） 水路运输	运输工具名称 YM WINDOW		提运单号 NGBPIR011310
发货单位 丽水白云进出口有限公司	贸易方式（0110） 一般贸易	征免性质（101） 一般征税		结汇方式（2） 电汇
许可证号	运抵国（地区）（310） 希腊	指运港（2343） 比雷埃夫斯		境内货源地（33109） 丽水
批准文号 762941040	成交方式（3） FOB	运费	保费	杂费
合同协议号 BY2023120803	件数 1 117	包装种类 纸箱	毛重（千克） 30 935	净重（千克） 30 365
集装箱号 CCLU6439559	随附单证		生产厂家	

项目号	商品名称、规格型号	数量及单位	最终目的国（地区）	单价	币制
1	胶鞋/低帮/PU面/橡胶底/非栓塞制/无品牌/无货号	15 790 双	希腊	8.50	美元
2	运动鞋/低帮/革面/TPR底PU底/非栓塞制/无品牌/无货号	23 680 双	希腊	12.30	美元

与电子信息相符

宁波远帆船务代理有限公司
913101097658021 9XD
报关专用章

　　兹申明，以上通知由我公司根据海关电子回执打印，保证准确无讹。

宁波远帆船务代理有限公司（签印）

表 11-18

LISHUI BAIYUN IMPORT&EXPORT CO., LIMITED
丽水白云进出口有限公司
SALES   CONTRACT

NO. BY2023121201

DATE: 2023-12-12

MESSERS: ADVANCED DISTRIBUTION LOGISTIC LTD

FROM: NINGBO CHINA TO: FELIXSTOWE

MARKS&NUMBERS		DESCRIPTIONS OF GOODS & QUANTITIES	QUANTITIES	UNIT	UINT PRICE	AMOUNT
N/M	SHOES		11 544	PAIR	8.5000	98 124.00
N/M	SHOES		26 936	PAIR	12.3000	331 312.80
TOTAL			38 480			$429 436.80

PACKING: EXPORT CARTONS

DELIVERY TIME: BY BUYER'S CONFIRMATION

INSURANCE :   EFFECTED BY THE SELLER

PAYMENT ITEMS: ADVANCED DISTRIBUTION LOGISTIC LTD

BUYER: ADVANCED DISTRIBUTION LOGISTIC LTD

SELLER: LISHUI BAIYUN IMPORT&EXPORT CO., LIMITED

表 11-19　　　　　　　　　　　　　**国内采购合同**

需方：丽水白云进出口有限公司　　　　　合同编号：BY2023121201-CG01

供方：江西省凌云鞋业有限公司　　　　　签订时间：20231212

双方就采购货物及相关事宜，经充分友好协商，达成一致，特签订本合同，以共同信守。

一、合同标的：

序号	产品名称	规格型号	单位	数量	单价	金额	交货时间	备注
1	胶鞋		双	11 544		705 956.20	20240116	
2								
3								
总金额：（人民币）柒拾万零伍仟玖佰伍拾陆元贰角整						¥705 956.20		

二、交货地点：宁波市北仑区创业路。

三、交货方式：物流到货，运费由供方付。

四、货物包装要求：供方应确保包装质量满足运输安全要求，保护产品自身不受损害以及满足产品本身特性的要求。

五、风险承担：货物运输过程中发生的灭失、毁损等一切风险均由供方承担。

六、质量及验收标准：□样品　　　□企业标准　　　□行业标准　　　☑国家标准

七、货物验收：货物送达后，需方按验收标准对货物进行检测验收，如有质量问题或数量短缺问题，供方应在得到需方通知后 3 天内派人到需方处理相关事宜；根据问题的严重程度，需方可以采取拒绝接受或限期补货、货款折扣等方式进行处理；供方经告不来处理的，合同自动解除，需方有权向供方追索相应损失。

八、货款结算：合同总价款为人民币柒拾万零伍仟玖佰伍拾陆元贰角整。

付款日期：货到 30 日内付款。银行账号：中国建设银行宜春市新发路支行 515049053092017031。

九、产品经需方验收合格，数量无误，办理入库手续，双方按约定的付款方式进行货款结算。违约责任：供方不能按期交货的，每逾期一日，应承担货款总额 2% 的违约金，依此类推，需方可以在货款中直接扣除违约金部分；因供方产品质量问题而使需方遭受损失的，供方应承担由此引起的损失责任。

十、争议解决方式：因执行本合同发生争议，由双方协商解决；协调不成的，任何一方都可以直接向需方所在地人民法院起诉。

十一、合同生效：本合同壹式两份，双方各执壹份，每份具有同等效力，自合同盖章之日起开始生效，修改无效。

需方：丽水白云进出口有限公司　　　　　供方：江西省凌云鞋业有限公司

联系人：王洪涛　　　　　　　　　　　　联系人：伍灵素

手机：15925721234　　　　　　　　　　 手机：

电话：0578-2230375　　　　　　　　　　电话：0795-3596088

传真：0578-2230375　　　　　　　　　　传真：0795-3596088

地址：浙江省丽水市中山街359号　　　　地址：宜春市新发路工业园

表 11-20　　　　　　　　　　　　　国内采购合同

需方：丽水白云进出口有限公司　　　　　合同编号：BY2023121201-CG02
供方：无锡新生活鞋业有限公司　　　　　签订时间：20231212

双方就采购货物及相关事宜，经充分友好协商，达成一致，特签订本合同，以共同信守。

一、合同标的：

序号	产品名称	规格型号	单位	数量	单价	金额	交货时间	备注
1	运动鞋		双	26 936		1 344 022.00	20240116	
2								
3								
总金额：人民币壹佰叁拾肆万肆仟零贰拾贰元整						¥1 344 022.00		

二、交货地点：宁波市北仑区创业路。

三、交货方式：物流到货，运费由供方付。

四、货物包装要求：供方应确保包装质量满足运输安全要求，保护产品自身不受损害以及满足产品本身特性的要求。

五、风险承担：货物运输过程中发生的灭失、毁损等一切风险均由供方承担。

六、质量及验收标准：□样品　　□企业标准　　□行业标准　　☑国家标准

七、货物验收：货物送达后，需方按验收标准对货物进行检测验收，如有质量问题或数量短缺问题，供方应在得到需方通知后3天内派人到需方处理相关事宜，根据问题的严重程度，需方可以采取拒绝接受或限期补货、货款折扣等方式进行处理，供方经告不来处理的，合同自动解除，需方有权向供方追索相应损失。

八、货款结算：合同总价款为人民币壹佰叁拾肆万肆仟零贰拾贰元整。

付款日期：货到30日内付款。银行账号：中国工商银行无锡市盛岸路支行52101480948695045。

九、产品经需方验收合格，数量无误，办理入库手续，双方按约定的付款方式进行货款结算。违约责任：供方不能按期交货的，每逾期一日，应承担货款总额2%的违约金，依此类推，需方可以在货款中直接扣除违约金部分；因供方产品质量问题而使需方遭受损失的，供方应承担由此引起的损失责任。

十、争议解决方式：因执行本合同发生争议，由双方协商解决；协调不成的，任何一方都可以直接向需方所在地人民法院起诉。

十一、合同生效：本合同壹式两份，双方各执壹份，每份具有同等效力，自合同盖章之日起开始生效，修改无效。

需方：丽水白云进出口有限公司　　　　　供方：无锡新生活鞋业有限公司
联系人：王洪涛　　　　　　　　　　　　联系人：王科媛
手机：15925721234　　　　　　　　　　手机：
电话：0578-2230375　　　　　　　　　　电话：0510-84605038
传真：0578-2230375　　　　　　　　　　传真：0510-84605038
地址：浙江省丽水市中山街359号　　　　地址：无锡市盛岸路298号

表 11-21　　　　　　　　　　　　　　提货单

COSCO CONTAINER LINES CO., LTD.
中远集装箱运输有限公司

ORIGINAL

TLX: 33057 COSCO CN
FAX: +86(21) 65458984

PORT TO PORT OR COMBINED TRANSPORT BILL OF LADING

1. Shipper Insert Name Address and Phone/Fax	Booking No. 6117556560	Bill of Lading No. COSU6117556560
LISHUI BAIYUN IMPORT&EXPORT CO., LIMITED	Export References	全联

2. Consignee Insert Name Address and Phone/Fax	Forwarding Agent and References FMC/CHB No.
TO ORDER	
	Point and Country of Origin

3. Notify Party Insert Name Address and Phone/Fax It is agreed that no responsibility shall attach to the Carrier or his agents for failure to notify	Also Notify Party-routing & Instructions
ADVANCED DISTRIBUTION LOGISTIC LTD SUITE 506 TRELAWNY HOUSE PORT OF FELIXSTOWE FELIXSTOWE, SUFFOLK IP 113GG ENGLAND TEL: 0044-1113494673281*	

4. Combined Transport* Pre-Carriage by	5. Combined Transport* Place of Receipt NINGBO	
6. Ocean Vessel Voy. No. BARZAN 1616W	7. Port of Loading NINGBO	Service Contract No.	Commodity Code
8. Port of Discharge FELIXSTOWE	9. Combined Transport* Place of Delivery FELIXSTOWE	Type of Movement FCL / FCL CY-CY

Marks & Nos. Container / Seal No.	No. of Container or Packages	Description of Goods (If Dangerous Goods, See Clause 20)	Gross Weight	Measurement
N/M	1 218 CTNS	SHOES *FAX:0044-111394673281 NGUYENLAM.BALAN@GMAIL.COM	3 0630.000KGS	78.0000CBM
ON CY-CY TERM SHIPPER'S LOAD, COUNT AND SEAL OCEAN FREIGHT PREPAID				
TEMU8015147 /3688865	/ 1 218 CTNS	/FCL / FCL	/45HQ/	

Declared Cargo Value US$	Description of Contents for Shipper's Use Only (Not part of This B/L Contract)
10. Total Number of Containers and/or Packages (in words) Subject to Clause 7 Limitation	SAY ONE CONTAINER TOTAL

11. Freight & Charges	Revenue Tons	Rate	Per	Amount	Prepaid Collect	Freight & Charges Payable at / by
						与原件相符

Received in external apparent good order and condition except as otherwise noted. The total number of the packages or units stuffed in the container, the description of the goods and the weights shown in this Bill of Lading are furnished by the merchants, and which the carrier has no reasonable means of checking and is not a part of this Bills of Lading contract. The carrier has issued original Bills of Lading, all of this tenor and date, one of the original Bills of Lading must be surrendered and endorsed or signed against the delivery of the shipment and whereupon any other original Bills of Lading shall be void. The merchants agree to be bound by the terms and conditions of this Bill of Lading as if each had personally signed this Bill of Lading. *Applicable Only When Document Used as a Combined Transport Bill of Lading. Demurrage and Detention shall be charged according to the tariff published on the Home page of WWW.COSCON.COM. If any ambiguity or query, please search by "Demurrage & Detention Tariff Enquiry". Other services and more detailed information, pls visit WWW.COSCON.COM.

Date Laden on Board   JAN 22 2024
Signed by:

宁波中远集装箱服务代理有限公司
COSCO NINGBO CONTAINER SHIPPING AGENCY CO., LTD.

9805   Date of Issue JAN 22 2024   Place of Issue NINGBO

Signed for the Carrier, COSCO CONTAINER LINES CO., LTD. AS AGENT

CNT15 4229970

表 11-22　　　　　　　　　　通关无纸化出口放行通知书

宁波远帆船务代理有限公司：

　　你单位申报的货物（报关单 310120240518393445）于 2024 年 01 月 22 日业经通关无纸化放行，请及时办理后续海关手续。

　　特此通知。

宁波海关

2024-01-22

310120240518393445

预录入编号：4578895226　　　　　　　海关编号：310120240518393445

出口口岸（3101） 宁波海关	备案号		出口日期	申报日期 2024-01-18
经营单位 丽水白云进出口有限公司	运输方式（2） 水路运输	运输工具名称 BARZAN		提运单号 6117556560
发货单位 丽水白云进出口有限公司	贸易方式（0110） 一般贸易	征免性质（101） 一般征税		结汇方式（2） 电汇
许可证号	运抵国（地区）（303） 英国	指运港（3419） 费利克斯托		境内货源地（33109） 丽水
批准文号	成交方式（3） FOB	运费	保费	杂费
合同协议号 BY2023121201	件数 1 218	包装种类 其他	毛重（千克） 30 630	净重（千克） 29 600
集装箱号 TEMU8015147	随附单证			生产厂家

项目号	商品名称、规格型号	数量及单位	最终目的国（地区）	单价	币制
1	胶鞋/低帮/鹿皮绒面/注塑底/非栓塞制/无品牌/无货号	11 544 双	英国	8.50	美元
2	运动鞋/低帮/布面/EVA底/无品牌/无货号	26 936 双	英国	12.30	美元

与电子信息相符

宁波远帆船务代理有限公司
9131010976580219XD
报关专用章

　　兹申明，以上通知由我公司根据海关电子回执打印，保证准确无讹。

宁波远帆船务代理有限公司（签印）

项目十二 外贸企业出口退（免）税的申报

一　实训目的

掌握出口退税、出口免税在外贸企业离线出口退税申报软件、增值税及附加税费申报中的填报操作。

二　实训内容

（1）2024年1月份的出口退税申报通过审核审批，进行财务处理。

（2）进行出口退（免）税申报：出口退税出口明细申报表数据录入，出口退税进货明细申报表数据录入，生成出口退（免）税申报数据，打印出口退（免）税报表。

（3）勾选、确认用于退税的进项税发票，进行进项税认证。

（4）进行外贸企业出口免税不退税的增值税相关报表填报。

（5）填报增值税及附加税费相关报表。填报增值税及附加税费申报表及其附表、附列资料。

（6）统计国内、国外销售及出口退税数据。

三　实训资料

（一）上期（2024年1月）出口退税通过审核审批，收到出口退税款

外贸免退税审核审批表见表12-1；收到出口退税款的银行回单见表12-2。

表 12-1　　　　　　　　　　　外贸免退税审核审批表

企业名称	丽水白云进出口有限公司		
纳税人识别号	9133110056084012K6	企业海关代码	3310961786
企业经济性质	其他有限责任公司	企业类型	外贸（工贸）企业
申报所属期	202401（批次01）	备注	
受理日期	2024-02-18		
出口销售额（美元）		出口销售额（人民币）	
申报退增值税额	892 745.10	申报退消费税额	0
核准日期	2024-02-19		
核准退增值税额	892 745.10	核准退消费税额	0
暂缓退增值税额	0	暂缓退消费税额	0
不予退增值税额	0	不予退消费税额	0

表 12-2　　　　　　　　　　**中国建设银行客户专用回单**　　　　　　　No.304

中国建设银行
China Construction Bank

1010088842506701943604169

2024年02月19日　　　　流水号：33067103P1968024132

币别：人民币

付款人	全称	待报解预算收入	收款人	全称	丽水白云进出口有限公司
	账号	111100003270001008		账号	33001693553011966955
	开户行	国家金库丽水中心支库		开户行	中国建设银行丽水开发区支行

金额	（大写）人民币捌拾玖万贰仟柒佰肆拾伍元壹角整	（小写）¥892 745.10

摘要	电子退库	凭证号码	
结算方式		用途	

打印柜员：330693500AJ2
打印机构：丽水开发区支行
打印卡号：33069000010000739

（贷方回单）（收款人回单）

打印时间：2024-03-05　09：09：24　　　　　　　　交易机构：330693500

（二）本期（2024年2月）出口销售及国内进货信息统计

1. 出口销售给客户 BBC SERVICES LIMITED 商品一批

根据报关单310120240102115665摘录出口报关信息，见表12-3；国内采购发票信息统计表见表12-4。

表 12-3　　　　　　　　　　**出口报关信息统计表**

海关编号	310120240102115665			批准文号			
申报日期	2024.02.06			出口日期		2024.02.08	
成交方式	FOB			提运单号		363258031714	
集装箱号	FSCU7223540			合同协议号		BY2023010801	
出口发票号码	24332000000000035905			记账汇率		100美元=710.49元人民币	
商品序号	商品编号	商品名称	申报单位	申报数量	单价	总价	币制
1	6404199000	胶鞋	千克	10 900.00	9.245688073	100 778.00	USD美元
			双	12 290.00			
2	6404110000	运动鞋	千克	10 600.00	13.85735849	146 888.00	USD美元
			双	12 040.00			
合计						247 666.00	USD美元

表 12-4　　　　　　　　　　**国内采购发票信息统计表**

项 目	进货发票信息	进货发票信息	进货发票信息
发票类型	增值税专用发票	增值税专用发票	增值税专用发票
进货日期	2024年02月01日	2024年02月01日	2024年02月01日
发票代码			
发票号码	24502000000012854833	24322000000041038542	24322000000041038543
纳税人识别号	91500052965T040202	913202001GF7QMA1NB	913202001GF7QMA1NB
销售方名称	重庆三峡连环制鞋厂	无锡新生活鞋业有限公司	无锡新生活鞋业有限公司
商品名称	胶鞋	胶鞋	运动鞋
单 位	双	双	双
数 量	6 145.00	6 145.00	12 040.00
金 额	306 190.00	304 590.00	892 560.00
税 额	39 804.70	39 596.70	116 032.80

2. 出口销售给客户 ADVANCED DISTRIBUTION LOGISTIC LTD 商品一批

根据报关单 310120240518479235 摘录出口报关信息，见表 12-5；国内采购发票信息统计表见表 12-6。

表 12-5　　　　　　　　　　　出口报关信息统计表

海关编号	310120240518479235		批准文号			
申报日期	2024.02.09		出口日期		2024.02.12	
成交方式	FOB		提运单号		12928357569	
集装箱号	MSKU8826191		合同协议号		BY2024010802	
出口发票号码	24332000000000035906		记账汇率		100美元=710.49元人民币	
商品序号	商品编号	商品名称	申报单位	申报数量	单价	总价	币制
1	6404199000	胶鞋	千克	10 540.00	9.605882353	101 246.00	USD 美元
			双	14 260.00			
2	6403190090	运动鞋	千克	8 350.00	14.99065868	125 172.00	USD 美元
			双	10 260.00			
合计						226 418.00	USD 美元

表 12-6　　　　　　　　　　　国内采购发票信息统计表

项　目	进货发票信息	进货发票信息	进货发票信息
发票类型	增值税专用发票	增值税专用发票	增值税专用发票
进货日期	2024 年 02 月 04 日	2024 年 02 月 04 日	2024 年 02 月 04 日
发票代码			
发票号码	24502000000012854856	24502000000012854857	24332000000041038547
纳税人识别号	91500052965T040202	91500052965T040202	913202001GF7QMA1NB
销售方名称	重庆三峡连环制鞋厂	重庆三峡连环制鞋厂	无锡新生活鞋业有限公司
商品名称	胶鞋	运动鞋	运动鞋
单　位	双	双	双
数　量	14 260.00	6 156.00	4 104.00
金　额	615 220.00	452 620.00	304 240.00
税　额	79 978.60	58 840.60	39 551.20

3. 出口销售给客户 MARINA MOK 商品一批

根据报关单 310120240216203428 摘录出口报关信息，见表 12-7；国内采购发票信息统计表见表 12-8。

表 12-7　　　　　　　　　　　出口报关信息统计表

海关编号	310120240216203428		批准文号			
申报日期	2024.02.20		出口日期		2024.02.22	
成交方式	FOB		提运单号		NGBPIR021518	
集装箱号	CCLU5939645		合同协议号		BY2024010901	
出口发票号码	24332000000000035907		记账汇率		100美元=710.49元人民币	
商品序号	商品编号	商品名称	申报单位	申报数量	单价	总价	币制
1	6402992900	胶鞋	千克	7 100.00	12.07957746	85 765.00	USD 美元
			双	10 090.00			
2	6403190090	运动鞋	千克	16 310.00	15.14266094	246 976.80	USD 美元
			双	20 244.00			
合计						332 741.80	USD 美元

表 12-8　　　　　　　　　国内采购发票信息统计表

项目	进货发票信息	进货发票信息	进货发票信息
发票类型	增值税专用发票	增值税专用发票	增值税专用发票
进货日期	2024 年 02 月 03 日	2024 年 02 月 03 日	2024 年 02 月 04 日
发票代码			
发票号码	24362000000054182564	24362000000054182565	24322000000041038596
纳税人识别号	9136092258714B6594	9136092258714B6594	913202001GF7QMA1NB
销售方名称	江西省凌云鞋业有限公司	江西省凌云鞋业有限公司	无锡新生活鞋业有限公司
商品名称	胶鞋	运动鞋	运动鞋
单位	双	双	双
数量	10 090.00	10 680.00	9 564.00
金额	521 150.00	785 250.00	709 010.00
税额	67 749.50	102 082.50	92 171.30

4. 出口销售给客户 KONAR-ORION LLC 商品一批

根据报关单 310120241060921058 摘录出口报关信息，见表 12-9；国内采购发票信息统计表见表 12-10。

表 12-9　　　　　　　　　出口报关信息统计表

海关编号	310120241060921058		批准文号				
申报日期	2024.02.21		出口日期		2024.02.23		
成交方式	FOB		提运单号		323651037258		
集装箱号	FSCU3572572		合同协议号		BY2023100802		
出口发票号码	24332000000000035908		记账汇率		100 美元=710.49 人民币		
项号	商品编号	商品名称、规格型号	单位	数量	单价	总价	币制
1	87113020	400<排量≤500毫升装有活塞内燃发动机摩托车及脚踏两用车	辆	6	12 000.00	72 000.00	USD 美元
	合计					72 000.00	USD 美元

表 12-10　　　　　　　　　国内采购发票信息统计表

项目	进货发票信息	进货发票信息
发票类型	增值税专用发票	出口货物消费税专用缴款书
发票日期	2024 年 02 月 19 日	2024 年 02 月 19 日
发票代码		
发票号码	24332000000043682105	
出口货物消费税专用缴款书号码		（2403）1070952
纳税人识别号	913310047046932129	913310047046932129
销售方名称	金华市远光摩托车有限公司	金华市远光摩托车有限公司
商品编号	87113020	87113020
商品名称	400<排量≤500毫升装有活塞内燃动机摩托车及脚踏两用车	400<排量≤500毫升装有活塞内燃动机摩托车及脚踏两用车
单位	辆	辆
数量	6	6
金额	403 200.00	403 200.00
税额	52 416.00	40 320.00

5. 出口销售给客户 KONAR-ORION LLC 商品一批

根据报关单 310120241074589602 摘录出口报关信息，见表 12-11；国内采购发票信息统计表见表 12-12。

表 12-11   出口报关信息统计表

海关编号	310120241074589602	批准文号	
申报日期	2024.02.26	出口日期	2024.02.27
成交方式	FOB	提运单号	323651714803
集装箱号	FSCU3572240	合同协议号	BY2023100801
出口发票号码	24332000000000035909	记账汇率	100美元=710.49人民币

项号	商品编号	商品名称、规格型号	单位	数量	单价	总价	币制
1	87113010	摩托车250<排量≤400毫升装有往复式活塞内燃发动机摩托车	辆	30	5 000.00	150 000.00	USD美元
	合计					150 000.00	USD美元

表 12-12   国内采购发票信息统计表

项目	进货发票信息	进货发票信息
发票类型	增值税专用发票	出口货物消费税专用缴款书
发票日期	2024年02月22日	2024年02月22日
发票代码		
发票号码	24332000000043215689	
出口货物消费税专用缴款书号码		（2403）0049225
纳税人识别号	913310047046932129	913310047046932129
销售方名称	金华市远光摩托车有限公司	金华市远光摩托车有限公司
商品编号	87113010	87113010
商品名称	摩托车250<排量≤400毫升装有往复式活塞内燃发动机摩托车	摩托车250<排量≤400毫升装有往复式活塞内燃发动机摩托车
单位	辆	辆
数量	30	30
金额	1 000 000.00	1 000 000.00
税额	130 000.00	100 000.00

6. 出口销售给客户 ADVANCED DISTRIBUTION LOGISTIC LTD 商品一批

根据报关单 310120240518439435 摘录出口报关信息，见表 12-13；国内采购发票信息统计表见表 12-14。

表 12-13　　　　　　　　　　　**出口报关信息统计表**

海关编号	310120240518439435	批准文号	
申报日期	2024.02.26	出口日期	2024.02.28
成交方式	FOB	提运单号	6156516075
集装箱号	TEMU8170154	合同协议号	BY2024011201
出口发票号码	24332000000000035910	记账汇率	100美元=710.49元人民币

商品序号	商品编号	商品名称	申报单位	申报数量	单价	总价	币制
1	6404199000	胶鞋	千克	12 540.00	10.39872408	130 400.00	USD美元
			双	16 300.00			
2	6404110000	运动鞋	千克	18 580.00	15.99397201	297 168.00	USD美元
			双	24 160.00			
合计						427 568.00	USD美元

表 12-14　　　　　　　　　　　**国内采购发票信息统计表**

项　目	进货发票信息	进货发票信息
发票类型	增值税普通发票	增值税普通发票
进货日期	2024年02月22日	2024年02月22日
发票代码		
发票号码	24332000000074184562	24332000000074184563
纳税人识别号	9133110058714B6596	9133110058714B6596
销售方名称	龙泉瑷皎鞋业有限公司	龙泉瑷皎鞋业有限公司
商品名称	运动鞋	胶鞋
单　位	双	双
数　量	24 160.00	16 300.00
金　额	1 799 520.00	792 380.00
税　额	53 985.60	23 771.40

（三）本期出口销售收汇情况

查询外币账户银行回单，统计本期出口货物销售收汇情况。本期出口货物销售收汇总额 1 456 393.80 美元，见表 12-15。

表12-15

出口货物收汇申报表

所属期	序号	出口货物报关单号	出口发票号	收汇日期	收汇凭证号	币种代码	币种名称	出口销售金额	付汇人
202402	1	31012024010211566	24332000000000035905	2024.02.08	3306913278921579SF3	USD	美元	247 666.00	BBC SERVICES LIMITED
202402	2	31012024051847923	24332000000000035906	2024.02.12	3306911189215704 2J	USD	美元	226 418.00	ADVANCED DISTRIBUTION LOGISTIC LTD
202402	3	31012024021620342	24332000000000035907	2024.02.22	3306913271247795SYU2	USD	美元	332 741.80	MARINA MOK
202402	4	31012024106092105	24332000000000035908	2024.02.23	3306911418921557GL10	USD	美元	72 000.00	KONAR-ORION LLC
202402	5	31012024107458960	24332000000000035909	2024.02.27	3306975278921452 3FS	USD	美元	150 000.00	KONAR-ORION LLC
202402	6	31012024051843943	24332000000000035910	2024.02.28	3306912478921557RTE6	USD	美元	427 568.00	ADVANCED DISTRIBUTION LOGISTIC LTD
合计								1 456 393.80	

（四）出口商品进货的进项税额勾选认证

出口商品国内采购的增值税专用发票的进项税额认证，见表12-16。

表12-16　　　　　　　　　　　　进项发票的退税认证

序号	发票代码	发票号码	开票日期	金额	税额	销货方纳税人识别号	退税认证	抵扣认证	不抵扣发票勾选
1		24502000000012854833	2024.02.01	306 190.00	39 804.70	91500052965T040202	√		
2		24322000000041038542	2024.02.01	304 590.00	39 596.70	913202001GF7QMA1NB	√		
3		24322000000041038543	2024.02.01	892 560.00	116 032.80	913202001GF7QMA1NB	√		
4		24502000000012854856	2024.02.04	615 220.00	79 978.60	91500052965T040202	√		
5		24502000000012854857	2024.02.04	452 620.00	58 840.60	91500052965T040202	√		
6		24322000000041038547	2024.02.04	304 240.00	39 551.20	913202001GF7QMA1NB	√		
7		24362000000054182564	2024.02.03	521 150.00	67 749.50	9136092258714B6594	√		
8		24362000000054182565	2024.02.03	785 250.00	102 082.50	9136092258714B6594	√		
9		24322000000041038596	2024.02.04	709 010.00	92 171.30	913202001GF7QMA1NB	√		
10		24332000000043682105	2024.02.19	403 200.00	52 416.00	913310047046932129	√		
11		24332000000043215689	2024.02.22	1 000 000.00	130 000.00	913310047046932129	√		
12		24332000000007173500	2024.02.26	9 800.00	1 274.00	91331100132410502J			√
13		24332000000007256897	2024.02.26	3 400.00	102.00	91331100124912039T			√

说明：序号1—11是出口商品采购的进项发票，序号12是电费发票，序号13是水费发票。要求将电费、水费发票进行不抵扣勾选。

（五）增值税及附加税费申报的相关报表

增值税及附加税费申报的相关报表见表12-17至表12-24。

表12-17　　　　　　　　　防伪税控增值税专用发票申报抵扣明细

纳税人识别号：9133110056084012K6　　　　申报抵扣所属期：2024年02月

纳税人名称：（公章）丽水白云进出口有限公司　　填表日期：2024年03月10日　　　　　　金额单位：元至角分

类别		序号	发票代码	发票号码	开票日期	金额	税额	销货方纳税人识别号	认证日期	备注
本期认证相符且本期申报抵扣	—	—	—	—	—	—	—	—	—	—
	小计	—	—	—	—	0	0	—	—	—
抵扣合计		—	—	—	—	0	0	—	—	—
不抵扣合计		—	—	—	—	6 307 230.00	819 599.90	—	—	—
出口转内销合计		—	—	—	—	0	0	—	—	—
海关完税合计		—	—	—	—	0	0	—	—	—

注：本表"金额""小计"栏数据应与"增值税及附加税费申报表附列资料（二）"第2栏中"金额"项数据相等。

本表"税额""小计"栏数据应与"增值税及附加税费申报表附列资料（二）"第2栏中"税额"项数据相等。

本表"不抵扣合计"栏数据体现在"增值税及附加税费申报表附列资料（二）"第26、27、28栏中。

本表"出口转内销合计"栏数据应与"增值税及附加税费申报表附列资料（二）"第11栏中"税额"项数据相等。

发票数据下载　　返回　　发票归集

防伪税控增值税专用发票申报抵扣明细

表12-18

纳税人识别号：91331100560084012K6

纳税人名称：（公章）丽水白云进出口有限公司

申报抵扣所属期：2024年02月

填表日期：2024年03月10日

金额单位：元至角分

表列	序号	发票代码	发票号码	开票日期	金额	税额	销货方纳税人识别号	认证日期	备注	用途
本期认证相符且本期申报抵扣	1		2450200000012854833	2024.02.01	306 190.00	39 804.70	91500052965T040202	2024.02.28	不抵	退税
	2		2432200000041038542	2024.02.01	304 590.00	39 596.70	913202001GF7QMA1NB	2024.02.28	不抵	退税
	3		2432200000041038543	2024.02.01	892 560.00	116 032.80	913202001GF7QMA1NB	2024.02.28	不抵	退税
	4		2450200000012854856	2024.02.04	615 220.00	79 978.60	91500052965T040202	2024.02.28	不抵	退税
	5		2450200000012854857	2024.02.04	452 620.00	58 840.60	91500052965T040202	2024.02.28	不抵	退税
	6		2432200000041038547	2024.02.04	304 240.00	39 551.20	913202001GF7QMA1NB	2024.02.28	不抵	退税
	7		2436200000054182564	2024.02.03	521 150.00	67 749.50	9136092258714B6594	2024.02.28	不抵	退税
	8		2436200000054182565	2024.02.03	785 250.00	102 082.50	9136092258714B6594	2024.02.28	不抵	退税
	9		2432200000041038596	2024.02.04	709 010.00	92 171.30	913202001GF7QMA1NB	2024.02.28	不抵	退税
	10		2433200000043682105	2024.02.19	403 200.00	52 416.00	913310047046932129	2024.02.28	不抵	退税
	11		2433200000043215689	2024.02.22	1 000 000.00	130 000.00	913310047046932129	2024.02.28	不抵	退税
	12		2433200000071173500	2024.02.26	9 800.00	1 274.00	91331100132410502J	2024.02.28	不抵	不抵扣项目
	13		2433200000007256897	2024.02.26	3 400.00	102.00	91331100124912039T	2024.02.28	不抵	不抵扣项目
	14									
	15									
	16									
	小计	—	—	—	6 307 230.00	819 599.90		—		
前期	小计	—	—	—				—		
合计		—	—	—	6307230.00	819599.90		—		

说明：序号1—11是出口商品采购的进项发票，序号12是电费发票，序号13是水费发票。

表 12-19   **防伪税控增值税专用发票存根联明细**

纳税人识别号：9133110056084012K6   申报抵扣所属期：2024 年 02 月

纳税人名称：（公章）丽水白云进出口有限公司   填表日期：2024 年 03 月 10 日   金额单位：元至角分

序号	发票代码	发票号码	开票日期	购货方纳税人识别号	金额	税额	作废
—	—	—	—	—	—	—	—
—	—	—	—	—	—	—	—
—	—	—	—	—	—	—	—
合计	—	—	—	—	0	0	—
总合计	—	—	—	—	0	0	—

注：本表"金额""合计"栏数据应等于"增值税及附加税费申报表附列资料（一）"第 1、8、15 栏"合计""销售额"项数据之和。

本表"税额""合计"栏数据应等于"增值税及附加税费申报表附列资料（一）"第 1 栏"合计""销项税额"、第 8 栏"合计""应纳税额"、第 15 栏"合计""税额"项数据之和。

发票数据下载   返回   发票归集

表 12-20   **防伪税控增值税专用发票申报存根联明细**

纳税人识别号：9133110056084012K6   申报抵扣所属期：2024 年 02 月

纳税人名称：（公章）丽水白云进出口有限公司   填表日期：2024 年 03 月 10 日   金额单位：元至角分

序号	发票代码	发票号码	开票日期	购货方纳税人识别号	金额	税额	作废	类型
1								
2								
3								
合计	—	—	—	—	0	0	—	—

注：本表"金额""合计"栏数据应等于"增值税及附加税费申报表附列资料（一）"第 1、8、15 栏"合计""销售额"项数据之和。

本表"税额""合计"栏数据应等于"增值税及附加税费申报表附列资料（一）"第 1 栏"合计""销项税额"、第 8 栏"合计""应纳税额"、第 15 栏"合计""税额"项数据之和。

表12-21

增值税及附加税费申报表附列资料（一）

（本期销售情况明细）

税款所属时间：2024年02月01日至2024年02月29日　纳税人名称：（公章）丽水白云进出口有限公司

金额单位：元至角分

项目及栏次		开具增值税专用发票		开具其他发票		未开具发票		纳税检查调整		合计			服务、不动产和无形资产扣除项目本期实际扣除金额	扣除后	
		销售额	销项（应纳）税额	销售额	销项（应纳）税额	销售额	销项（应纳）税额	销售额	销项（应纳）税额	销售额	销项（应纳）税额	价税合计		含税（免税）销售额	销项（应纳）税额
		1	2	3	4	5	6	7	8	9=1+3+5+7	10=2+4+6+8	11=9+10	12	13=11-12	14=13÷（100%+税率或征收率）×税率或征收率
一、一般计税方法计税　全部征税项目	13%税率的货物及加工修理修配劳务	1													—
	13%税率的服务、不动产和无形资产	2													
	9%税率的货物及加工修理修配劳务	3													—
	9%税率的服务、不动产和无形资产	4													—
	6%税率	5													—
其中：即征即退项目	即征即退货物及加工修理修配劳务	6	—	—	—	—	—	—	—	—	—	—	—	—	—
	即征即退服务、不动产和无形资产	7	—	—	—	—	—	—	—	—	—	—	—	—	—
二、简易计税方法计税															
三、免抵退税	货物及加工修理修配劳务	16	—	—	—	—	—	—	—	—	—	—	—	—	—
	服务、不动产和无形资产	17	—	—	—	—	—	—	—	—	—	—	—	—	—
四、免税	货物及加工修理修配劳务	18	—	—	—	—	—	—	—	—	—	—	—	—	—
	服务、不动产和无形资产	19	—	—	—	—	—	—	—	—	—	—	—	—	—

注：8—15行是简易计税方法计税，本公司无简易计税方法销售，故省略。

表12-22　　　　　**增值税及附加税费申报表附列资料（二）**

（本期进项税额明细）

税款所属时间：2024年02月01日至2024年02月29日

纳税人名称：（公章）丽水白云进出口有限公司　填表日期：2024年03月10日　　　金额单位：元至角分

一、申报抵扣的进项税额

项　目	栏次	份数	金额	税额
（一）认证相符的增值税专用发票	1=2+3			
其中：本期认证相符且本期申报抵扣	2			
前期认证相符且本期申报抵扣	3			
（二）其他抵扣凭证	4=5+6+7+8a+8b			
其中：海关进口增值税专用缴款书	5			
农产品收购发票或者销售发票	6			
代扣代缴税收缴款凭证	7			
加计扣除农产品进项税额	8a	—	—	
其他	8b			
（三）本期用于购建不动产的扣税凭证	9			
（四）本期不动产允许抵扣进项税额	10			
（五）外贸企业进项税额抵扣证明	11	—	—	
当期申报抵扣进项税额合计	12=1+4-9+10+11			

二、进项税额转出额

项　目	栏次	税额
本期进项税额转出额	13=14至23之和	
其中：免税项目用	14	
集体福利、个人消费	15	
非正常损失	16	
简易计税方法征税项目用	17	
免抵退税办法不得抵扣的进项税额	18	
纳税检查调减进项税额	19	
红字专用发票信息表注明的进项税额	20	
上期留抵税额抵减欠税	21	
上期留抵税额退税	22	
异常凭证转出进项税额	23a	
其他应作进项税额转出的情形	23b	

三、待抵扣进项税额

项　目	栏次	份数	金额	税额
（一）认证相符的增值税专用发票	24	—	—	—
期初已认证相符但未申报抵扣	25			
本期认证相符且本期未申报抵扣	26			
期末已认证相符但未申报抵扣	27			
其中：按照税法规定不允许抵扣	28			
（二）其他抵扣凭证	29=30至33之和			
其中：海关进口增值税专用缴款书	30			
农产品收购发票或者销售发票	31			
代扣代缴税收缴款凭证	32		—	
其他	33			
	34			

四、其他

项　目	栏次	份数	金额	税额
本期认证相符的增值税专用发票	35			
代扣代缴税额	36	—	—	

表 12-23　　　　　　　　　　　**增值税减免税申报明细表**

所属时期：自 2024 年 02 月 01 日 至 2024 年 02 月 29 日

纳税人名称：（公章）丽水白云进出口有限公司　　　　　　　　　　　金额单位：元（列至角分）

一、减税项目						
减税性质 代码及名称	栏次	期初余额	本期发生额	本期应抵减税额	本期实际抵减税额	期末余额
		1	2	3=1+2	4≤3	5=3-4
合计	1					
	2					
	3					
	4					
	5					
	6					

二、免税项目						
免税性质 代码及名称	栏次	免征增值税项目 销售额	免税销售额扣除 项目本期实际 扣除金额	扣除后免税销售额	免税销售额 对应的进项税额	免税额
		1	2	3=1-2	4	5
合计	7					
出口免税	8		—	—	—	
其中：跨境服务	9		—	—	—	
	10				—	
	11				—	
	12				—	
	13				—	
	14				—	
	15				—	
	16				—	

表 12-24   **增值税及附加税费申报表**

（一般纳税人适用）

根据国家税收法律法规及增值税相关规定制定本表。纳税人不论有无销售额，均应按税务机关核定的纳税期限填写本表，并向当地税务机关申报。

税款所属时间：自 2024 年 02 月 01 日至 2024 年 02 月 29 日   填表日期：2024 年 03 月 10 日   金额单位：元至角分

纳税人识别号	9133110056084012K6		所属行业		贸易代理		
纳税人名称（公章）	丽水白云进出口有限公司	法定代表人姓名	王梦生	注册地址	浙江省丽水市中山街359号	生产经营地址	浙江省丽水市中山街359号
开户银行及账号	中国建设银行丽水开发区支行	33001693553011966955	登记注册类型	私营有限责任公司	电话号码		0578-2230375

	项目	栏次	一般货物及劳务和应税服务		即征即退货物及劳务和应税服务	
			本月数	本年累计	本月数	本年累计
销售额	（一）按适用税率征税销售额	1				
	其中：应税货物销售额	2				
	应税劳务销售额	3				
	纳税检查调整的销售额	4				
	（二）按简易征收办法征税销售额	5				
	其中：纳税检查调整的销售额	6				
	（三）免、抵、退办法出口销售额	7				
	（四）免税销售额	8				
	其中：免税货物销售额	9				
	免税劳务销售额	10				
税款计算	销项税额	11				
	进项税额	12				
	上期留抵税额	13				
	进项税额转出	14				
	免、抵、退应退税额	15				
	按适用税率计算的纳税检查应补缴税额	16				
	应抵扣税额合计	17=12+13-14-15+16				
	实际抵扣税额	18（如17<11，则为17，否则为11）				
	应纳税额	19=11-18				
	期末留抵税额	20=17-18				
	简易征收办法计算的应纳税额	21				
	简易征收办法计算的纳税检查应补缴税额	22				
	应纳税额减征额	23				
	应纳税额合计	24=19+21-23				
税款缴纳	期初未缴税额（多缴为负数）	25				
	实收出口开具专用缴款书退税额	26				
	本期已缴税额	27=28+29+30+31				
	①分次预缴税额	28				
	②出口开具专用缴款书预缴税额	29				
	③本期缴纳上期应纳税额	30				
	④本期缴纳欠缴税额	31				
	期末未缴税额（多缴为负数）	32=24+25+26-27				
	其中：欠缴税额（≥0）	33=25+26-27				
	本期应补（退）税额	34=24-28-29				
	即征即退实际退税额	35				
	期初未缴查补税额	36				
	本期入库查补税额	37				
	期末未缴查补税额	38=16+22+36-37				
附加税费	城市维护建设税本期应补（退）税额	39				
	教育费附加本期应补（退）税额	40				
	地方教育附加本期应补（退）税额	41				

声明：此表是根据国家税收法律法规及相关规定填写的，本人（单位）对填报内容（及附带资料）的真实性、可靠性、完整性负责。

纳税人（签章）：   年 月 日

经办人： 经办人身份证号： 代理机构签章： 代理机构统一社会信用代码：	受理人： 受理税务机关（章）： 受理日期： 年 月 日

（六）本期出口退税通过审核审批，并收到出口退税款

外贸免退税审核审批表见表12-25；收到出口退税款的银行回单见表12-26。

表12-25　　　　　　　　　**外贸免退税审核审批表**

企业名称	丽水白云进出口有限公司		
纳税人识别号	9133110056084012K6	企业海关代码	3310961786
企业经济性质	其他有限责任公司	企业类型	外贸（工贸）企业
申报所属期	202402（批次01）	备注	
受理日期	2024-03-15		
出口销售额（美元）		出口销售额（人民币）	
申报退增值税额		申报退消费税额	
核准日期	2024-03-18		
核准退增值税额		核准退消费税额	
暂缓退增值税额		暂缓退消费税额	
不予退增值税额		不予退消费税额	

表12-26　　　　　　　**中国建设银行客户专用回单**　　　　　No.249

中国建设银行
China Construction Bank

1010088842506701943604169

币别：人民币　　　　　　　　2024年03月18日　　　流水号：33063P1710968132024

付款人	全称	待报解预算收入	收款人	全称	丽水白云进出口有限公司
	账号	111100003270001008		账号	33001693553011966955
	开户行	国家金库丽水中心支库		开户行	中国建设银行丽水开发区支行
金额	（大写）				（小写）
摘要	电子退库		凭证号码		
结算方式			用途		

打印柜员：330693500AJ2
打印机构：丽水开发区支行
打印卡号：3306900001000739

（贷方回单）（收款人回单）

打印时间：2024-04-06　09：30：21　　　　　　　　　　交易机构：330693500

（七）统计本期国内、国外销售及出口退税的数据

统计2月份国内、国外销售及出口退税数据，见表12-27。

表12-27　　　　　　**本月国内、国外销售及出口退税情况统计表**

序号	项目名称	金额	备注
1	本月国内销售金额	0	
2	增值税本月销项税额	0	
3	本月出口销售金额（外币）		
4	本月外币人民币折合率		
5	本月出口销售金额（人民币）		
6	增值税抵扣认证本月进项税额		
7	增值税退税认证本月进项税额		
8	增值税本月进项税转出金额		
9	增值税本月当期应纳税额	0	
10	增值税本月审核通过的免抵退税额		
11	增值税本月应退税额		

四　**实训任务**

任务12.1　上期免退税申报通过审核审批后的财务处理

登录电子税务局，打印外贸免退税审核审批表，见表12-1，编制会计分录。

科目名称	借方金额	贷方金额
合计		

到银行取回收到出口退税款的银行回单，见表12-2，编制会计分录。

科目名称	借方金额	贷方金额
合计		

任务12.2　进行出口退（免）税申报

以手工录入报关单数据和增值税发票信息方式，列示外贸企业出口退（免）税申报的操作步骤如下：

1. 录入出口退税出口明细申报表和出口退税进货明细申报表

以用户名sa（密码：无，当前所属期：202402）登录外贸企业离线出口退税申报软件。根据表12-3至表12-14提供的相关信息，分别录入出口退税出口明细申报表和出口退税进货明细申报表两张报表。

操作路径：向导→退税申报向导→二　免退税明细数据采集→出口退税出口明细申报表、出口退税进货明细申报表→保存。

2. 录入收汇信息

如果纳税人在退（免）税申报期截止之日后申报出口货物退（免）税的，应当在申报退（免）税时报送收汇材料。

操作路径：向导→退税申报向导→二　免退税明细数据采集→出口货物收汇申报表→增加。录入出口货物收汇的银行回单等详细信息后保存。

3. 生成出口退（免）税申报数据

生成出口退（免）税申报数据，将生成的结果上传到电子税务局。

操作路径：向导→退税申报向导→三　生成出口退（免）税申报→生成出口退（免）税申报数据→所属期：202402→批次：001→退（免）税申报→申报数据列表→确认→生成申报数据，请输入申报数据的存放路径，例如：E:\白云公司出口退税申报→路径不存在，是否创建路径→确认→提示信息→关闭。

申报软件的提示信息内容如下：

数据申报情况：

申报数据已成功生成到 E:\白云公司出口退税申报\3310961786_202402_001_wmsb.xml 中

申报数据列表：

出口退税出口明细申报表	8	条记录
出口退税进货明细申报表	13	条记录
海关出口商品代码、名称、退税率调整对应表	0	条记录
出口货物收汇申报表	8	条记录
出口货物不能收汇申报表	0	条记录
跨境应税行为免退税申报明细表	0	条记录
外贸企业调整申报	0	条记录

4.上传出口退（免）税申报文件

将生成的出口退（免）税申报数据文件 3310961786_202402_001_wmsb.xml，上传到电子税务局。进出口税收管理部门运用出口退税审核软件进行审核审批。

5.打印、保存出口退（免）税报表

分别打印、保存出口退税出口明细申报表、出口退税进货明细申报表、出口货物收汇申报表。

操作路径：向导→退税申报向导→四　打印出口退（免）税报表→打印所属期：202402→批次：001→免退税申报表→出口退税出口明细申报表、出口退税进货明细申报表、出口货物收汇申报表→确认→打印预览→打印。

点击"保存"下拉按钮，系统提供 Excel、PDF、图片等3种格式，保存出口退税出口明细申报表、出口退税进货明细申报表、出口货物收汇申报表。

任务12.3　退税用途的采购进货发票勾选、确认，认证进项税

登录电子税务局税务数字账户模块，认证进项税。

出口销售的国内采购货物，进项税发票的用途是出口退税，进项税认证时，进行出口退税勾选，提交勾选后，进行用途确认。

其他不得抵扣的采购货物、劳务的进项税发票，进项税认证时，进行发票不抵扣勾选，提交勾选后，进行统计确认。

因本公司没有国内销售业务，根据增值税相关法律法规，国内采购的电费、水费、国内货运费等进项税不得抵扣。进项税认证时，进行发票不抵扣勾选，提交勾选后，进行统计确认。进项发票的退税认证见表12-16。

任务12.4　出口应税消费品的采购成本核算

根据报关单 310120241060921058 摘录的出口报关信息见表12-9，国内采购发票信息见表12-10。出口的摩托车是应税消费品。外贸企业出口应税消费品，根据现行政策，在符合规定的条件下，可以享受增值税和消费税的退税优惠。这有助于降低企业的出口成本，提升商品的国际竞争力。增值税方面，购进货物取得相应的增值税专用发票或海关进口增值税专用缴款书，货物出口后，可以申请退还已经缴纳的增值税款。在消费税方面，可以享受消费税的退税政策，向供货商取得出口货物消费税专用缴款书，在货物出口后，向税务机关申请退还已经缴纳的消费税款。

需要说明的是，供货商销售应税消费品给外贸企业，在缴纳消费税后，可以在当地电子税务局自助下载打印出口货物消费税专用缴款书。

（1）编制出口摩托车销售收入确认的会计分录。

科目名称		借方金额	贷方金额
合计			

（2）编制出口摩托车采购成本的会计分录。

科目名称	借方金额	贷方金额
合计		

（3）编制结转销售成本的会计分录。

科目名称	借方金额	贷方金额
合计		

根据报关单310120241074589602摘录的出口报关信息统计见表12-11，国内采购发票信息统计见表12-12。其财务处理同报关单310120241060921058，不再赘述。

任务12.5　出口免税不退税的增值税申报

根据报关单310120240518439435摘录的出口报关信息见表12-13，国内采购发票信息见表12-14，国内采购取得增值税普通发票。

财税〔2012〕39号文件规定，外贸企业取得普通发票的出口货物，适用增值税免税政策。

经与当地主管税务机关沟通，报关单310120240518439435作免税不退税处理。免税不退税的出口货物，无须在出口退税申报软件中进行出口退（免）税申报，但出口销售额需要进行增值税及附加税费申报。

（1）编制销售收入确认的会计分录。

科目名称		借方金额	贷方金额
合计			

（2）编制结转采购成本的会计分录。

科目名称		借方金额	贷方金额
合计			

（3）编制结转销售成本的会计分录。

科目名称	借方金额	贷方金额
合计		

出口销售额填写到增值税及附加税费申报表附列资料（一）（本期销售情况明细）（见表 12-21）和增值税减免税申报明细表（见表 12-23）中。

任务12.6 进行增值税及附加税费填报

填写增值税及附加税费相关报表，完成增值税及附加税（费）申报。

点击抵扣联，发票数据下载，确认提交。防伪税控增值税专用发票申报抵扣明细见表 12-17、表 12-18。

点击存根联，发票数据下载，确认提交。防伪税控增值税专用发票存根联明细见表 12-19、表 12-20。

根据表 12-19、表 12-20，填报附表一。增值税及附加税费申报表附列资料（一）（本期销售情况明细）见表 12-21。

根据表 12-17、表 12-18，填报附表二。增值税及附加税费申报表附列资料（二）（本期进项税额明细）见表 12-22。

填报减免税明细表。根据本期出口免税销售额，填报增值税减免税申报明细表，见表 12-23。

其他相关申报表进行零申报，申报表略。

根据表 12-17 至表 12-23，填报增值税及附加税费申报表，见表 12-24。

任务12.7 外贸免退税审核审批后的财务处理

填写 2024 年 2 月份的外贸免退税审核审批表，见表 12-25，并编制会计分录。

科目名称	借方金额	贷方金额
合计		

补全 2024 年 2 月份收到出口退税款的银行回单，见表 12-26，并编制会计分录。

科目名称	借方金额	贷方金额
合计		

任务12.8 统计国内、国外销售及出口退税数据

根据申报结果信息等有关资料，统计并填写本月国内、国外销售及出口退税情况统计表，见表 12-27。

一 实训目的

掌握进口关税、进口消费税、进口增值税在互联网+海关的核算；能根据不同进口商品的种类和数量计算进口关税；掌握根据不同进口商品计算进口消费税；掌握根据进口商品的计税价格计算进口增值税；了解进口税费的缴纳操作流程。

二 实训内容

（1）向开户银行申请售汇，兑换外汇支付进口商品成交价款，进行国际结算。

（2）结算进口商品的国际运费和国际保险费。

（3）核算并缴纳不同进口商品进口关税、进口消费税、进口增值税；了解进口关税及进口环节代征税费的缴纳流程；了解进口增值税的认证抵扣流程。

（4）核算进口商品成本。

（5）期末外币账户按调整汇率进行汇兑损益结转。

三 实训资料

（一）企业新建账套信息

由系统管理员在系统管理中建立新账套并进行财务分工。

1.建立新账套

（1）账套信息。账套号：班级尾号+两位数学号（例如，会计2485班25号学生，账套号为525，或由教师指定）；账套名称：丽水白云保时捷销售有限公司；账套路径：E:\525白云保时捷账套（在E盘新建以"525白云保时捷账套"为名称的文件夹）；启用日期：2024年1月1日。

（2）单位信息。单位名称：丽水白云保时捷销售有限公司；单位简称：白云保时捷；地址：浙江省丽水市莲都区中山街北360号；法定代表人：叶文磊；邮政编码：323000；联系电话及传真：0578-2275304；电子邮件：1765988282@qq.com；纳税人识别号（统一社会信用代码）：913311028717512259。人民币户开户银行：中国建设银行丽水开发区支行，人民币户账号：9350105301083254033；美元户开户银行：中国建设银行丽水开发区支行，美元户账号：31501054018450109186。

（3）核算类型。本币名称：人民币（代码：RMB）；企业类型：商业；行业性质：2007年新会计制度科目；建账时按行业性质预置会计科目。

（4）基础信息。进行经济业务处理时，不需要对存货、客户、供应商进行分类，有外币核算。

（5）分类编码方案。会计科目编码级次：42222；客户分类编码级次采取默认方式；存货数量、存货单价、开票单价、件数及换算率的小数位均为2。

建账后立即于2024年1月1日启用总账系统。

2.新增财务人员，设置权限

（1）账套主管——蒋诗燕（操作员编号：401，密码：401）。拥有账套的全部系统管理权；负责会计软件运行环境的建立，以及各项初始设置工作；负责会计软件的日常运行管理工作，监督并保证系统的有效、安全、正常运行；负责财务分析。

（2）会计——学生本人姓名（操作员编号：402，密码：402）。权限：公用目录设置，总账、往来管理、财务报表、货币资金账户查询等所有权限。

（3）出纳——宋佳怡（操作员编号：403，密码：403）。权限：公用目录设置，现金管理、出纳签字、凭证查询、账簿查询等权限。

（二）基础档案设置

由账套主管蒋诗燕登录用友U8软件的企业应用平台进行基础档案初始化操作。

1.部门档案

部门档案见表13-1。

表13-1　　　　　　　　　　　　　部门档案

部门编码	部门名称	部门属性	部门编码	部门名称	部门属性
1	管理部	管理	4	销售部	销售
2	财务部	管理	5	维修部	维修
3	采购部	供应			

2.职员档案

职员档案见表13-2。

表13-2　　　　　　　　　　　　　职员档案

职员编号	职员姓名	所属部门	职员属性
001	叶文磊	管理部	总经理
002	朱思雨	管理部	办公室主任
003	蒋诗燕	财务部	会计主管
004	（学生本人）	财务部	会计
005	宋佳怡	财务部	出纳
006	王静茹	采购部	采购部经理
007	周曼璐	销售部	销售部经理
008	郑思维	销售部	销售
009	汪兴建	维修部	维修
010	耿育霖	维修部	维修
011	王智利	维修部	维修

3.客户、供应商分类

客户、供应商均不分类。

4.客户档案

客户档案见表13-3。客户简称：客户名称前16个字符。

表13-3   客户档案

客户编号	客户名称	客户简称	纳税人识别号	地址及电话	开户银行及账号
0001	海港路桥工程有限公司	海港路桥工程有限	91331100780252522D	丽水市大洋东路48号 0578-85362808	中国工商银行丽水市大洋路支行 52101480948540605
0002	始元度假山庄有限公司	始元度假山庄有限	913311007802P5Y962	丽水市紫金北路285号 0578-88061308	中国工商银行丽水市紫金路支行 52101480594547687
0003	王自强	王自强	332502199406251774	龙泉市查田镇樟树路009号 15057072231	中国建设银行龙泉市查田分理处 285010520124803214
0004	张舒语	张舒语	330324199505106716	永嘉县岩坦镇小周垟村 15068005005	中国建设银行永嘉县岩坦分理处 9350102856456011654
0005	王泽楠	王泽楠	341221199705132705	温州市鹿城区南汇街 13758411616	中国建设银行温州市鹿城区支行 93501046546589742678
0006	周鑫	周鑫	330303199308272705	温州市龙湾区万瑞嘉园 15205811516	中国建设银行温州市龙湾区支行 93501053010083254030
0007	王飞宇	王飞宇	330727199308272705	金华市双喜路 18368311106	中国建设银行丽水开发区支行 93501032540305322008

5.供应商档案

供应商档案见表13-4。国外供应商简称：国别+供应商名称；国内供应商简称：客户名称前16个字符。

表13-4   供应商档案

客户编号	客户名称	客户简称	纳税人识别号	地址及电话	开户银行及账号
0001	Porsche AG	德国Porsche AG	税号：864253453		225358206
0002	浙江紫金建设发展有限公司	浙江紫金建设发展	9133110058904163XU	丽水市紫金南路086号 0578-88025338	中信银行丽水分行 7338510182600010567
0003	丽水市供排水有限责任公司	丽水市供排水有限	91331100124912039T	浙江省丽水市莲都区北环路105号 0578-2130070	中国建设银行莲都区北环路分理处 335567505892003218
0004	国网浙江省电力公司丽水供电公司	国网浙江省电力公	91331100132410502J	浙江丽水大洋路408号 0578-2102266	中国建设银行丽水市分行 3350105458923032l0
0005	宁波远帆船务代理有限公司	宁波远帆船务代理	9131010976580219XD	宁波市南城区南明路839号 0574-65850006	中国建设银行宁波市南城区分行 285010520124803252l4

6.结算方式

结算方式见表13-5。

表13-5   结算方式

结算方式编码	结算方式名称	票据管理
1	汇兑（网银转账）	否
2	汇款（国际贸易）	否

7.外币汇率设置

币符：$；币名：美元；保留4位小数；折算方式：外币*汇率=本位币；2024年1月份记账汇率：7.0770。

（三）总账系统初始化

1.总账系统参数设置

凭证：可以使用应收受控科目、可以使用应付受控科目。

权限：出纳凭证必须经由出纳签字。

凭证打印：凭证每页打印行数为7。

其他：部门、个人、项目均按编码排序。

2.会计科目设置

（1）修改会计科目，见表13-6。

表13-6　　　　　　　　　　　　修改会计科目

类型	科目编码	科目名称	外币币种	计量单位	辅助账类型	账页格式
资产	1122	应收账款			客户往来	金额式
负债	2202	应付账款			供应商往来	金额式
负债	2203	预收账款			客户往来	金额式

（2）新增会计科目，见表13-7。

表13-7　　　　　　　　　　　　新增会计科目

类型	科目编码	科目名称	外币币种	计量单位	辅助账类型	账页格式
资产	100201	建行人民币户254033			日记账、银行账	金额式
资产	100202	建行美元户109186	美元		日记账、银行账	外币金额式
资产	112201	应收货款			客户往来	金额式
资产	120101	保时捷汽车		辆		数量金额式
资产	120102	全套配件		套		数量金额式
资产	140501	保时捷汽车		辆		数量金额式
资产	140502	全套配件		套		数量金额式
资产	140503	减振器		只		数量金额式
资产	140504	刹车片		只		数量金额式
资产	140505	轮胎		个		数量金额式
资产	140506	发动机油滤清器		只		数量金额式
资产	140507	火花塞		只		数量金额式
资产	140508	空气滤清器		只		数量金额式
资产	140509	空调滤清器		只		数量金额式
资产	140510	燃油滤清器		只		数量金额式
资产	140511	变速箱油		盒		数量金额式

类型	科目编码	科目名称	外币币种	计量单位	辅助账类型	账页格式
资产	140512	电瓶		只		数量金额式
资产	140513	刹车油		盒		数量金额式
资产	140514	冷却液		盒		数量金额式
资产	140515	发动机皮带		根		数量金额式
资产	140516	悬挂球头		只		数量金额式
资产	140517	排气系统管		只		数量金额式
负债	220201	应付外币货款	美元		供应商往来	外币金额式
负债	2203	预收账款			客户往来	金额式
负债	221101	应付职工工资				金额式
负债	221102	应付职工福利费				金额式
负债	221103	应付社保费				金额式
负债	222101	应交增值税				金额式
负债	22210101	进项税额				金额式
负债	22210102	已交税金				金额式
负债	22210103	销项税额				金额式
负债	222102	未交增值税				金额式
负债	222104	应交个人所得税				金额式
损益	600101	汽车销售收入		辆		数量金额式
损益	600102	维修和保养收入				金额式
损益	640101	汽车销售成本		辆		数量金额式
损益	640102	维修和保养成本				金额式
损益	660101	工资及福利费				金额式
损益	660102	国际业务代理费				金额式
损益	660103	电费				金额式
损益	660104	水费				金额式
损益	660105	房租费				金额式
损益	660201	工资及福利费				金额式
权益	410401	未分配利润				金额式

（3）在销售费用、管理费用、财务费用会计科目下增加常用二级会计科目。

3.凭证类别设置

凭证类别：记账凭证。

4.明细权限设置

明细权限设置见表13-8。

表13-8　　　　　　　　　　**明细权限设置**

操作员	科目权限	用户权限
（本人姓名）	主管	主管
宋佳怡	查账、制单：全选	查询、删改、审核、弃审、撤销：全选

5.录入期初余额

期初余额表见表13-9。

表13-9　　　　　　　　　　　　**期初余额表**

科目编码	科目名称	方向	单位	数量	辅助核算	外币金额	期初余额
100201	建行人民币户254033	借					5 190 748.71
120101	保时捷汽车	借	辆	6			4 261 798.11
120102	全套配件	借	套	12			1 714 933.18
140501	保时捷汽车	借	辆	2			1 700 000.00
140503	减振器	借	只	8			76 000.00
140504	刹车片	借	只	20			139 000.00
140505	轮胎	借	个	80			360 000.00
140506	发动机油滤清器	借	只	8			5 200.00
140507	火花塞	借	只	20			19 000.00
140508	空气滤清器	借	只	20			17 000.00
140509	空调滤清器	借	只	8			6 560.00
140510	燃油滤清器	借	只	20			16 400.00
140511	变速箱油	借	盒	20			15 600.00
140512	电瓶	借	只	8			52 000.00
140513	刹车油	借	盒	8			5 200.00
140514	冷却液	借	盒	8			6 000.00
140515	发动机皮带	借	根	8			6 800.00
140516	悬挂球头	借	只	8			5 760.00
140517	排气系统管	借	只	8			52 000.00
2203	预收账款	贷			客户0002		1 152 000.00
2203	预收账款	贷			客户0004		768 000.00
221101	应付职工工资	贷					126 340.00
4001	实收资本	贷					10 000 000.00
410401	未分配利润	贷					1 603 660.00

期初余额录入完成后，进行试算平衡。试算结果平衡：资产总计13 650 000元，负债合计2 046 340元，所有者权益合计11 603 660元。

（四）日常经济业务内容摘要

日常经济业务说明：外币账户记账汇率及进口商品成本核算均采用即期汇率。除个别经济业务，公司国内经济业务往来均通过网银转账的汇兑结算方式，结算方式编码为1，国际贸易均通过汇款的结算方式，结算方式编码为2。

2024年1月，日常经济业务内容摘要如下：

业务13.1　1月4日，与海港路桥工程有限公司签订销售合同，预定保时捷汽车3辆，预收货款1 160 000元。银行回单见表13-10。

业务13.2　1月4日，与王自强签订销售合同，预定保时捷汽车2辆，预收货款760 000元。银行回单见表13-11。

业务13.3　1月5日，与德国Porsche AG公司签订进口合同，进口保时捷汽车5辆，成交价487 500美元。同日向开户银行申请兑换外汇，按当日中国银行现汇卖出价1∶7.1600支付人民币3 490 500元。美元账户银行回单见表13-12，人民币户银行回单见表13-13。同日，向德国Porsche AG公司支付成交货款487 500美元。美元账户银行回单见表13-14。该批进口汽车预计2024年3月10日抵达宁波海关。

业务13.4　1月5日，按当日中国银行现汇卖出价1∶7.1600，以人民币49 833.60元结算宁波远帆船务代理有限公司代垫的国际运费6 960美元，以人民币10 621元，结算代垫的国际保险费1 483.38美元。银行回单见表13-15、表13-16，发票见表13-17。

业务13.5　1月10日，进口保时捷汽车6辆的货物运抵宁波海关，完成进口报关。进口报关单显示，成交方式为FOB，成交价格为585 000美元，境外运费8 360美元。缴纳进口关税634 949元，缴纳进口环节海关代征的消费税663 810.32元和增值税719 127.85元。进口报关单见表13-18，海关进口关税专用缴款书见表13-19，海关进口消费税专用缴款书见表13-20，海关进口增值税专用缴款书见表13-21，缴纳进口关税的银行回单见表13-22，缴纳进口消费税的银行回单见表13-23，缴纳进口增值税的银行回单见表13-24。该批进口汽车系2023年11月3日签订合同，11月6日从德国斯图加特港启运，12月5日支付了成交价款并结算了国际运费和国际保险费。

业务13.6　1月10日，发放上月职工工资126 340元。银行回单见表13-25。

业务13.7　1月12日，本月10日报关进口保时捷911汽车6辆运抵公司，验收入库，结转采购成本5 560 557.43元。统计采购成本见表13-26。

业务13.8　1月15日，始元度假山庄有限公司提货并支付尾款2 688 000元。销售保时捷汽车3辆。银行回单见表13-27，开具的销售发票见表13-28。

业务13.9　1月15日，张舒语预定的2辆汽车提货，收到尾款1 792 000元。银行回单见表13-29，开具的销售发票见表13-30。

业务13.10　1月22日，进口保时捷汽车全套配套散件12套的货物运抵宁波海关，完成进口报关。进口报关单显示，成交方式为FOB，成交价格为226 350美元。缴纳进口关税254 325.77元，缴纳进口环节海关代征的增值税253 478.02元。进口报关单见表13-31，海关进口关税专用缴款书见表13-32，海关进口增值税专用缴款书见表13-33，缴纳进口关税的银行回单见表13-34，缴纳进口增值税的银行回单见表13-35。该批进口全套配件系2023年11月7日签订合同，10日从德国斯图加特港启运，12月11日支付了成交价款并结算了国际运费和国际保险费。

业务13.11　1月22日，向王泽楠销售保时捷汽车1辆，当日收到货款1 290 000元。银行回单见表13-36，开具的销售发票见表13-37。

业务13.12　1月22日，为周鑫提供汽车保养服务，取得汽车保养收入36 000元。银行回单见表13-38，开具的销售发票见表13-39。

业务13.13　1月22日，结转汽车保养业务领用配件成本13 350元。领料单见表13-40。

业务13.14　1月24日，本月22日报关进口的保时捷全套配套散件12套运抵公司，验收入库，结转采购成本1 969 258.95元。采购成本见表13-41。

业务13.15 1月27日，为王飞宇提供汽车修理服务，取得修理收入286 477.60元。银行回单见表13-42，修理费发票见表13-43。

业务13.16 1月27日，结转维修业务领用配件成本80 400元。领料单见表13-44。

业务13.17 1月27日，支付供电公司电费21 491.48元。银行回单见表13-45。取得电费发票，本月用电20 020度，价税合计21 491.48元。电费发票见表13-46。

业务13.18 1月27日，支付水费及污水处理费10 723.37元。银行回单见表13-47。取得水费发票及污水处理费发票，本月用水3 884吨，价税合计7 360.30元，污水处理费3 363元。水费发票见表13-48，污水处理费发票见表13-49。

业务13.19 1月27日，付2024年度房租费（含税）400 000元，银行回单见表13-50；浙江紫金建设发展有限公司开具房租发票，房租发票见表13-51，本月摊销30 581.04元。

业务13.20 1月29日，收到宁波远帆船务代理有限公司发票，支付2024年1月进口业务代理服务费3 620元，见表13-52，当日转账支付。银行回单见表13-53。

业务13.21 月末，根据本月工资发放单，结转代扣职工个人负担的社会保险费5 290.23元，结转代扣个人所得税214.71元。工资发放单见表13-54。

业务13.22 月末，分配本月职工工资86 050元。工资分配表见表13-55。

（五）日常经济业务原始凭证

公司2024年1月的日常经济业务原始凭证见表13-10至表13-55。

表13-10

中国建设银行客户专用回单

No.676

中国建设银行 China Construction Bank

10100889414791360650800465

币别：人民币　　　　　　　2024年01月04日　　　流水号：33069131J27F168P888

付款人	全称	海港路桥工程有限公司	收款人	全称	丽水白云保时捷销售有限公司
	账号	52101480948540605		账号	93501053010083254033
	开户行	中国工商银行丽水市大洋路支行		开户行	中国建设银行丽水开发区支行
	金额	（大写）人民币壹佰壹拾陆万元整			（小写）¥1 160 000.00
	凭证种类	电子凭证		凭证号码	
	结算方式	转账		用途	预付购车款

打印柜员：3306935D0356
打印机构：丽水开发区支行
打印卡号：3306900001000236

打印时间：2024-02-02 15：05：04　　　　　　　　　　交易机构：330693500

表13-11

中国建设银行客户专用回单

No.266

中国建设银行 China Construction Bank

10100889414791360646680015

币别：人民币　　　　　　　2024年01月04日　　　流水号：33069131J27F168P306

付款人	全称	王自强	收款人	全称	丽水白云保时捷销售有限公司
	账号	285010520124803214		账号	93501053010083254033
	开户行	中国建设银行龙泉市查田分理处		开户行	中国建设银行丽水开发区支行
	金额	（大写）人民币柒拾陆万元整			（小写）¥760 000.00
	凭证种类	电子凭证		凭证号码	
	结算方式	转账		用途	预付购车款

打印柜员：3306935D0356
打印机构：丽水开发区支行
打印卡号：3306900001000236

打印时间：2024-02-02 15：05：04　　　　　　　　　　交易机构：330693500

表 13-12

标准回单

No.062

中国建设银行
China Construction Bank

1010027968761489416474297

币别：美元　　　　　　　　　　2024年01月05日　　　　　流水号：3306691Q PJ32K718999

付款人	全称	丽水白云保时捷销售有限公司	收款人	全称	丽水白云保时捷销售有限公司
	账号	93501053010083254033		账号	31501054018450109186
	开户行	中国建设银行丽水开发区支行		开户行	中国建设银行丽水开发区支行
金额		（大写）美元肆拾捌万柒仟伍佰元整			（小写）$487 500.00
凭证种类		电汇凭证	凭证号码		
结算方式		转账	用途		售汇
			打印柜员：		
			打印机构：		
			打印卡号：		

（贷方回单）（收款人回单）

中国建设银行丽水开发区支行
2024.01.05
业务专用章（12）

打印时间：2024-02-02　15：35：04　　　交易柜员：兰析蓉　　　交易机构：丽水开发区支行

中国建设银行网址：www.ccb.com　　　手机银行链接地址：m.ccb.com　　　24小时客户服务热线：95533

表 13-13

中国建设银行客户专用回单

No.678

中国建设银行
China Construction Bank

1010088941467800006179796

币别：美元　　　　　　　　　　2024年01月05日　　　　　流水号：3306913271680009P1E

申请客户名称	丽水白云保时捷销售有限公司	业务编号	0553005206070610113753
付款账号	93501053010083254033	收款账号	31501054018450109186
付款账户名称	丽水白云保时捷销售有限公司	收款账户名称	丽水白云保时捷销售有限公司
交易日期	2024年01月05日	交割日期	20240105

摘要	外汇金额	汇率	人民币金额
	487 500.00	7.1600	3 490 500.00

凭证种类：结售汇水单（甲种）　　　　　打印柜员：3306935D0356
业务类型：售汇业务　　　　　　　　　　打印机构：丽水开发区支行
实时牌价：7.1600　　　　　　　　　　打印卡号：3306900001000236

（贷方回单）（收款人回单）

中国建设银行
电子回单专用章

打印时间：2024-02-02　15：05：04　　　　　　　　　　　　　交易机构：330693500

表 13-14

标准回单

No.063

中国建设银行
China Construction Bank

1010027968761489416474297

币别：美元　　　　　　　　　　2024年01月05日　　　　　流水号：3306691Q PJ32K718222

付款人	全称	丽水白云保时捷销售有限公司	收款人	全称	Porsche AG
	账号	93501053010083254033		账号	225358206
	开户行	中国建设银行丽水开发区支行		开户行	
金额		（大写）美元肆拾捌万柒仟伍佰元整			（小写）$487 500.00
凭证种类		电汇凭证	凭证号码		
结算方式		转账	用途		付汇
			打印柜员：		
			打印机构：		
			打印卡号：		

（借方回单）（付款人回单）

中国建设银行
电子回单专用章

打印时间：2024-02-02　15：35：04　　　交易柜员：兰析蓉　　　交易机构：丽水开发区支行

中国建设银行网址：www.ccb.com　　　手机银行链接地址：m.ccb.com　　　24小时客户服务热线：95533

表13-15

中国建设银行客户专用回单

No.679

中国建设银行 China Construction Bank

1010088941479136067465005

币别：人民币　　　　　　2024年01月05日　　　流水号：3306913IJ27F169P307

付款人	全称	丽水白云保时捷销售有限公司	收款人	全称	宁波远帆船务代理有限公司
	账号	9350105301 0083254033		账号	2850105201 2480325214
	开户行	中国建设银行丽水开发区支行		开户行	中国建设银行宁波市南城区分行
	金额	（大写）人民币肆万玖仟捌佰叁拾叁元陆角整			（小写）¥49 833.60
	凭证种类	电汇凭证		凭证号码	
	结算方式	转账		用途	结算代垫国际运费6 960.00美元

打印柜员：3306935D0356
打印机构：丽水开发区支行
打印卡号：3306900001000236

（借方回单）（付款人回单）

打印时间：2024-02-02　15：05：04　　　　　　交易机构：330693500

表13-16

中国建设银行客户专用回单

No.680

中国建设银行 China Construction Bank

1010088941479413606598005

币别：人民币　　　　　　2024年01月05日　　　流水号：3306913127168PK JX08

付款人	全称	丽水白云保时捷销售有限公司	收款人	全称	宁波远帆船务代理有限公司
	账号	9350105301 0083254033		账号	2850105201 2480325214
	开户行	中国建设银行丽水开发区支行		开户行	中国建设银行宁波市南城区分行
	金额	（大写）人民币壹万零陆佰贰拾壹元整			（小写）¥10 621.00
	凭证种类	电汇凭证		凭证号码	
	结算方式	转账		用途	结算代垫国际保险费1 483.38美元

打印柜员：3306935D0356
打印机构：丽水开发区支行
打印卡号：3306900001000236

（借方回单）（付款人回单）

打印时间：2024-02-02　15：05：04　　　　　　交易机构：330693500

表13-17

电子发票（普通发票）

发票号码：24332000000034830252
发票日期：2024年01月05日

购买方信息	名称：丽水白云保时捷销售有限公司 统一社会信用代码/纳税人识别号：913311028717512259	销售方信息	名称：宁波远帆船务代理有限公司 统一社会信用代码/纳税人识别号：913101097658 0219XD

项目名称	规格型号	单位	数量	单价	金额	税率/征收率	税额
*现代服务*代垫国际运输费					49 833.60	***	***
*现代服务*代垫国际保险费					10 621.00	***	***
合计					¥60 454.60		***
价税合计（大写）	⊗陆万零肆佰伍拾肆元陆角整				（小写）¥60 454.60		

备注：
购方开户银行：中国建设银行丽水开发区支行；银行账号：9350105301 0083254033
销方开户银行：中国建设银行宁波市南城区分行；银行账号：2850105201 2480325214
收款人：王忻琴　复核人：张小卉

开票人：吴亚男

表 13-18

中华人民共和国海关进口货物报关单

（宁波海关）

预录入编号：000000004567889522   海关编号：310120241019364486   310120241019364486

境内收货人（3101151786）（913101158717512259）丽水白云保时捷销售有限公司	进境关别（3101）宁波海关	进口日期20240110	申报日期20240109	备案号
境外发货人（2200003326）Porsche AG	运输方式（2）水路运输	运输工具名称及航次号PCTC031S	提运单号LU219238002622	货物存放地点
消费使用单位（913101158717512259）丽水白云保时捷销售有限公司	监管方式（0110）一般贸易	征免性质（101）一般征税	许可证号	启运港（DESTU）斯图加特

合同协议号NAI2023111506	贸易国（地区）（400）德国	启运国（400）德国	经停港	入境口岸（3101）宁波

包装种类其他	件数6	毛重（千克）9 520	净重（千克）9 240	成交方式（3）FOB	运费USD/8 360/3	保费000/0.3/1	杂费

随附单证及编号

随附单证1：原产地证明<02>0002457/MKS/2024

随附单证2：代理报关委托协议（电子）；提/运单；发票；装箱单；合同；原产地证据文件

标记唛码及备注

备注：签约日期：2023/11/03 N/M 集装箱标箱数及号码：1：SITU6512624

商品序号	商品编号	商品名称及规格型号	数量及单位	单价/总价/币制	原产国（地区）	最终目的国（地区）	境内目的地	币制	征免
1	8703236110	仅装有2.5<排量≤3升的点燃式活塞内燃发动机小轿车	6辆	97 500 / 585 000（USD）	德国（DE）	中国（CHN）	浙江省宁波市	USD	照章征税

税费征收情况

报关人员 报关人员证号	兹申明对以上内容承担如实申报、依法纳税之法律责任	海关批注及签章
电话申报单位	申报单位（签章）	

宁波远帆船务代理有限公司

91310109765802192XD

报关专用章

表 13-19

海关进口关税专用缴款书

收入系统：海关系统

G S01　　　宁波　海关

填发日期：2024年01月10日

2401 新一代支付　自报自缴

No.31012024100003712S-A01

收款单位	收入机关			
	收入科目	预算级次	中央	
	进口关税	中央金库		
	收款国库	中国建设银行宁波海曙支行营业部 022030		
名　称	丽水白云保时捷销售有限公司			
账　号	935010530100832S4033			
开户银行	中国建设银行丽水开发区支行			

税号	8703236110	货物名称	保时捷 911 Carrera 3.0T	单位	辆	数量	6	完税价格（¥）	4 232 993.34	税率（%）	15.0000	税款金额（¥）	634 949.00

缴款单位（人）

金额人民币（大写）陆拾叁万肆仟玖佰肆拾玖元整			合计（¥）	634 949.00

申请单位编号	3101151786	报关单编号	31012024101936448 6
合同（批文）号	NAI2023111506	运输工具（号）	
缴款期限	2024年1月25日前	提/装货单号	LU21923800262 2

备注　一般贸易　照章征税　2024-01-10

国标代码 913311028717512259　USD 7.1126　系统类别：01

交易流水号 20240110000034 84　634 949.00

收缴国库（银行）

制单人 9999

复核从定

自填发缴款书之日起15日内缴纳税款（期末遇星期六、星期日或法定节假日顺延），逾期缴纳按日加收税款总额万分之五的滞纳金。

表13-20
G S01

海关进口消费税专用缴款书

收入系统：海关系统

2401 新一代支付 自报自缴

No.31012024100037125-A02

填发日期：2024年01月10日

收款单位		宁波 海关				
收入机关		中央金库		缴款单位（人）	名 称	丽水白云保时捷销售有限公司
科 目		进口消费税	预算级次	中央	账 号	93501053010083254033
收款国库		中国建设银行宁波海曙支行营业部022030			开户银行	中国建设银行丽水开发区支行
税号		8703236110	货物名称	保时捷 911 Carrera 3.0T	单 位	辆
			数量	6	完税价格（¥）	5 531 752.66
					税率（%）	12.0000
					税款金额（¥）	663 810.32
金额人民币（大写）陆拾伍万叁仟捌佰壹拾元叁角贰分			报关单编号	31012024101936448б	合计（¥）	663 810.32
		申请单位编号	3101151786	运输工具（号）		
		合同（批文）号	NAI2023111506	提装货单号	LU21923800262	
		缴款期限	2024年1月25日前			收缴国库（银行）
备注	一般贸易 照章征税 2024-01-10 国标代码 91331102871512259 支易流水号 20240110000023598			USD 7.1126 系统表别：01 663 810.32		

自填发缴款书之日起15日内缴纳税款（期末遇星期六、星期日或法定节假日顺延），逾期缴纳按日加收税款总额万分之五的滞纳金。

表13-21

G S01

海关进口增值税专用缴款书

收入系统：海关系统

填发日期：2024年1月10日

2401 新一代支付 自报自缴

No.3101202410000037125-A03

收入机关	宁波海关				
科　目	中央金库	预算级次	中央		税款金额（¥）
	进口增值税				
收款国库	中国建设银行宁波海曙支行营业部 022030				719 127.85

缴款单位（人）	名　称	丽水白云保时捷销售有限公司		税率（%）	
	账　号	93501053010083254033		13.0000	719 127.85
	开户银行	中国建设银行丽水开发区支行			

税号	货物名称	数量	单位	完税价格（¥）	
8703236110	保时捷 911 Carrera 3.0T		辆	5 531 752.66	
			合计（¥）		719 127.85

金额人民币（大写）柒拾壹万玖仟壹佰贰拾柒元捌角伍分

申请单位编号	3101115786	报关单编号	310120241019364486
合同（批文）号	NAI2023111506	运输工具（号）	
缴款期限	2024年1月25日前	提/装货单号	LU21923800 2622

备注　一般贸易　照章征税　2024-01-10　系统类别：0

国标代码 91331102871751 2259　USD 7.1126

交易流水号 202401100036598　719 127.85

填制单位

宁波海关

制单人 9999

复核人

单证专用章

自填发缴款书之日起15日内缴纳税款（期末遇星期六、星期日或法定节假日顺延），逾期缴纳按日加收税款总额万分之五的滞纳金。

表13-22

中国建设银行客户专用回单

No.681

中国建设银行
China Construction Bank

1010088941479683600560415

币别：人民币　　　　　2024年01月10日　　　　　流水号：330691328071K12JX06

付款人	全称	丽水白云保时捷销售有限公司	收款人	全称	中央金库
	账号	93501053010083254033		账号	111100003273561228
	开户行	中国建设银行丽水开发区支行		开户行	中国建设银行宁波海曙支行
金额		（大写）人民币陆拾叁万肆仟玖佰肆拾玖元整			（小写）¥634 949.00
凭证种类		电汇凭证	凭证号码		
结算方式		转账	用途		缴纳进口关税

打印柜员：3306935D0356
打印机构：丽水开发区支行
打印卡号：3306900001000236

（借方回单）（付款人回单）

打印时间：2024-02-02　15：05：04　　　　　交易机构：330693500

表13-23

中国建设银行客户专用回单

No.682

中国建设银行
China Construction Bank

1010088941479084560613615

币别：人民币　　　　　2024年01月10日　　　　　流水号：330691327 D0106800J6

付款人	全称	丽水白云保时捷销售有限公司	收款人	全称	中央金库
	账号	93501053010083254033		账号	111100003273561228
	开户行	中国建设银行丽水开发区支行		开户行	中国建设银行宁波海曙支行
金额		（大写）人民币陆拾陆万叁仟捌佰壹拾元叁角贰分			（小写）¥663 810.32
凭证种类		电汇凭证	凭证号码		
结算方式		转账	用途		缴纳进口消费税

打印柜员：3306935D0356
打印机构：丽水开发区支行
打印卡号：3306900001000236

（借方回单）（付款人回单）

打印时间：2024-02-02　15：05：04　　　　　交易机构：330693500

表13-24

中国建设银行客户专用回单

No.683

中国建设银行
China Construction Bank

1010088941470840516236396

币别：人民币　　　　　2024年01月10日　　　　　流水号：3306913P X2K00871606

付款人	全称	丽水白云保时捷销售有限公司	收款人	全称	中央金库
	账号	93501053010083254033		账号	111100003273561228
	开户行	中国建设银行丽水开发区支行		开户行	中国建设银行宁波海曙支行
金额		（大写）人民币柒拾壹万玖仟壹佰贰拾柒元捌角伍分			（小写）¥719 127.85
凭证种类		电汇凭证	凭证号码		
结算方式		转账	用途		缴纳进口增值税

打印柜员：3306935D0356
打印机构：丽水开发区支行
打印卡号：3306900001000236

（借方回单）（付款人回单）

打印时间：2024-02-02　15：05：04　　　　　交易机构：330693500

表 13-25

中国建设银行客户专用回单

No.684

中国建设银行
China Construction Bank

1010088941479136068465005

币别：人民币　　　　　　　2024年01月10日　　　流水号：33069131J27F16833P3

付款人	全称	丽水白云保时捷销售有限公司	收款人	全称	网银代发—代发代扣
	账号	93501053010083254033		账号	1033346900251020310030001
	开户行	中国建设银行丽水开发区支行		开户行	中建设银行丽水开发区支行
金额		（大写）人民币壹拾贰万陆仟叁佰肆拾元整		（小写）¥126 340.00	
凭证种类		电汇凭证	凭证号码		
结算方式		转账	用途		支付工资

打印柜员：3306935D0356
打印机构：丽水开发区支行
打印卡号：3306900001000236

打印时间：2024-02-02　15：05：04　　　　　　　　交易机构：330693500

表 13-26　　　**进口保时捷 911 Carrera 3.0T 汽车 6 辆采购成本统计表**

序号	日期	内容摘要	金额（元）	备注
1	2023.12.05	成交货款	4 189 185.00	
2	2023.12.05	国际运费	59 865.96	
3	2023.12.05	国际保险费	12 747.15	
4	2024.01.10	进口关税	634 949.00	
5	2024.01.10	进口消费税	663 810.32	
		合计	5 560 557.43	

制表：宋佳怡　　　　　审核：蒋诗燕

表 13-27

中国建设银行客户专用回单

No.685

中国建设银行
China Construction Bank

1010088941479683600530415

币别：人民币　　　　　　　2024年01月15日　　　流水号：330691328061K12JX01

付款人	全称	怡元度假山庄有限公司	收款人	全称	丽水白云保时捷销售有限公司
	账号	52101480594547687		账号	93501053010083254033
	开户行	中国工商银行丽水市紫金路支行		开户行	中国建设银行丽水开发区支行
金额		（大写）人民币贰佰陆拾捌万捌仟元整		（小写）¥2 688 000.00	
凭证种类		电汇凭证	凭证号码		
结算方式		转账	用途		购3辆车尾款

打印柜员：3306935D0356
打印机构：丽水开发区支行
打印卡号：3306900001000236

打印时间：2024-02-02　15：05：04　　　　　　　　交易机构：330693500

表 13-28

电子发票（增值税专用发票）

发票号码：24362000000052181255
发票日期：2024年01月15日

购买方信息	名称：始元度假山庄有限公司
	统一社会信用代码/纳税人识别号：913311007802P5Y962

售方信息	名称：丽水白云保时捷销售有限公司
	统一社会信用代码/纳税人识别号：913311028717512259

项目名称	规格型号	单位	数量	单价	金额	税率/征收率	税额
*机动车*保时捷911汽车 Carrera 3.0T		辆	3	1 132 743.363333	3 398 230.09	13%	441 769.91
合　计					¥3 398 230.09		¥441 769.91

价税合计（大写）　⊗叁佰捌拾肆万元整　（小写）¥3 840 000.00

备注：
购方开户银行：中国工商银行丽水市紫金路支行；银行账号：52101480594547687
销方开户银行：中国建设银行丽水开发区支行；银行账号：93501053010083254033
收款人：宋佳怡　复核人：宋佳怡

开票人：蒋诗燕

表 13-29

中国建设银行客户专用回单

No.686

中国建设银行 China Construction Bank

1010088941479136068465005

币别：人民币　　2024年01月15日　　流水号：33069131J27F168P333

付款人	全称	张舒语	收款人	全称	丽水白云保时捷销售有限公司
	账号	9350102856456011654		账号	93501053010083254033
	开户行	中国建设银行永嘉县岩坦分理处		开户行	中国建设银行丽水开发区支行
金额	（大写）人民币壹佰柒拾玖万贰仟元整				（小写）¥1 792 000.00
凭证种类	电汇凭证		凭证号码		
结算方式	转账		用途	支付尾款	

打印柜员：3306935D0356
打印机构：丽水开发区支行
打印卡号：3306900001000236

打印时间：2024-02-02　15:05:04　　交易机构：330693500

表 13-30

电子发票（普通发票）

发票号码：24362000000052181256
发票日期：2024年01月15日

购买方信息	名称：张舒语
	统一社会信用代码/纳税人识别号：330324199505106716

销售方信息	名称：丽水白云保时捷销售有限公司
	统一社会信用代码/纳税人识别号：913311028717512259

项目名称	规格型号	单位	数量	单价	金额	税率/征收率	税额
*机动车*保时捷911汽车 Carrera 3.0T		辆	2	1 132 743.365	2 265 486.73	13%	294 513.27
合　计					¥2 265 486.73		¥294 513.27

价税合计（大写）　⊗贰佰伍拾陆万元整　（小写）¥2 560 000.00

备注：
销方开户银行：中国建设银行丽水开发区支行；银行账号：93501053010083254033
收款人：宋佳怡　复核人：宋佳怡

开票人：蒋诗燕

表 13-31　　　　　　　　　　**中华人民共和国海关进口货物报关单**

预录入编号：000000004595671826　　海关编号：310120241019462364　　（宁波海关）

境内收货人（3101151786） （913101158717512259） 丽水白云保时捷销售有限公司	进境关别（3101） 宁波海关	进口日期 20240122	申报日期 20240121	备案号
境外发货人（2200003326） Porsche AG	运输方式（2） 水路运输	运输工具名称及航次号 PCTC0796	提运单号 LU219262382283	货物存放地点
消费使用单位 （913101158717512259） 丽水白云保时捷销售有限公司	监管方式（0110） 一般贸易	征免性质（101） 一般征税	许可证号	启运港（DESTU） 斯图加特

合同协议号 NAI2023111507	贸易国（地区）（400） 德国	启运国（400） 德国	经停港	入境口岸（3101） 宁波

包装种类 其他	件数（套） 12	毛重（千克） 1 820	净重（千克） 1 780	成交方式（3） FOB	运费 USD/5/1	保费 000/0.3/1	杂费

随附单证及编号
随附单证1：原产地证明<02>0002824/MKS/2024
随附单证2：代理报关委托协议（电子）；提/运单；发票；装箱单；合同；原产地证据文件

标记唛码及备注
备注：签约日期：2023/11/07　N/M　集装箱标箱数及号码：1: SITU6562722

商品 序号	商品 编号	商品名称及规格型号	数量及单位	单价/总价/币制	原产国 （地区）	最终目的 国（地区）	境内目的地	币制	征免
1	8703236190	仅装有2.5<排量<3升的点燃式活塞内燃发动机小轿车的成套散件	12套	18 862.50/226 350.00 （USD）	德国 （DE）	中国 （CHN）	浙江省宁波市	USD	照章征税

税费征收情况

报关人员　报关人员证号	兹申明对以上内容承担如实申报、依法纳税之法律责任	海关批注及签章
电话		
申报单位	申报单位（签章）　报关专用章	

表 13-32

G S01

海关进口关税专用缴款书

2401新一代支付自报自缴
No.3101202410000037555-A01

填发日期：2024 年 01 月 22 日

收款单位	收入机关	宁波海关							
	科目	中央金库	预算级次	中央	缴款单位（人）	名称	丽水白云保时捷销售有限公司		
		进口关税				账号	9350105301008325403 3		
	收款国库	中国建设银行宁波海曙支行营业部 022030				开户银行	中国建设银行丽水开发区支行		
								税率（%）	税款金额（￥）
	税号	货物名称		数量	单位	完税价格（￥）			
	8703236190	保时捷 911 Carrera 3.0T 成套散件		12	套	1 695 505.16		15.0000	254 325.77
		全额人民币（大写）贰拾伍万肆仟叁佰贰拾伍元柒角柒分						合计（￥）	254 325.77
	申请单位编号	3101151786	报关单编号		3101202410194623 64				
	合同（批文）号	NAI2023111507	运输工具（号）						
	缴款期限	2024 年 02 月 08 日前	提/装货单号		LU21926238228 3				
备注		一般贸易 照章征税 2024-01-22 国标代码 91331102871751225 9 交易流水号 202401100005436				USD 7.1126 系统表列：01 254 325.77			收缴国库（银行）

（盖章）宁波海关
模拟专用章
制单人 9999
复核接收人

表 13-33

G S01

海关进口增值税专用缴款书

No.3101202410000037555-A02

2401 新一代支付 自报自缴

收入系统：海关系统

宁波海关

填发日期：2024 年 01 月 22 日

收款单位	收入机关	宁波海关			缴款单位（人）	名 称	丽水白云保时捷销售有限公司		单位	套	税末金额（￥）
	科 目	进口增值税	预算级次	中央		账 号	9350105301008325433		数量	12	253 478.02
	收款国库	中央金库 中国建设银行宁波海曙分行业 022030				开户银行	中国建设银行丽水开发区支行				
	税号	8703236190				货物名称	保时捷 911 Carrera 3.0T 成套散件	完税价格（￥） 1 949 830.93	税率（%） 13.0000			253 478.02

金额人民币（大写）贰拾伍万叁仟肆佰柒拾捌元零贰分

申请单位编号	3101151786	报关单编号	3101202410194623264	合计（￥） 253 478.02
合同（批文）号	NAI2023111507	运输工具（号）		
缴款期限	2024 年 02 月 08 日前	提装货单号	LU2192623822283	
备 注	一般贸易 照章征税 2024-01-22		USD 7.1126	
	国标代码 913311028717512259		253 478.02	
	交易流水号 202401100032543			

收缴国库（银行）

自填发缴款书之日起 15 日内缴纳税款（期末遇星期六、星期日或法定节假日顺延），逾期缴纳按日加收税款总额万分之五的滞纳金。

表13-34

中国建设银行客户专用回单

No.687

中国建设银行
China Construction Bank

10100889414479683600560415

币别：人民币　　　　　　2024年01月22日　　　　流水号：330691328071K147852

付款人	全称	丽水白云保时捷销售有限公司	收款人	全称	中央金库
	账号	93501053010083254033		账号	111100003273561228
	开户行	中国建设银行丽水开发区支行		开户行	中国建设银行宁波海曙支行
	金额	（大写）人民币贰拾伍万肆仟叁佰贰拾伍元柒角柒分			（小写）¥254 325.77
	凭证种类	电汇凭证		凭证号码	
	结算方式	转账		用途	缴纳进口关税

打印柜员：3306935D0356
打印机构：丽水开发区支行
打印卡号：3306900001000236

通用机打凭证

（借方回单）（付款人回单）

打印时间：2024-02-02　15：05：04　　　　　　　交易机构：330693500

表13-35

中国建设银行客户专用回单

No.688

中国建设银行
China Construction Bank

10100889414479084560613615

币别：人民币　　　　　　2024年01月22日　　　　流水号：3306913P 00871606 12K

付款人	全称	丽水白云保时捷销售有限公司	收款人	全称	中央金库
	账号	93501053010083254033		账号	111100003273561228
	开户行	中国建设银行丽水开发区支行		开户行	中国建设银行宁波海曙支行
	金额	（大写）人民币贰拾伍万叁仟肆佰柒拾捌元零贰分			（小写）¥253 478.02
	凭证种类	电汇凭证		凭证号码	
	结算方式	转账		用途	缴纳进口增值税

打印柜员：3306935D0356
打印机构：丽水开发区支行
打印卡号：3306900001000236

通用机打凭证

（借方回单）（付款人回单）

打印时间：2024-02-02　15：05：04　　　　　　　交易机构：330693500

表13-36

中国建设银行客户专用回单

No.689

中国建设银行
China Construction Bank

10100889414479136068465005

币别：人民币　　　　　　2024年01月22日　　　　流水号：33069131J27F168P444

付款人	全称	王泽楠	收款人	全称	丽水白云保时捷销售有限公司
	账号	93501046546589742678		账号	93501053010083254033
	开户行	中国建设银行温州市鹿城区支行		开户行	中国建设银行丽水开发区支行
	金额	（大写）人民币壹佰贰拾玖万元整			（小写）¥1 290 000.00
	凭证种类	电汇凭证		凭证号码	
	结算方式	转账		用途	购车款

打印柜员：3306935D0356
打印机构：丽水开发区支行
打印卡号：3306900001000236

通用机打凭证

（贷方回单）（收款人回单）

打印时间：2024-02-02　15：05：04　　　　　　　交易机构：330693500

表 13-37

电子发票（普通发票）

发票号码：24362000000052181257
发票日期：2024 年 01 月 22 日

购买方信息	名称：王泽楠							
	统一社会信用代码/纳税人识别号：341221199705132705				销售方信息	名称：丽水白云保时捷销售有限公司		
						统一社会信用代码/纳税人识别号：913311028717512259		

项目名称	规格型号	单位	数量	单价	金额	税率/征收率	税额
*机动车*保时捷 911 汽车 Carrera 3.0T		辆	1	1 141 592.92	1 141 592.92	13%	148 407.08
合　计					¥1 141 592.92		¥148 407.08
价税合计（大写）		⊗壹佰贰拾玖万元整			（小写）¥1 290 000.00		

备注　销方开户银行：中国建设银行丽水开发区支行；银行账号：93501053010083254033
　　　收款人：宋佳怡　复核人：宋佳怡

开票人：蒋诗燕

✂ - ✂

表 13-38

中国建设银行客户专用回单

No.690

中国建设银行
China Construction Bank

10100889414796836005604 15

币别：人民币　　　　　　　2024 年 01 月 22 日　　　　流水号：330691328091K12JX04

付款人	全称	周鑫	收款人	全称	丽水白云保时捷销售有限公司
	账号	93501053010083254030		账号	93501053010083254033
	开户行	中国建设银行温州市龙湾区支行		开户行	中国建设银行丽水开发区支行
	金额	（大写）人民币叁万陆仟元整			（小写）¥36 000.00
凭证种类	电汇凭证		凭证号码		
结算方式	转账		用途		汽车保养费

打印柜员：3306935D0356
打印机构：丽水开发区支行
打印卡号：3306900001000236

（借方回单）（付款人回单）

打印时间：2024-02-02　15：05：04　　　　　　　交易柜员：330693500

✂ - ✂

表 13-39

电子发票（普通发票）

发票号码：24362000000052181258
发票日期：2024 年 01 月 22 日

购买方信息	名称：周鑫							
	统一社会信用代码/纳税人识别号：330303199308272705				销售方信息	名称：丽水白云保时捷销售有限公司		
						统一社会信用代码/纳税人识别号：913311028717512259		

项目名称	规格型号	单位	数量	单价	金额	税率/征收率	税额
*现代服务*汽车保养		辆	3	11 320.75333	33 962.26	6%	2 037.74
合　计					¥33 962.26		¥2 037.74
价税合计（大写）		⊗叁万陆仟元整			（小写）¥36 000.00		

备注　销方开户银行：中国建设银行丽水开发区支行；银行账号：93501053010083254033
　　　收款人：宋佳怡　复核人：宋佳怡

开票人：蒋诗燕

13-40
保养业务耗材配件领料单

名称	单位	数量	单价（元）	金额（元）
减振器	只	1	9 500.00	9 500.00
空气滤清器	只	1	850.00	850.00
空调滤清器	只	1	820.00	820.00
变速箱油	盒	1	780.00	780.00
刹车油	盒	1	650.00	650.00
冷却液	盒	1	750.00	750.00
合计				13 350.00

领料人：王智利　　　　　　　　　　　　　审核：汪兴建

表13-41　　进口保时捷911 Carrera 3.0T全套配套散件12套采购成本统计表

序号	日期	内容摘要	金额（元）	备注
1	2023.12.11	成交货款	1 628 384.54	
2	2023.12.11	国际运费	81 419.23	
3	2023.12.11	国际保险费	5 129.41	
4	2024.01.22	进口关税	254 325.77	
		合计	1 969 258.95	

制表：宋佳怡　　　　　　　　　　　　　审核：蒋诗燕

表13-42
中国建设银行客户专用回单
No.691

中国建设银行 China Construction Bank

10100889414796836005604 15

币别：人民币　　　　　　2024年01月27日　　　　流水号：330691328091K12JX04

付款人	全称	王飞宇	收款人	全称	丽水白云保时捷销售有限公司
	账号	93501032540305322008		账号	93501053010083254033
	开户行	中国建设银行丽水开发区支行		开户行	中国建设银行丽水开发区支行

通用机打凭证	金额	（大写）人民币贰拾捌万陆仟肆佰柒拾柒元陆角整	（小写）¥286 477.60		贷方回单（收款人回单）
	凭证种类	电汇凭证	凭证号码		
	结算方式	转账	用途	汽车维修费	

打印柜员：3306935D0356
打印机构：丽水开发区支行
打印卡号：3306900001000236

打印时间：2024-02-02　15：05：04　　　　　　　交易机构：330693500

表 13-43

电子发票（普通发票）

发票号码：24332000000052181259
发票日期：2024 年 01 月 27 日

购买方信息	名称：王飞宇					销售方信息	名称：丽水白云保时捷销售有限公司		
	统一社会信用代码/纳税人识别号：330727199308272705						统一社会信用代码/纳税人识别号：913311028717512259		

项目名称	规格型号	单位	数量	单价	金额	税率/征收率	税额
*现代服务*汽车维修		辆	1	253 520.00	253 520.00	13%	32 957.60
合　计					¥253 520.00		¥32 957.60
价税合计（大写）	⊗贰拾捌万陆仟肆佰柒拾柒元陆角整				（小写）¥286 477.60		

备注	销方开户银行：中国建设银行丽水开发区支行；银行账号：93501053010083254033
	收款人：宋佳怡　　复核人：宋佳怡

开票人：蒋诗燕

表 13-44

维修业务耗材配件领料单

名称	单位	数量	单价（元）	金额（元）
减振器	只	4	9 500.00	38 000.00
发动机皮带	根	4	850.00	3 400.00
排气系统管	只	6	6 500.00	39 000.00
合计				80 400.00

领料人：耿育霖　　　　　　　　　　　　审核：汪兴建

表 13-45

中国建设银行客户专用回单

No.692

中国建设银行 China Construction Bank

11010088941460006007134684

币别：人民币　　　　2024 年 01 月 27 日　　流水号：330691327168OEP500X0

付款人	全称	丽水白云保时捷销售有限公司	收款人	全称	国网浙江省电力公司丽水供电公司
	账号	93501053010083254033		账号	335010545892303210
	开户行	中国建设银行丽水开发区支行		开户行	中国建设银行丽水市分行
	金额	（大写）贰万壹仟肆佰玖拾壹元肆角捌分			（小写）¥21 491.48
	凭证种类	电汇凭证		凭证号码	
	结算方式	转账		用途	电费

打印柜员：3306935D0356
打印机构：丽水开发区支行
打印卡号：3306900001000236

打印时间：2024-02-02　15：05：04　　　　　　交易机构：330693500

表13-46

电子发票（增值税专用发票）

发票号码：24332000000000717002
发票日期：2024年01月27日

购买方信息	名称：丽水白云保时捷销售有限公司		销售方信息	名称：国网浙江省电力公司丽水供电公司		
	统一社会信用代码/纳税人识别号：913311028717512259			统一社会信用代码/纳税人识别号：91331100132410502J		

项目名称	规格型号	单位	数量	单价	金额	税率/征收率	税额
*供电*电力		度	20 020	0.95000072	19 019.01	13%	2 472.47
合　计					¥19 019.01		¥2 472.47
价税合计（大写）	⊗贰万壹仟肆佰玖拾壹元肆角捌分				（小写）¥21 491.48		

备注：
购方开户银行：中国建设银行丽水开发区支行；银行账号：93501053010083254033
销方开户银行：中国建设银行丽水市分行；银行账号：335010545892303210
收款人：李力娜　复核人：李秀娟

开票人：王伟

表13-47

中国建设银行客户专用回单

No.693

中国建设银行
China Construction Bank

10100889414000931635600047

币别：人民币　　2024年01月27日　　流水号：330691327168E0004P5

付款人	全称	丽水白云保时捷销售有限公司	收款人	全称	丽水市供排水有限责任公司
	账号	93501053010083254033		账号	335567505892003218
	开户行	中国建设银行丽水开发区支行		开户行	中国建设银行莲都区北环路分理处
	金额	（大写）人民币壹万零柒佰贰拾叁元叁角柒分			（小写）¥10 723.37
	凭证种类	电汇凭证		凭证号码	
	结算方式	转账		用途	

打印柜员：3306935D0356
打印机构：丽水开发区支行
打印卡号：330690000000236

打印时间：2024-02-02　15：05：04　　　　交易机构：330693500

表13-48

电子发票（增值税专用发票）

发票号码：24332000000007234495
发票日期：2024年01月27日

购买方信息	名称：丽水白云保时捷销售有限公司		销售方信息	名称：丽水市供排水有限责任公司		
	统一社会信用代码/纳税人识别号：913311028717512259			统一社会信用代码/纳税人识别号：91331100124912039T		

项目名称	规格型号	单位	数量	单价	金额	税率/征收率	税额
*水冰雪*水费		吨	3 884	1.839853244	7 145.99	3%	214.38
合　计					¥7 145.99		¥214.38
价税合计（大写）	⊗柒仟叁佰陆拾元叁角柒分				（小写）¥7 360.37		

备注：
购方开户银行：中国建设银行丽水开发区支行；银行账号：93501053010083254033
销方开户银行：中国建设银行莲都区北环路分理处；银行账号：335567505892003218
收款人：吴晓芳　复核人：王秀芳

开票人：辛小莉

表 13-49

电子发票（普通发票）

发票号码：24332000000031843079
发票日期：2024 年 01 月 27 日

购买方信息	名称：丽水白云保时捷销售有限公司 统一社会信用代码/纳税人识别号：913311028717512259	销售方信息	名称：丽水市供排水有限责任公司 统一社会信用代码/纳税人识别号：91331100124912039T

项目名称	规格型号	单位	数量	单价	金额	税率/征收率	税额
*不征税自来水*污水处理费		吨	3 884	0.993794326	3 363.00	免税	***
合 计					¥3 363.00		***
价税合计（大写）	⊗叁仟叁佰陆拾叁元整				（小写）¥3 363.00		

备注：
购方开户银行：中国建设银行丽水开发区支行；银行账号：93501053010083254033
销方开户银行：中国建设银行莲都区北环路分理处；银行账号：335567505892003218
收款人：吴晓芳　复核人：王秀芳

开票人：辛小莉

表 13-50

中国建设银行客户专用回单

No.694

中国建设银行 China Construction Bank

1010088941400093163560047

币别：人民币　　　　2024 年 01 月 27 日　　　流水号：330691327168E0004P5

通用机打凭证

付款人	全称	丽水白云保时捷销售有限公司	收款人	全称	浙江紫金建设发展有限公司
	账号	93501053010083254033		账号	7338510182600010567
	开户行	中国建设银行丽水开发区支行		开户行	中信银行丽水分行
金额		（大写）人民币肆拾万元整			（小写）¥400 000.00
凭证种类		电汇凭证	凭证号码		
结算方式		转账	用途		房租费

打印柜员：3306935D0356
打印机构：丽水开发区支行
打印卡号：3306900001000236

（借方回单）（付款人回单）

打印时间：2024-02-02　15：05：04　　　　　　　交易机构：330693500

表 13-51

不动产经营租赁服务

电子发票（增值税专用发票）

发票号码：24332000000002356326
发票日期：2024 年 01 月 27 日

购买方信息	名称：丽水白云保时捷销售有限公司 统一社会信用代码/纳税人识别号：913311028717512259	销售方信息	名称：浙江紫金建设发展有限公司 统一社会信用代码/纳税人识别号：9133110058904163XU

项目名称	产权证书/不动产权证号	面积单位	数量	单价	金额	税率/征收率	税额
*经营租赁*房租		m²	8 800	41.701418	366 972.48	9%	33 027.52
合 计					¥366 972.48		¥33 027.52
价税合计（大写）	⊗肆拾万元整				（小写）¥400 000.00		

备注：
不动产地址：丽水市紫金南路086号　　租赁期起止：2024年1月1日至2024年12月31日
跨地（市）标志：—

开票人：周鑫皓

表 13-52

电子发票（增值税专用发票）

发票号码：24332000000034830264

发票日期：2024 年 01 月 29 日

购买方信息	名称：丽水白云保时捷销售有限公司 统一社会信用代码/纳税人识别号：913311028717512259	销售方信息	名称：宁波远帆船务代理有限公司 统一社会信用代码/纳税人识别号：9131010976580219XD

项目名称	规格型号	单位	数量	单价	金额	税率/征收率	税额
*现代服务*报关及货运代理服务					3 620.00	***	***
合　计					¥3 620.00		***

价税合计（大写）	⊗叁仟陆佰贰拾元整	（小写）¥3 620.00

备注：
购方开户银行：中国建设银行丽水开发区支行；银行账号：93501053010083254033
销方开户银行：中国建设银行宁波市南城区分行；银行账号：28501052012480325214

收款人：王忻琴　　复核人：张小卉

开票人：吴亚男

表 13-53

中国建设银行客户专用回单

No.695

中国建设银行 China Construction Bank

10100889414791467653900005

币别：人民币　　　　2024 年 01 月 29 日　　　流水号：33069131J2F169P73085

付款人	全称	丽水白云保时捷销售有限公司	收款人	全称	宁波远帆船务代理有限公司
	账号	93501053010083254033		账号	28501052012480325214
	开户行	中国建设银行丽水开发区支行		开户行	中国建设银行宁波市南城区分行
金额	（大写）人民币叁仟陆佰贰拾元整				（小写）¥3 620.00
凭证种类	电汇凭证		凭证号码		
结算方式	转账		用途		进口代理费

打印柜员：3306935D0356
打印机构：丽水开发区支行
打印卡号：3306900001000236

打印时间：2024-02-02　15：05：04　　　　　　　交易机构：330693500

(借方回单) (付款人回单)

通用机打凭证

表 13-54

工资发放单

公司名称：丽水白云保时捷销售有限公司　　　时间：2024 年 01 月　　　　　　单位：元

工号	姓名	部门	基本工资	职务工资	通信费补贴	业务提成	应发工资	社保费	专项附加扣除	计税工资	代扣税款	应扣合计	实发工资	签名
1	叶文磊	管理部	10 000.00	1 000.00	300.00		11 300.00	480.93	3 000.00	7 819.07	84.57	565.50	10 734.50	
2	朱思雨	管理部	5 500.00	800.00	200.00		6 500.00	480.93	2 000.00	4 019.07		480.93	6 019.07	
3	蒋诗燕	财务部	5 000.00	800.00	200.00		6 000.00	480.93	1 000.00	4 519.07		480.93	5 519.07	
4	(学生本人)	财务部	4 500.00	600.00	200.00		5 300.00	480.93		4 819.07		480.93	4 819.07	
5	宋佳怡	财务部	4 500.00	600.00	200.00		5 300.00	480.93		4 819.07		480.93	4 819.07	
6	王静茹	采购部	6 500.00	800.00	300.00		7 600.00	480.93	3 000.00	4 119.07		480.93	7 119.07	
7	周曼璐	销售部	1 500.00	600.00	150.00	8 500.00	10 750.00	480.93	3 000.00	7 269.07	68.07	549.00	10 201.00	
8	郑思维	销售部	1 500.00	600.00	150.00	8 300.00	10 550.00	480.93	3 000.00	7 069.07	62.07	543.00	10 007.00	
9	汪兴建	维修部	2 800.00	600.00	150.00	4 500.00	8 050.00	480.93	3 000.00	4 569.07		480.93	7 569.07	
10	耿育霖	维修部	2 000.00	1 000.00	300.00	4 300.00	7 600.00	480.93	3 000.00	4 119.07		480.93	7 119.07	
11	王智利	维修部	2 000.00	600.00	300.00	4 200.00	7 100.00	480.93	2 000.00	4 619.07		480.93	6 619.07	
	合计		45 800.00	8 000.00	2 450.00	29 800.00	86 050.00	5 290.23	23 000.00	57 759.77	214.71	5 504.94	80 545.06	

制单：蒋诗燕　　　　　　　　　　　审核：叶文磊

表 13-55　　　　　　　　　　　工资分配表

公司名称：丽水白云保时捷销售有限公司　　　　2024 年 01 月　　　　　　　　　　单位：元

序号	部门工资	科目名称	科目编码	应发工资	备注
1	管理部	管理费用——工资及福利费	660201	17 800.00	
2	财务部	管理费用——工资及福利费	660201	16 600.00	
3	采购部	管理费用——工资及福利费	660201	7 600.00	
4	销售部	销售费用——工资及福利费	660101	21 300.00	
5	维修部	主营业务成本——汽车维修和保养成本	640102	22 750.00	
		合计		86 050.00	

制单：蒋诗燕　　　　　　　　　　　审核：叶文磊

四 实训任务

任务13.1　建立新账套

系统管理员（admin）登录用友 U8 软件的系统管理，建立新账套，新增操作员并赋权。

任务13.2　设置基础档案

由账套主管蒋诗燕（操作员编号：401，密码：401）登录用友 U8 软件的企业应用平台，将公司部门档案、职员档案、客户档案、供应商档案等基本信息录入到基础设置中。

任务13.3　进行总账系统初始化设置

由账套主管蒋诗燕（操作员编号：401，密码：401）登录用友 U8 软件的企业应用平台，进行总账系统参数设置、会计科目设置、凭证类别设置、明细权限设置，并录入期初余额。

任务13.4　日常经济业务财务处理

登录用友 U8 软件的企业应用平台，进行记账凭证的填制、审核、记账。

由操作员 402（学生本人）填制 2024 年 1 月业务 13.1 至业务 13.22 的记账凭证；由操作员 403 宋佳怡进行出纳签字；由操作员 401 蒋诗燕进行凭证审核；由操作员 402（学生本人）进行记账。

核对银行日记账、银行对账单。由操作员 403 宋佳怡分别核对人民币户、美元户的银行日记账与银行对账单。

任务13.5　计算并结转销售成本

登录用友 U8 软件的企业应用平台，计算并结转销售成本，并进行记账凭证的填制。

业务 13.23　本公司存货发出，采用个别计价法。本月采购的商品全部在本期销售，查询库存商品的余额表，选择末级科目，选择数量金额式。通过主营业务收入及库存商品的发生额及余额，结转本月销售 6 辆汽车的成本 5 560 557.43 元。

任务13.6　期末财务处理

以操作员 402（学生本人）登录用友 U8 软件的企业应用平台，进行期末财务处理，编制财务报表，装订会计档案。

业务 13.24　进行期间损益结转定义。

操作路径：业务工作→财务会计→总账→期末→转账定义。凭证类别：转账凭证；本年利润科目：4103。

注：收入和支出分别进行转账生成，计算本期经营成果。

收入类损益账户结转。操作路径：业务工作→财务会计→总账→期末→转账生成→期间损益结转→结转月份：2024.01→类型：收入→是否结转：全选→确定后生成记账凭证。

费用类损益账户结转。操作路径：业务工作→财务会计→总账→期末→转账生成→期间损益结转→结转月份：2024.01→类型：支出→是否结转：全选→确定后生成记账凭证。

更换操作员，分别进行出纳签字、凭证审核、记账。记账以后，进行对账、结账操作，完成本月财务记账工作。

在"总账→凭证→查询凭证"中查询全部凭证，凭证共 26 张，发生额合计为 46 365 817.75 元。

任务13.7　编制财务报表

以操作员402（学生本人）登录用友软件 UFO 报表系统，编制资产负债表、利润表。

操作路径：业务工作→财务会计→UFO 报表。打开 UFO 报表系统。

套用资产负债表模板。操作路径：UFO 报表→新建→格式→报表模板→您所在的行业：2007 新会计制度科目→财务报表：资产负债表。

报表有两种模式，格式状态和数据状态。格式和数据状态的切换在报表的左下角。在格式状态下可以编辑公式单元，设置关键字。在数据状态下录入关键字，生成财务报表。

在格式状态下，在表头中选择恰当的单元格，分别设置单位名称、年、月、日等关键字。

操作路径：数据（在菜单栏上）→关键字→设置→设置关键字→单位名称。确定后再分别设置年、月、日等关键字。

在数据状态下，取出会计账簿中的数据，生成资产负债表。

操作路径：数据（在菜单栏上）→关键字→录入→录入关键字→确定后生成资产负债表→表页重算。关键字信息有：单位名称：丽水白云保时捷销售有限公司；年：2024；月：1；日：31。

表页重算后，资产负债表显示：本月资产总计 14 809 780.89 元，负债合计 1 785 952.84 元，所有者权益合计 13 023 828.05 元。

同样方式，套用利润表的模板，设置关键字，录入关键字，表页重算。本月营业收入为 7 224 254.52 元，营业成本为 5 677 057.43 元，本月利润总额为 1 420 168.05 元。

会计档案装订：打印并装订会计凭证、会计账簿、会计报表，完成本月财务工作。

任务13.8　账套备份

备份路径设置：在 E 盘（或 D 盘或 F 盘等）建立以"账套号+白云保时捷备份"为名称的文件夹。

在该文件夹下，建立以"当天（月）时间"为名称的文件夹，用来存放账套的备份数据。

例如，会计2485班25号学生，2024年1月31日的账套备份，可存放在 E：\525白云保时捷备份\20240131 文件夹下。

账套备份：系统管理员（admin）登录系统管理，进行账套备份。备份以后查看该文件夹是否有备份文件存在。

附录

数字资源二维码

序号	数字资源名称		二维码
1	微课	出口退税的要素1：1出口退（免）税的基本要素1—4	
2	微课	出口退税的要素2：出口退（免）税的基本要素4—8	
3	微课	出口骗税的防范：世界各国出口骗税防范措施	
4	微课	国际贸易术语的解读：出口货物报关单与国际贸易术语解读	
5	微课	出口发票的开具：出口发票开具的基本要求	
6	微课	免抵退税的核算：生产企业出口免抵退税的核算	
7	微课	退税软件的安装：生产企业离线出口退税申报软件安装	
8	微课	生产退税的备案：生产企业出口退（免）税资格备案	
9	微课	生产退税的申报：生产企业出口退（免）税申报	
10	微课	进项税额的认证：进项税的认证与申报	
11	微课	免抵退增值税的申报：免抵退增值税及附加税费的申报	
12	微课	出口销售的会计处理：出口销售货物的财务处理	

序号		数字资源名称	二维码
13	微课	出口收汇的会计处理：出口销售的外汇结算	
14	微课	结汇业务的会计处理	
15	微课	退税通过审核的会计处理：出口退税通过审核审批的财务处理	
16	微课	汇兑损益的会计处理：汇兑损益的核算与财务处理	
17	微课	涉外收入的申报：收汇后涉外收入申报与视同收汇	
18	微课	出口退免税单证备案：出口退免税纸质备案和无纸化备案	
19	微课	免退税的核算：外贸企业出口退税的核算	
20	微课	退税软件的安装：外贸企业离线出口退税申报软件的安装	
21	微课	外贸退税的备案：外贸企业出口退（免）税的资格备案	
22	微课	外贸退税的申报：外贸企业出口退（免）税的申报	
23	微课	外贸进项的认证：进项税的勾选认证与申报	
24	微课	免退税增值税的申报：免退税业务的增值税及附加税费的申报	
25	微课	进口关税的缴纳：进口关税的核算与缴纳	
26	微课	进口代征税的缴纳：进口消费税、进口增值税的核算与缴纳	
27	微课	进口付汇的会计处理：进口商品的外汇结算及财务处理	

序号		数字资源名称	二维码
28	微课	进口成本的会计处理：进口商品的商品成本核算及财务处理	
29	文档	出口退（免）税的主要政策依据链接	
30	文档	出口退税申报系统操作流程	
31	文档	出口退税操作视频——国家税务总局浙江省税务局视频链接	
32	文档	生产企业离线版申报软件出口货物劳务免抵退税申报表录入的数据项说明	
33	文档	外贸企业离线版申报软件出口退税出口明细申报表和出口退税进货明细申报表录入的数据项说明	

免责申明

　　本实训教材中涉及的公司信息、业务单据及印鉴均为教学需要而仿真模拟，与相应的公司信息及业务无关，如有相同或类似之处，本实训教材免于法律责任。